中国社会科学院重大课题
国家"十五"重点出版项目

# 列国志

GUIDE TO THE WORLD STATES

中国社会科学院《列国志》编辑委员会

# 世界银行集团

◉ 何曼青　马仁真　编著

社会科学文献出版社
SOCIAL SCIENCES ACADEMIC PRESS (CHINA)

**World Bank Group**

| INTERNATIONAL BANK FOR RECONSTRUCTION AND DEVELOPMENT | INTERNATIONAL DEVELOPMENT ASSOCIATION | INTERNATIONAL FINANCE CORPORATION | MULTILATERAL INVESTMENT GUARANTEE AGENCY | INTERNATIONAL C FOR THE SETTLEM INVESTMENT DIS |

世界银行集团行徽

世界银行集团办公大楼

2004年5月，世界银行集团考察重庆永川水土保持情况

远程教育

倾听贫困人口的呼声

世界银行集团帮助贫困人口

世界银行集团资助生物多样性项目

世界银行集团帮助战后国家重建

世界银行集团资助教育事业

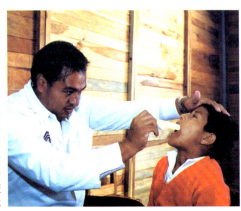

世界银行集团资助卫生事业

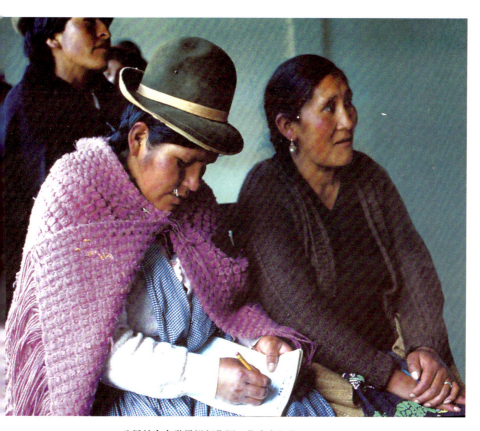

公民社会在世界银行集团工作中发挥作用

世界银行集团开展反腐败斗争

# 前　言

　　自 1840 年前后中国被迫开关、步入世界以来，对外国舆地政情的了解即应时而起。还在第一次鸦片战争期间，受林则徐之托，1842 年魏源编辑刊刻了近代中国首部介绍当时世界主要国家舆地政情的大型志书《海国图志》。林、魏之目的是为长期生活在闭关锁国之中、对外部世界知之甚少的国人"睁眼看世界"，提供一部基本的参考资料，尤其是让当时中国的各级统治者知道"天朝上国"之外的天地，学习西方的科学技术，"师夷之长技以制夷"。这部著作，在当时乃至其后相当长一段时间内，产生过巨大影响，对国人了解外部世界起到了积极的作用。

　　自那时起中国认识世界、融入世界的步伐就再也没有停止过。中华人民共和国成立以后，尤其是 1978 年改革开放以来，中国更以主动的自信自强的积极姿态，加速融入世界的步伐。与之相适应，不同时期先后出版过相当数量的不同层次的有关国际问题、列国政情、异域风俗等方面的著作，数量之多，可谓汗牛充栋。它们对时人了解外部世界起到了积极的作用。

当今世界，资本与现代科技正以前所未有的速度与广度在国际间流动和传播，"全球化"浪潮席卷世界各地，极大地影响着世界历史进程，对中国的发展也产生极其深刻的影响。面临不同以往的"大变局"，中国已经并将继续以更开放的姿态、更快的步伐全面步入世界，迎接时代的挑战。不同的是，我们所面临的已不是林则徐、魏源时代要不要"睁眼看世界"、要不要"开放"问题，而是在新的历史条件下，在新的世界发展大势下，如何更好地步入世界，如何在融入世界的进程中更好地维护民族国家的主权与独立，积极参与国际事务，为维护世界和平，促进世界与人类共同发展做出贡献。这就要求我们对外部世界有比以往更深切、全面的了解，我们只有更全面、更深入地了解世界，才能在更高的层次上融入世界，也才能在融入世界的进程中不迷失方向，保持自我。

与此时代要求相比，已有的种种有关介绍、论述各国史地政情的著述，无论就规模还是内容来看，已远远不能适应我们了解外部世界的要求。人们期盼有更新、更系统、更权威的著作问世。

中国社会科学院作为国家哲学社会科学的最高研究机构和国际问题综合研究中心，有11个专门研究国际问题和外国问题的研究所，学科门类齐全，研究力量雄厚，有能力也有责任担当这一重任。早在 20 世纪 90 年代初，中国社会科学院的领导和中国社会科学出版社就提出编撰"简明国际百科全书"的设想。1993 年 3 月 11 日，时任中国社会科学院院长的胡绳先生在科研局的一份报告上批示："我想，国际片各所可考虑出一套列国志，体例类似几年前出的《简明中国百科全书》，以一国（美、日、英、法等）或几个国家（北欧各国、印支各国）为一册，请考虑可行否。"

中国社会科学院科研局根据胡绳院长的批示，在调查研究的基础上，于 1994 年 2 月 28 日发出《关于编纂〈简明国际百科全书〉和〈列国志〉立项的通报》。《列国志》和《简明国际百科全书》一起被列为中国社会科学院重点项目。按照当时的计划，首先编写《简明国际百科全书》，待这一项目完成后，再着手编写《列国志》。

1998 年，率先完成《简明国际百科全书》有关卷编写任务的研究所开始了《列国志》的编写工作。随后，其他研究所也陆续启动这一项目。为了保证《列国志》这套大型丛书的高质量，科研局和社会科学文献出版社于 1999 年 1 月 27 日召开国际学科片各研究所及世界历史研究所负责人会议，讨论了这套大型丛书的编写大纲及基本要求。根据会议精神，科研局随后印发了《关于〈列国志〉编写工作有关事项的通知》，陆续为启动项目拨付研究经费。

为了加强对《列国志》项目编撰出版工作的组织协调，根据时任中国社会科学院院长的李铁映同志的提议，2002 年 8 月，成立了由分管国际学科片的陈佳贵副院长为主任的《列国志》编辑委员会。编委会成员包括国际片各研究所、科研局、研究生院及社会科学文献出版社等部门的主要领导及有关同志。科研局和社会科学文献出版社组成《列国志》项目工作组，社会科学文献出版社成立了《列国志》工作室。同年，《列国志》项目被批准为中国社会科学院重大课题，新闻出版总署将《列国志》项目列入国家重点图书出版计划。

在《列国志》编辑委员会的领导下，《列国志》各承担单位尤其是各位学者加快了编撰进度。作为一项大型研究项目和大型丛书，编委会对《列国志》提出的基本要求是：资料翔实、准确、最新，文笔流畅，学术性和可读性兼备。《列国志》之所以强调学术性，是因为这套丛书不是一般的"手册"、"概览"，而是在尽可能吸收前人成果的基础上，体现专家学者们的研究所得和个人见解。正因为如此，《列国志》在强调基本要求的同时，本着文责自负的原则，没有对各卷的具体内容及学术观点强行统一。应当指出，参加这一浩繁工程的，除了中国社会科学院的专业科研人员以外，还有院外的一些在该领域颇有研究的专家学者。

　　现在凝聚着数百位专家学者心血，共计 141 卷，涵盖了当今世界 151 个国家和地区以及数十个主要国际组织的《列国志》丛书，将陆续出版与广大读者见面。我们希望这样一套大型丛书，能为各级干部了解、认识当代世界各国及主要国际组织的情况，了解世界发展趋势，把握时代发展脉络，提供有益的帮助；希望它能成为我国外交外事工作者、国际经贸企业及日渐增多的广大出国公民和旅游者走向世界的忠实"向导"，引领其步入更广阔的世界；希望它在帮助中国人民认识世界的同时，也能够架起世界各国人民认识中国的一座"桥梁"，一座中国走向世界、世界走向中国的"桥梁"。

《列国志》编辑委员会

2003 年 6 月

# CONTENTS

# 目 录

# CONTENTS

# 目　录

# CONTENTS

# 目 录

# CONTENTS

# 目　录

# CONTENTS

# 目　录

# CONTENTS
# 目　录

# CONTENTS

# 目 录

# 序　言

　　世界银行集团由五个紧密联系的机构——国际复兴开发银行、国际开发协会、国际金融公司、多边投资担保机构和解决投资争端国际中心组成。而国际复兴开发银行和国际开发协会，两者合称"世界银行"。世界银行的宗旨是在发展中国家中减少贫困，改善人民生活。世界银行不是一家普通银行，它最大的特性是它的股东的国际性，这些股东由世界各主权国家组成。它的贷款对象仅仅限于成员国——筹资困难的各国政府，任何个人均无权申请世行贷款。

　　世界银行以支持全球发展为己任，在国际事务中扮演着各种角色。多年来，世行不仅为发展中国家提供了大量的经济援助，而且围绕着不发达国家改革的各个方面，从理论和政策导向上探讨发展的道路。世界银行是一个发展机构，目标是通过促进其成员国的可持续经济增长以减轻贫困。发展是一个长期的过程，最终实现对整个社会的改造，其内容既包括制定正确的经济和金融政策，也包括赋予人民权利、修筑公路、拟定法律、确立妇女的地位、教育儿童、消除腐败、保护环境、对儿童进行预防注射，以及许多其他内容。

　　我国自1980年恢复在世界银行的席位以来，与世行的贷款业务发展迅速。中国在改革开放过程中得到了世行最直接的经济援助，自1993年以来，已经成为世行最大的合作伙伴。我国的世行贷款项目管理工作卓有成效，堪称典范，为双方在未来开展有效合作奠定了良好的基础。世行提供的发展经验、发展理论、改革方案和政策导向，也成为我国改革的有益借鉴。

为了让更多的人了解世界银行，本书除介绍了世界银行的一般常识外，重点介绍了世行的贷款业务、世行项目管理知识、世行的改革情况和战略动向以及中国与世行的合作情况和未来趋势，并针对我国在利用世行贷款中存在的问题，提出了一些合理化建议。

因编写水平有限，时间仓促，本书错误和缺点在所难免，敬请广大读者批评指正。

编　者

2004 年 5 月

# 第一章

# 世界银行集团的
# 历史沿革和组织机构

世界银行集团（The World Bank Group）成立于 1944 年，是联合国所属的经营国际金融业务的机构，也是全球最大的发展援助机构，截至 2007 年 1 月，世界银行拥有 185 个成员国。世行每年向各借款国提供贷款 200 多亿美元。世界银行的宗旨是促进可持续发展，提倡投资于人，保护环境，支持和鼓励民营企业发展，帮助政府提高服务质量和效率，增加透明度，推进改革，强调社会发展、全民参与、改善治理和机构建设，从而达到减少贫困和提高人民生活水平的目标。世界银行通过项目贷款、政策咨询和技术援助的方式向发展中成员国提供帮助。

世界银行集团由先后成立的国际复兴开发银行（1945 年）、国际金融公司（1956 年）、国际开发协会（1960 年）、解决投资争端国际中心（1966 年）和多边投资担保机构（1988 年）五个密切相关的机构组成。国际复兴开发银行主要向发展中国家提供中、长期贷款，一般的利率低于市场利率；国际开发协会只向低收入的发展中国家提供长期无息优惠贷款；国际金融公司则负责向发展中国家的私人企业提供贷款或参与投资，利率一般高于前两者的利率。后两个属非金融性机构。解决投资争端国际中心主要通过调停和仲裁各国政府与外国投资者之间的争端，帮助促进国际投资；多边投资担保机构则主要通过向外国投资者提供非商业性风险担保，帮助发展中国家吸引外国投资。这五个机构各自独立，业务上相互补充，领导层相对统一，并各有自己的协定、法律和财务等。

# 第一节 国际复兴开发银行

国际复兴开发银行（The International Bank for Reconstruction and Development，IBRD）。1944 年 7 月在美国布雷顿森林举行的联合国货币金融会议上通过了《国际复兴开发银行协定》。1945 年 12 月 27 日，28 个国家政府的代表签署了这一协定，并宣布国际复兴开发银行正式成立。1946 年 6 月 25 日开始营业，1947 年 11 月 5 日起成为联合国专门机构之一，是世界上最大的政府间的金融机构之一。总部设在美国华盛顿，并在巴黎、纽约、伦敦、东京、日内瓦等地设有办事处，此外还在 20 多个发展中成员国设立了办事处。

现任行长罗伯特·佐利克（Robert B. Zoelick），2007 年 7 月任职。2008 年 2 月，佐利克正式任命中国经济学家林毅夫为世界银行副行长兼首席经济学家。这是世行首次任命发展中国家人士出任这一要职。

一 历史沿革

国际复兴开发银行现有 180 多个成员国。主要向中等收入国家和资信良好的低收入国家提供贷款和发展援助。IBRD 通过贷款、担保以及非贷款业务（包括分析与咨询服务），推动中等收入国家和信誉良好的较贫困国家的可持续发展，实现减贫目的。IBRD 不是追求利润最大化的机构，但每年都有净收入。加入国际复兴开发银行的国家首先应是国际货币基

金组织（IMF）的成员。国际复兴开发银行的资金95%来自资本市场，大约5%为成员国的实缴股金。加入国际复兴开发银行的国家应认缴其股本，投票权与成员国的认缴股份挂钩，向各成员国分配的股份反映了它们在国际货币基金组织中所占有的份额，同时也反映了该国在世界经济中的相对经济实力。

国际复兴开发银行的成立经历了一个漫长的过程。第一次世界大战以后，世界经济发展很不平衡，发达资本主义国家之间的矛盾日益加深，它们对外推行扩张主义政策，对内进行经济大调整，社会矛盾日益突出。美国前总统林肯说过："一半富裕、一半贫穷的世界绝对无法实现永久的和平。"资本主义为瓜分世界市场、扩大势力范围而导致人类社会战火连绵。1929~1933年发生了西方经济大危机，这一危机使资本主义经济更加恶化，失业率增加，国际矛盾日益尖锐，最终导致第二次世界大战的爆发。

几家欢喜几家愁。第二次世界大战使绝大多数国家饱受战争创伤，经济遭受严重破坏，但美国却是战争的受益者，大发战争横财，成为世界上最强大的国家——资本主义世界最大债权国。从1939年到1944年，美国工业生产提高了1.2倍，出口贸易和国外投资也大量增加，在战争期间通过"租借法案"向其盟国提供的货物和劳务共值500多亿美元。战后美国黄金储备从1938年的145.1亿美元剧增到1945年的200.8亿美元，占资本主义世界黄金储备总量的59%。战争打破了资本主义世界原有的实力格局，重新划分了资本主义强国的势力范围。美国为了在战后巩固并进一步发展其经济力量，极力鼓吹建立多边制度，希望借此取消许多国家实行的外汇和贸易管制以及歧视性的双边措施，实现最大限度的市场化，以获取最大的政治和经济利益。

第二次世界大战虽然暂时缓解了全球的经济衰退，但是并没有根本消除经济衰退的内在因素，人们普遍担心军事战争后将导致商战的升级从而再次引发军事冲突。世界各国为了在逐渐缩小

3

的世界市场中继续占有一席之地，都企图挤垮竞争对手，并导致了更为强烈的经济报复——竞相宣布货币贬值并大量设置贸易壁垒，贸易战持续升级，世界经济的全面复苏和发展面临严峻而复杂的形势。许多国家认识到，在世界各国联系越来越密切的情况下，国际贸易必须进行"全面改革"，实现"公正合理"的国际经济贸易秩序是至关重要的环节。因此，如何改革国际贸易方式成为国际社会关注的焦点。

在这样的大背景下，1941年初秋，美国经济学家哈里·怀特提出了一个非同寻常的计划。这个计划包括两项重要内容：其一是建立"稳定基金"，以此保证国际汇率的相对平衡，稳定世界经济和金融秩序；其二是建立"国际复兴开发银行"，为遭受战争创伤的国家提供贷款，帮助这些国家恢复生产，振兴经济。经济学家们认为，稳定基金与世界银行缺一不可，二者的相互协调是世界经济走上良性发展道路的重要条件。各国观察家也认为，"货币体系改革和贸易体系重组两件大事不可分割"，只有两者相辅相成，世界经济才能实现全面的繁荣，世界和平也才能得到真正的保证。

美国财长摩根索对怀特的建议非常赞赏，并任命怀特担任他的经济顾问。1941年12月14日，授命怀特起草一份正式文件，提交美国最高当局讨论。1942年3月，怀特奉命在原方案的基础上起草《联合国家稳定基金与联合国家及联盟国家复兴银行草案》（即怀特计划）。5月，美国总统罗斯福授权一内阁委员会讨论怀特草案，以怀特为首的专家委员会参加讨论和修订工作。1943年4月美国政府公布了怀特计划，11月又发表了联合国家复兴开发银行协定草案。1944年1月，美国财政部向联合国家和联盟国家分发有关复兴开发银行的《问答集》，进一步阐明美国的设想。

有趣的是，在美国起草计划的同时，英国政府也在组织起草

国际货币计划，主要负责人是当时担任财政大臣首席经济顾问的著名经济学家凯恩斯。凯恩斯于1941年9月提出了《清算联盟计划》（通称"凯恩斯计划"）。1943年4月7日，即在美国政府发表"怀特计划"的同一天，英国政府也正式发表了《国际清算联盟建议书》。根据凯恩斯的设想，货币联盟将成为各国的中央银行，面向全球接纳存款，发放贷款，收取利息，并有权发行自己的货币。凯恩斯还希望货币联盟发行的"国际货币单位"能够成为全球未来的经济活动的纽带。从各方面的情况看，英国和美国这两大"计划"各有千秋。

英国不愿看到美国在世界经济舞台上唱"独角"。英国是老牌的帝国主义国家，战前在国际经济体系、特别是国际货币体系中居于核心地位，现在将"主角"拱手相让美国人，实非所愿。但是，第二次世界大战使英国经济遭到严重破坏，英国原有的经济实力和地位大大削弱，英国急需大量资金为战后经济重建提供保障，特别希望能从美国借入所需的资金以恢复经济。在这种情况下，英国要在"计划"方面与美国平起平坐，维护自己在金融界的"老大"地位，自然存在一定的困难。但是，尽管英国经济遭受严重破坏，但在货币金融方面仍然拥有相当的实力，资本主义贸易额的40%仍用英镑结算。因此，英国力争在战后国际经济发展中，能形成有利于自己的局面，以保住自己的领导地位。出于特殊的地位和经济利益考虑，英国积极参与成立国际金融机构的进程。

1943年9~10月间，美国、英国政府代表团就国际货币问题在华盛顿举行会谈，"怀特计划"和"凯恩斯计划"进行了激烈的较量。由于英国实力不及美国，加之缺乏资金恢复战后经济，因而不得不放弃"清算联盟计划"，被迫接受美国的"稳定基金计划"，并在一些关键的问题上进行让步。美国为了获得英国的合作和支持，也在一些问题上满足了英国的要求。双方在讨价还价的基础上成立了一个联合工作小组，并于 1944 年 4 月起草了《专家关于建立国际货币基金组织的联合声明》。

在美国大西洋城举行预备会议之后，1944 年 7 月 1 日，联合国家及联盟国家在美国新罕布什尔的布雷顿森林（Bretton Woods）的华盛顿山大旅社举行国家货币金融会议，简称"布雷顿森林会议"。美国财政部长摩根索担任大会常任主席，有 44 个国家的代表出席了会议。会议成立三个委员会，第一委员会由怀特主持，讨论基金组织问题；第二委员会由凯恩斯主持，讨论世界银行问题；第三委员会由墨西哥苏亚雷茨主持，讨论国际金融合作的其他问题。此外，还设立了一个由摩根索主持的指导委员会。

由于英国和美国在会前已经达成了协议，因此，会议中除美苏在一些问题上发生争执、许多经济不发达的国家抱怨基金组织忽视他们的利益、强调世行应重视经济开发等问题外，基本上没有遇到多大的障碍。因此，在布雷顿森林会议期间，关于成立世界银行的讨论进行得非常顺利，甚至超过了关于建立国际货币基金组织（International Monetary Fund，IMF）的讨论。与会代表很快就拟定了国际复兴开发银行的宪章及细则。布雷顿森林会议同时通过一项决议，敦促各国参与成立另外一个机构——国际贸易组织（International Trade Organization，ITO），监督各国的贸易活动。会议经过三个星期的争论，于当年 7 月 22 日结束，并通过了《联合国货币金融会议的最后决定书》以及《国际货币基金组织协定》、《国际复兴开发银行协定》两个附件，总称《布雷顿森林协定》。

到 1945 年 12 月，已有 29 个国家在《布雷顿森林协定》上签字，这些国家认缴的股份达 70 多亿美元，超过协定生效规定的份额，于是国际复兴开发银行和国际货币基金组织正式宣布成立。1946 年 6 月 25 日，世界银行正式开始营业。1947 年 3 月 1

日，国际货币基金组织正式开始办理业务。

1946年9月，智利成为申请贷款的第一个发展中国家，贷款总额4000万美元。为了配合贷款申请，智利政府特意制作了一本精美的贷款手册，详细介绍了这项贷款的主要用途。但世行官员却坚持认为手册中的介绍过于笼统，"没有精心规划，更多的只是关于开发的初步设想"。因此，世行没有批准智利的请求。智利申请贷款没有被批准引发了一场大争论，许多发展中国家对世行提出了激烈的批评。

如前所述，布雷顿森林会议期间，为发展提供资金并不是与会者关心的主要问题。但是随着欧洲复兴事业的进行，对复兴大量提供资金的问题引起了广泛的注意。另外，随着大批前殖民地纷纷获得独立，世界银行内发展中国家会员国日益增多，为发展提供资金的问题显得更为突出。在这种背景下，世界银行的地位开始变得重要起来，其影响也越来越大。

世界银行通过提供贷款、政策咨询和技术援助，支持各种以减贫和提高发展中国家人民生活水平为目标的项目和计划，制定有效的减贫战略和提供以减贫为主的贷款是实现这些目标的关键。世界银行的业务计划高度重视推进可持续的社会和人类发展，高度重视加强经济管理，并越来越强调参与、治理和机构建设。国际复兴开发银行的宗旨是：

●通过使投资更好地用于生产事业的办法以协助会员国境内的复兴与建设，包括恢复受战争破坏的经济，使生产设施恢复到和平时期的需要，以及鼓励欠发达国家生产设施的开发。

●利用担保或参加私人贷款及其他私人投资的方式，促进外国私人投资。

●用鼓励国际投资以发展会员国生产资源的方式，促进国际贸易长期均衡的增长，并保持国际收支的平衡，以协助会员国提高生产力、生活水平和改善劳动条件。

### 表1-1 有资格向国际复兴开发银行借款的国家

### （截止到 2003 年 7 月 1 日）

单位：美元

| 收入组和国家 | 2002 年人均国民收入 | 收入组和国家 | 2002 年人均国民收入 |
|---|---|---|---|
| | | 伯利兹 | 2960 |
| 人均收入 5115 美元以上 | | 人均收入 1416~2935 美元 | |
| 韩 国 | 9930 | | |
| 斯洛文尼亚 | 9810 | 巴 西 | 3070 |
| 安提瓜和巴布达 | 9390 | 牙买加 | 2820 |
| 帕 劳 | 7140 | 南 非 | 2600 |
| 特立尼达和多巴哥 | 6490 | 土耳其 | 2500 |
| 圣基茨和尼维斯 | 6730 | 马绍尔群岛 | 2350 |
| 墨西哥 | 5910 | 多米尼加 | 2320 |
| 捷 克 | 5360 | 斐 济 | 2160 |
| 匈牙利 | 5280 | 密克罗尼西亚联邦 | 2150 |
| 塞舌尔 | — | 俄罗斯 | 2150 |
| 人均收入 2936~5115 美元 | | 萨尔瓦多 | 2080 |
| | | 秘 鲁 | 2050 |
| 克罗地亚 | 4640 | 突尼斯 | 2000 |
| 波 兰 | 4570 | 泰 国 | 1980 |
| 乌拉圭 | 4370 | 纳米比亚 | 1900 |
| 智 利 | 4260 | 哥伦比亚 | 1830 |
| 爱沙尼亚 | 4100 | 保加利亚 | 1790 |
| 哥斯达黎加 | 4110 | 约 旦 | 1760 |
| 委内瑞拉 | 4090 | 危地马拉 | 1750 |
| 阿根廷 | 4060 | 阿尔及利亚 | 1720 |
| 巴拿马 | 4020 | 伊 朗 | 1710 |
| 黎巴嫩 | 3990 | 马其顿 | 1700 |
| 斯洛伐克 | 3950 | 哈萨克斯坦 | 1510 |
| 毛里求斯 | 3850 | 埃 及 | 1470 |
| 立陶宛 | 3660 | 厄瓜多尔 | 1450 |
| 马来西亚 | 3540 | 人均收入 735~1415 美元 | |
| 拉脱维亚 | 3480 | | |
| 加 蓬 | 3120 | 白俄罗斯 | 1360 |
| 博茨瓦纳 | 2980 | 土库曼斯坦 | 1200 |

续表 1－1

| 收入组和国家 | 2002 年人均国民收入 | 收入组和国家 | 2002 年人均国民收入 |
|---|---|---|---|
| | | 中　国 | 940 |
| 人均收入 735～1415 美元 | | 乌克兰 | 770 |
| 摩洛哥 | 1190 | 伊拉克 | — |
| 斯威士兰 | 1180 | 人均收入低于 735 美元 | |
| 巴拉圭 | 1170 | | |
| 叙利亚 | 1130 | 赤道几内亚 | |
| 菲律宾 | 1020 | | |

资料来源：《世界银行 2003 年度报告》。

● 就世行贷款或担保的贷款而与通过其他渠道的国际性贷款进行协作，优先安排有用和更迫切的项目。

● 在执行业务时恰当地照顾到国际投资对会员国境内工商业状况的影响，促使战时经济平稳地过渡到和平时期的经济。

## 二　组织机构

国际复兴开发银行和国际开发协会是一套人马。它设有理事会（Board of Governors）、执行董事会（Executive Directors）和以行长（President）为首的办事机构。银行行长同时也是国际开发协会的会长。各级官员和工作人员，负责办理银行业务和行政管理工作。

### （一）理事会

理事会是世界银行的最高权力机构，世界银行的一切权力授予理事会。世行的每一个会员国选派理事和副理事各一人，组成理事会。理事和副理事通常由成员国的财政部长或中央银行行长担任。理事和副理事任期 5 年，期满可以连任，但需由派出国家自己决定。副理事没有投票权，如果理事缺席时，副理事有权投票。理事会应选举 1 名理事为理事会主席，每年召开一次理事会

年会。

世行规定，除若干必须由理事会行使的职权外，一般委托执行董事会代行。必须由理事会行使的职权主要有：

（1）批准接纳新会员国及决定其加入条件；

（2）增加或减少银行资本总额股；

（3）暂停成员国资格；

（4）裁决对执行董事在解释银行协定时所产生的异议；

（5）处理与其他国际机构的合作办法；

（6）决定永远停止银行业务及其资产的分配；

（7）决定银行净收益的分配，等等。

世行年会每年召开一次。世行会议一般都在9月或10月同国际货币基金组织的理事会联合召开。国际开发协会和国际金融公司的理事会也合并一起举行。每次参加会议的理事必须过半数，而且持有不少于投票权总数的2/3以上的理事出席，才构成法定人数。

除年会外，如理事会或执行董事会认为必要，也可举行特别会议。如果有5个成员国，或者持有总投票数1/4的会员国提出申请时，执行董事会应立即召开银行理事会议。参加理事会的法定人数，必须有总投票数2/3以上的多数。理事会应按照规定的程序认为执行董事的行动符合世行的利益时，由理事直接投票对某一特定的问题表决，而无须召开理事会。

世界银行由理事会决定付给执行董事的报酬、行长的薪金及其服务契约的条件，对理事和副理事不给付报酬，只支付其出席会议的各种合理费用。

**（二）执行董事会（以下简称"执董会"）**

世行规定，执行董事负责处理银行业务，并在理事会授权下履行其职责。世行理事可以不兼任董事。执行董事人数为24人，其中5名执行董事由银行的成员国中持有股份最多的美、日、

## 表 1-2 世界银行的理事和副理事
## （截止到 2003 年 6 月 30 日）

| 成 员 国 | 理 事 | 副 理 事 |
|---|---|---|
| 阿富汗 | Ashraf Ghani | Anwar UI-Ahady |
| 阿尔巴尼亚 | Kastriot Islami | Fatos Ibrahimi |
| 阿尔及利亚 | Ahdellatif Benachembou | Abdelhak Bedjaoui |
| 安哥拉 | Ana Dias Lourenco | Job Graca |
| 安提瓜和巴布达 | Lester B. Bird | Asot A. Michael |
| 阿根廷 | Roberto Lavagna | Alfonso De-Prat-gay |
| 亚美尼亚 | Vahram Nercissiantz | Kare Chshmarityan |
| 澳大利亚 | Peter Costello | Chris Gallus |
| 奥地利 | Karl-Heinz Grasser | Thomas Wiesser |
| 阿塞拜疆 | Elman Siradjogly Rustamov | Farhad Alivey |
| 巴哈马 | James H. Smith | Ruth R. Millar |
| 巴 林 | Abdulla Hassan Saif | Zakaria Ahmed Hejres |
| 孟加拉国 | M. Saifur Rahman | Mirza Tasadduq Hussain Beg |
| 巴巴多斯 | Owen S. Arthur | Grantley W. Smith |
| 白俄罗斯 | Andrei V. Kobyakov | Anatoly L. Sverzh |
| 比利时 | Didier Reynders | Guy Quaden |
| 伯利兹 | Said W. Musa | Sydney Campbell |
| 贝 宁 | Bruno Amoussou | Lazare Sehoueto |
| 不 丹 | Yeshey Zimba | （空缺） |
| 玻利维亚 | Jacpues Trigo Loubiere | Riberto Camacho |
| 波斯尼亚和黑塞哥维那 | Adnan Terzie | Mila Gadzic |
| 博茨瓦纳 | Baledzi Gaolathe | Serwalo S. G. Tumelo |
| 巴 西 | Antonio Palocci Filho | Henrique de Campos Meirelles |
| 文 莱 | Haji Hassanal Bolkiah | Yakub Abu Bakar |
| 保加利亚 | Milev Veltchev | Bojidar Lubenov Kabaktchiev |
| 布基纳法索 | Jean Baptiste | Etienne Yameogo |
| 布隆迪 | Athanase Gahungu | Dieudonne Nintunze |

世界银行集团

续表 1-2

| 成 员 国 | 理 事 | 副 理 事 |
| --- | --- | --- |
| 柬埔寨 | Keat Chhon | Ouk Rabun |
| 喀麦隆 | Martin Okouda | Daniel Njankouo Lamere |
| 加拿大 | John Manley | Leonard M. Good |
| 佛得角 | Carlos Augusto Duarte Burgo | Victor A. G. Fidalgo |
| 中 非 | Alexis Ngomba | Clement Eregani |
| 乍 得 | Djimrangar Dadnadji | Mahamat Ali Hassan |
| 智 利 | Nicolas Eyzaguirre | Mario Marcel |
| 中 国 | Jin Renqing | Jin Liqun |
| 哥伦比亚 | Alberto Carrasquilla | Santiago Montenegro Trujillo |
| 科摩罗 | Younoussa Imani | Moindjie Saadi |
| 刚果（金） | Andre-Philippe Futa | Jean-Claude Masangu Mulongo |
| 刚果（布） | Rigobert Toger Andely | Pierre Moussa |
| 哥斯达黎加 | Alherto Dent Zeledon | Francisco de Paula Gutierrez |
| 科特迪瓦 | Bohoun Bouabre | Boniface Britto |
| 克罗地亚 | Mato Crkvenac | Josip Kulisic |
| 塞浦路斯 | Markos Kypreanou | Chrestos Patsalides |
| 捷 克 | Bohuslav Sobotka | Oldrich Dedek |
| 丹 麦 | Per Stig Moller | Carsten Staur |
| 吉布提 | Yacin Elmi Bouh | Simon Mibrathu |
| 多米尼加 | Jose Lois Malkun | Felix Calvo |
| 厄瓜多尔 | Mauricio Pozo Crespo | Gilberto Pazminno Arisa |
| 埃 及 | Medhat Hassanern | Faiza Abulnaga |
| 萨尔瓦多 | Juan Jose Daboub | Luz Maria Serpas de Portillo |
| 赤道几内亚 | Antonio Nve Nseng | Miguel Edjang Angue |
| 厄立特里亚 | Berhane Abrehe | Martha Woldegiorghis |
| 爱沙尼亚 | Tonis Palts | Renaldo Mandmets |
| 埃塞俄比亚 | Sufian Ahmed | Mekonnen Manyazewal |
| 斐 济 | Jone Yavala Kubuabola | Tevita Banuve |
| 芬 兰 | Antti Kalliomaki | Paula Lehtomaki |

续表 1-2

| 成　员　国 | 理　　　事 | 副　理　事 |
|---|---|---|
| 法　国 | Francis Mer | Jean-Pierre Jouyet |
| 加　蓬 | Casimir Oye-Mba | Christian Bongo |
| 冈比亚 | Famara L. Jatta | Dodou B. Jagne |
| 格鲁吉亚 | Mirian Gogiashvili | Giorgi Gachechiladze |
| 德　国 | Heidemarie Wieczorek-Zeul | Caio K. Koch-Weser |
| 加　纳 | Yaw Osafo-Maafo | Grace Coleman |
| 希　腊 | Nikolaos Christodoulakis | Vasilis Rapanos |
| 格林纳达 | Anthony Boatswain | Timothy Antoine |
| 危地马拉 | Eduardo Humberto Weymann Fuentes | Lizardo Arturo Sosa Lopez |
| 几内亚 | Cheick Ahmadou Camara | Cellou Dalein Diallo |
| 几内亚比绍 | Rui Duarte Barros | Verissimo Paulino Nancassa |
| 圭亚那 | Bharrat Iagdgo | Saisnarine Kowlessar |
| 海　地 | Faubert Gustave | Venel Joseph |
| 洪都拉斯 | Arturo Alvarado | Maria Elena Mondragon de Villar |
| 匈牙利 | Csaba Laszlo | Jozsef Thuma |
| 冰　岛 | Halldor Asgrimsson | Geir Hilmar Haarde |
| 印　度 | Jaswant Singh | Subbaraman Narayan |
| 印度尼西亚 | Boediono | Hartadi A. Sarwono |
| 伊　朗 | Thahmaseb Mazaheri-Khorzani | Mohammad Khazace-Torshizi |
| 伊拉克 | Issam Rashid Hwaish | Hashim Ali Obaid |
| 爱尔兰 | Charlie McCreevy | Tom Considine |
| 以色列 | David Klein | Ohad Marani |
| 意大利 | Antonio Fazio | Lorenzo Bini Smaghi |
| 牙买加 | Omar Loyd Davies | Wesley George Hughes |
| 日　本 | Masajuro Shiokawa | Toshihiko Fukui |
| 约　旦 | Bassem I. Awadallah | Hala Bsaiso Lattouf |
| 哈萨克斯坦 | Alexander Sergeyevich Pavlov | Kayrat N. Kelimbelov |
| 肯尼亚 | David Mwiraria | Joseph Mbui Magari |
| 基里巴斯 | Beniamina Tinga | Tbwe Ietaake |

续表 1 - 2

| 成 员 国 | 理 事 | 副 理 事 |
| --- | --- | --- |
| 韩 国 | Jin-Pyo Kim | Seung Park |
| 科威特 | Mohammad Sabah AISalem AISabah | Bader Meshari Al-Humaidhi |
| 吉尔吉斯斯坦 | Bolot Abildaev | Kubat Abduldaevich Kanimetov |
| 老 挝 | Chansy Phosikham | Phouphet Khamphounvong |
| 拉脱维亚 | Vaidis Dombrovskis | Aigars Kavitis |
| 黎巴嫩 | Fuad A. B. Siniora | Marwan Hemadeh |
| 莱索托 | M. C. Mphutlane | T. J. Ramotsoari |
| 利比里亚 | Roland Massaquoi | Charles T. Bright |
| 利比亚 | Alojeli Abdel Salam Breeni | Ali Ramadan Shnebsh |
| 立陶宛 | Dalia Grybauskaite | Arvydas Kregzde |
| 卢森堡 | Luc Frieden | Jean Guill |
| 马其顿 | Petar Gosev | Dimko KoKaroski |
| 马达加斯加 | Zaza Manitranja Ramandimbiarison | Davida Rajaon |
| 马拉维 | Friday Jumbe | Bingu wa Mutharika |
| 马来西亚 | Mustapa Mohamed | Samsudin Hitam |
| 马尔代夫 | Fathulla Jameel | Adam Maniku |
| 马 里 | Massary Toure | Marimantia Diarra |
| 马耳他 | John Dalli | Joseph Scicluna |
| 马绍尔群岛 | Brenson S. Wase | Smith Michael |
| 毛里塔尼亚 | Aldellahi Ould Cheikh-Sidia | Mohamed Ould EI Abed |
| 毛里求斯 | Khushhal Chand Khushiram | Ayub Hussein Nakhuda |
| 墨西哥 | Francisco Gil Diaz | Agustin Carstens |
| 密克罗尼西亚联邦 | John Ehsa | Sebastian L. Anefal |
| 摩尔多瓦 | Zinaida Grecianii | Dumitru Ursu |
| 蒙 古 | Chultem Ulaan | Ochirbat Chuluunbat |
| 摩洛哥 | Fathallah Oualalou | Abderrazak EI Mossadeq |
| 莫桑比克 | Adriano Afonso Malerane | Manuel Chang |

续表 1 - 2

| 成 员 国 | 理 事 | 副 理 事 |
| --- | --- | --- |
| 缅 甸 | Hla Tum | Than New |
| 纳米比亚 | Immanuel Ngatjzeko | Carl-Hermann G. Schlettwein |
| 尼泊尔 | Prakash Chandra Lohani | Bhanu Prasad Acharya |
| 荷 兰 | Hans Hoogervorst | Agnes Van Ardeme |
| 新西兰 | Michael Cullen | John Whitehead |
| 尼加拉瓜 | Eduardo Montealegre Rivas | Mario Alonso Icabalceta |
| 尼日尔 | Ali Badjo Gamatie | Maliki Barhouni |
| 尼日利亚 | Adamu Ciroma | Thelma Amata Iremiren |
| 挪 威 | Hilde Frafjord Johnson | Olav Kjorven |
| 阿 曼 | Ahmed Bin Abdulnabi Macki | Mohammed Bin Nasser Al-Khasibi |
| 巴基斯坦 | Shaukat Aziz | Waqar Masood Khan |
| 帕 劳 | Casmir Remengesau | Lawrence Alan Goddard |
| 巴拿马 | Norberto Delgado Duran | Domingo Latorraca |
| 巴布亚新几内亚 | Bart Philemon | Koiari Tarata |
| 巴拉圭 | Alcides Jimenez | Jose Ernesto Buttner |
| 秘 鲁 | Javier Silva Ruete | Richard Webb |
| 菲律宾 | Jose Isidro N. Camacho | Rafael B. Buenaventura |
| 波 兰 | Leszek Balcerowicz | Andrzej S. Bratkowski |
| 葡萄牙 | Manuela Fereira Leite | Francisco Esteves de Carvalho |
| 卡塔尔 | Youssef Husssain Kamal | Abdullah Bin Khalid Al-Attiyah |
| 罗马尼亚 | Mihai Nicolae Tanasescu | Emil Iota Ghizari |
| 俄罗斯 | Viktor Khrestenko | German O. Gref |
| 卢旺达 | Donald Kaberuka | Celestin Kabanda |
| 圣基茨和尼维斯 | Denzil Douglas | Wendell Everton Lawrence |
| 圣卢西亚 | Kenny D. Anthony | Trevor Brathwaite |
| 圣文森特和格林纳丁斯 | Ralph E. Gonsalves | Laura Anthony-Browne |
| 萨摩亚 | Misa Telefoni Retzlaff | Hinauri Petana |
| 圣马力诺 | Maurizio Rattini | Loris Francni |

| 成 员 国 | 理 事 | 副 理 事 |
|---|---|---|
| 圣多美和普林西比 | Maria dos Santos Tebus Torres | Genoveva Costa |
| 沙特阿拉伯 | Ibrahim A. Al-Assaf | Hamad AI-Sayari |
| 塞内加尔 | Abdoulaye Diop | Cheikh Hadjibou Soumare |
| 塞尔维亚和黑山 | Miroslav Ivanisevic | Bozidar Djelic |
| 塞舌尔 | Jeremie Bonnelame | Alain Butler-Payette |
| 塞拉里昂 | Joseph B. Dauda | Samura Kamara |
| 新加坡 | Lee Hsien Loong | Lim Siong Guan |
| 斯洛伐克 | Ivan Miklos | Elena Kohutikova |
| 斯洛文尼亚 | Dusan Mramor | Irena Sodin |
| 所罗门群岛 | Snyder Rini | Shadrach Fanega |
| 索马里 | （空缺） | （空缺） |
| 南 非 | Trevor Andrew Manuel | Mandisi Bongani Mpahlwa |
| 西班牙 | Rodrigo de Rato Figaredo | Juan Costa Climent |
| 斯里兰卡 | Kairshasp Nariman | Charitha Ratwatte |
| 苏 丹 | EI Zubair Ahmed EI Hassan | Sabana Ibrahim Jambo |
| 苏里南 | Humphrey S. Hildenberg | Stanley B. Ramsaran |
| 斯威士兰 | Guduaz Dlamini | Musa D. Fakudze |
| 瑞 典 | Gunnar Lund | Jan O. Karisson |
| 瑞 士 | Joseph Deiss | Micheline Calmy Rey |
| 叙利亚 | Ghassan EI-Rifai | Mohamad Bittar |
| 塔吉克斯坦 | Safarali Najmuddinov | Akram Suleymanov |
| 坦桑尼亚 | Abdallah Omar Kigoda | Gray S. Mgonia |
| 泰 国 | Suchart Jaovisidha | Somchainuk Engtrakul |
| 东帝汶 | Maria Madalena Brites Boavida | Aicha Bassarewan |
| 多 哥 | M' Ba Legzim | Mewuncesso Baliki Pini |
| 汤 加 | Siosiua T. T. 'Utoikamanu | 'Aisake V. Eke |
| 特立尼达和多巴哥 | Patrick Manning | Conrad Enill |
| 突尼斯 | Mohamed Nouri Jouini | Abdehamid Triki |

续表 1 - 2

| 成 员 国 | 理 事 | 副 理 事 |
|---|---|---|
| 土耳其 | Ibrahim H. Canakci | Aydin Karaoz |
| 土库曼斯坦 | Ymamdurdy Gandymov | （空缺） |
| 乌干达 | Gerald M. Ssendaula | C. M. Kassami |
| 乌克兰 | Mykola Azarov | Valeriy Khorosh Kovskiy |
| 阿拉伯联合酋长国 | Hamdan Bin Rashid Al-Maktoum | Mohamed Khalfan Bin Khirbash |
| 英 国 | Valerie Amos | Gordon Brown |
| 美 国 | John W. Snow | Alan P. Laison |
| 乌拉圭 | Ariel Davrieux | Isaac Alfie |
| 乌兹别克斯坦 | Rustam S. Azimov | （空缺） |
| 瓦努阿图 | Sela Molisa | Jeffry Wilfred |
| 委内瑞拉 | Jorge Giordani | Tobias Nobrega Suarez |
| 越 南 | Le Duc Thuy | Phung Khac Ke |
| 也 门 | Ahmed Mohamed Sofan | Anwar Rizq Al-Harazi |
| 赞比亚 | David S. Diangamo | Mukuka L. N. Zimba |
| 津巴布韦 | Herbert M. Murerwa | Leonard Ladislas Tsumba |

资料来源：《世界银行 2003 年度报告》。

德、法、英各指派一人担任，其余 19 人由其他 170 多个会员国按照规定按地区分组选举产生。中国、沙特阿拉伯和俄罗斯因拥有的股份较多，均可自行单独选择 1 名董事。

执董会对行长提出的 IBRD 贷款和担保以及 IDA 信贷和担保项目建议书进行讨论和做出决定，并对世行各项业务政策进行审定。执董会还负责在年会上向理事会提交财务审计报告、行政预算、有关世行业务活动和政策的《年度报告》，以及其他需要提交讨论的事项。世行的执董和副执董还不定期地到借款国进行访问，以了解世行援助在这些国家的进展情况。

执董会通过审计委员会代表股东履行监督和委托职责。该委员会审查其工作大纲以体现审计委员会在监督和风险管理方面不断调整职责范围。该委员会就财务管理和其他财务问题向执董会建议，从而加强了执董会在财务政策方面的决策能力。此外，执董会在1993年成立了一个独立监察小组，以便彻底地解决因世行项目而受到影响的人们所关心的问题，并且确保在项目的设计、准备和实施的过程中，能够遵守其业务政策和程序。任何群体如认为世行支持的项目因未能遵守世行的政策和程序而对他们造成危害，均可要求独立监察小组对他们的申诉进行调查。执董们根据独立监察小组的建议，决定是否对项目进行调查。

执行董事每两年选举一次。每一委派执行董事，按委派他的国家所拥有的投票总数投票，但每一选举产生的执行董事所代表的投票权总数只能作为一个统一单位使用，不能分开使用。按规定，董事会的会议必须有拥有投票权总数半数以上的执行董事出席，才构成法定人数。

每个执行董事应指派一名副执行董事。执行董事缺席时，副执行董事代为行使执行董事的一切权利。当执行董事出席时，副执行董事应参加会议，但是没有投票权。执行董事在银行总部华盛顿办公。银行理事会制定的章程规定，对于不能指派董事的会员国，在讨论该会员国提出的请求，或与该会员国有特殊影响的事项时，须派遣一代表出席执行董事会议。执行董事认为有必要时，可以根据情况，设立各种委员会，委员会成员不限于理事、董事或副理事和副董事。

任何执行董事都不能拥有类似联合国安全理事会常任理事国的法定否决权。但由于执行董事的投票权是按各该会员国的认购股份计算的，因而认购股份最大的几个西方主要发达国家（美、英、德、法、日、荷兰）联合起来就可以在用简单多数投票决定的议案中施加决定性的影响。

表 1-3 世界银行的执董、副执董和委员会成员
（截止到 2008 年 6 月 30 日）

| 执董任命 | 副执董 | 投票国家 |
|---|---|---|
| E. Whitney Debevoise | Ana Guevara | 美国 |
| Toru Shkibu | Masato Kanda | 日本 |
| Mchael Hofmann | Ruedger Von Klest | 德国 |
| Alex Gbbs | Caroline Sergeant | 英国 |
| Ambrose Fayolle | Alexs Kohler | 法国 |
| 选举 | | |
| Gino Alzetta<br>（比利时） | Melih<br>（土耳其） | 奥地利、白俄罗斯、比利时、捷克、匈牙利、哈萨克斯坦、卢森堡、斯洛伐克、斯洛文尼亚、土耳其 |
| Jorge Familiar<br>（墨西哥） | Jose Alejandro Rojas<br>（委内瑞拉） | 哥斯达黎加、萨尔瓦多、危地马拉、洪都加斯、墨西哥、尼加拉瓜、西班牙、委内瑞拉 |
| Herman Wijffels<br>（荷兰） | Claudu Doltu<br>（罗马尼亚） | 亚美尼亚、波斯尼亚和黑塞哥维那、保加利亚、克罗地亚、塞浦路斯、格鲁吉亚、以色列、马其顿、摩尔瓦多、荷兰、罗马尼亚、乌克兰 |
| Samy Watson<br>（加拿大） | Ishmael Lightbourne<br>（巴哈马） | 安提瓜和巴布达、巴哈马、巴巴多斯、伯利兹、加拿大、多米尼加、格林纳达、圭亚那、爱尔兰、牙买加、圣基茨和尼维斯、圣卢西亚、圣文森特和格林纳丁斯 |
| Rogero Studart<br>（巴西） | Jorge Humberto Botero<br>（哥伦比亚） | 巴西、哥伦比亚、多米尼加、厄瓜多尔、海地、巴拿马、菲律宾、特立尼达和多巴哥 |
| Govanni Majnoni<br>（意大利） | Nuno Mota Pinto<br>（葡萄牙） | 阿尔巴尼亚、希腊、意大利、马耳他、葡萄牙、圣马力诺、东帝汶 |
| James Hagan<br>（澳大利亚） | Do Hyeong Kim<br>（韩国） | 澳大利亚、柬埔寨、基里巴斯、韩国、马绍尔群岛、密克罗尼西亚联邦、蒙古、新西兰、帕劳、巴布亚新几内亚、萨摩亚、所罗门群岛、瓦努阿图 |
| Dhanendra Kumar<br>（印度） | Zakir Ahmed Khan<br>（孟加拉国） | 孟加拉国、不丹、印度、斯里兰卡 |

| 执董任命 | 副执董 | 投票国家 |
|---|---|---|
| Mulu Ketsela<br>（埃塞俄比亚） | Mathias Sinamenye<br>（布隆迪） | 安哥拉、博茨瓦纳、布隆迪、埃塞俄比亚、冈比亚、肯尼亚、莱索托、利比亚、马拉维、莫桑比克、纳米比亚、尼日利亚、塞舌尔、塞拉里昂、南非、苏丹、斯威士兰、坦桑尼亚、乌干达、赞比亚、津巴布韦 |
| Svein Aass<br>（挪威） | Jens Haarlov<br>（丹麦） | 丹麦、爱沙尼亚、芬兰、冰岛、拉脱维亚、立陶宛、挪威、瑞典 |
| Javed Talat<br>（巴基斯坦） | Sid Ahmed Dib<br>（阿尔及利亚） | 阿富汗、阿尔及利亚、加纳、伊朗、摩洛哥、巴基斯坦、突尼斯 |
| Michel Mordasini<br>（瑞典） | Jakub Karnowski<br>（波兰） | 阿塞拜疆、吉尔吉斯斯坦、波兰、塞尔维亚和黑山共和国、瑞士、塔吉克斯坦、土库曼斯坦、乌兹别克斯坦 |
| Merza H. Hasan<br>（科威特） | Mohamed Kamel Amr<br>（埃及） | 巴林、埃及、伊拉克、约旦、科威特、黎巴嫩、利比亚、马尔代夫、阿曼、卡塔尔、叙利亚、阿拉伯联合酋长国、也门 |
| 邹家怡（中国） | 杨金林（中国） | 中国 |
| Abdulrahman Almofadhi<br>（沙特阿拉伯） | Abdulhamid Alkhalifa<br>（沙特阿拉伯） | 沙特阿拉伯 |
| Alexey Kvasov<br>（俄罗斯） | Eugene Miagkov<br>（俄罗斯） | 俄罗斯 |
| Mat Aron Deraman<br>（马来西亚） | Chularat Suteethorn<br>（泰国） | 文莱、斐济、印度尼西亚、老挝、马来西亚、缅甸、尼泊尔、新加坡、泰国、汤加、越南 |
| Filix Alberto Camarasa<br>（阿根廷） | Francsco Bermasconi<br>（智利） | 阿根廷、玻利维亚、智利、巴拉圭、秘鲁、乌拉圭 |
| Louis Philppe Ong Seng<br>（毛里求斯） | Agapto Mendes Dias<br>（圣多美和普林西比） | 贝宁、布基纳法索、喀麦隆、佛得角、中非、乍得、科摩罗、刚果（金）、刚果（布）、科特迪瓦、吉布提、赤道几内亚、加蓬、几内亚、几内亚比绍、马达加斯加、马里、毛里塔尼亚、毛里求斯、尼日尔、卢旺达、圣多美和普林西比、塞内加尔、多哥 |

资料来源：《世界银行 2008 年度报告》。

### （三）行长与副行长

世界银行行长是公司行办事机构的首脑，在执行董事会决定的方针政策指导下负责领导银行和办事机构的日常工作，任免银行的高级职员和工作人员。世行的副行长协助行长工作，行长、副行长共同对世界银行负责。根据世行协定规定，理事、副理事、执行董事、副执行董事均不得兼任行长。行长下设副行长若干人，协助行长工作。执行董事会以简单多数选举产生世界银行行长兼执行董事会主席。行长无投票权，只有在执行董事会表决中双方票数相等时，可以投起决定作用的一票。

行长、官员和工作人员，在执行其任务时，应完全对世行负责，而不对其他成员国当局负责，各会员国应尊重他们工作职责的国际性和独立性，不干涉他们的业务工作。世行任命高级管理人员和一般工作人员时的原则是工作人员的最高工作效率和技术技能。

根据 2003 年的资料，世行的高级管理官员共 31 人，其中常务副行长 4 人。世界银行的主要负责官员及职责如表 1－4。

表 1－4　世界银行的主要负责官员及职责<br/>（截止到 2003 年 6 月 30 日）

| 职　　务 | 官　　员 |
| --- | --- |
| 行　长 | James D. Wolfensohn |
| 常务副行长 | 张晟曼 |
| 常务副行长 | Jeffrey A. Gosdstein |
| 常务副行长 | Mamphela Ramphele |
| 常务副行长 | Peter Woicke |
| 高级副行长兼首席财务主管 | Gary Perlin |
| 高级副行长，主管发展经济兼首席经济学家 | Nicholas H. Stern |
| 副行长兼网络负责人，主管业务政策和国家业务 | Jemes W. Adams |
| 副行长，主管金融部门 | Casare Calari |

续表 1 - 4

| 职　务 | 官　员 |
|---|---|
| 副行长兼审计长 | Fayezul H. Choudhury |
| 副行长,主管拉丁美洲和加勒比地区 | David de Ferranti |
| 副行长,主管对外事务和联合国事务 | Ian A. Goldin |
| 副行长兼网络负责人,主管自然环境和社会可持续发展 | Ian Johnson |
| 副行长,主管东亚和太平洋地区 | Jemal-ud-din Kassum |
| 副行长兼网络负责人,主管私营部门发展 | Michael U. klein |
| 副行长,主管资源调配和联合融资 | Geoffrey B. lamb |
| 副行长,主管世界银行学院 | Frannie Leautier |
| 副行长,主管欧洲和中亚地区 | Johannes Linn |
| 副行长,主管非洲地区 | Callisto Madavo |
| 副行长兼首席信息官 | Mohamed Muhsin |
| 副行长兼网络负责人,主管减贫和经济管理 | Gobind Nankani |
| 副行长,主管南亚地区 | Mieko Nishimizu |
| 副行长兼企业顾问 | Ngozi N. Okonjo-Iweala |
| 副行长,主管欧洲对外事务 | Jean-Francois Rischard |
| 副行长,主管中东和北非地区 | Jean-Louis Sarbib |
| 副行长兼网络负责人,主管基础设施 | Nemat Shafik |
| 副行长,主管人力资源开发 | Katherine Sierra |
| 副行长,主管战略和资源管理 | Anni Sood |
| 副行长兼特别代表,主管日本对外事务 | Yukio Yoshimura |
| 副行长兼司库 | Graeme Wheeler |
| 总督察,主管业务评价 | Gregory Ingram |
| 副行长兼网络负责人,主管人力资源开发 | (空缺) |
| 副行长兼首席律师 | (空缺) |

资料来源:《世界银行 2003 年度报告》。

## (四) 办事机构

　　世界银行的办事机构非常庞大,目前在全世界各地设有 100 多个办事机构,分别由 29 名副行长领导。在这 29 名副行长中,有 4 位常务副行长,负责协调世界银行内部各机构之间的关系,监督世界银行业务工作,并向部门和专业副行长就政策和战略问

题提供咨询。

世界银行总部机构设在华盛顿，其办事机构遍布世界各地。其中巴黎的欧洲办事处最大，与有关的各国际机构、欧洲各国政府和资本市场保持经常联系，也是银行在华盛顿总部以外的情报活动中心。

根据世界银行提供的资料，截至 2003 年 6 月 30 日，世行在下列国家或地区设有办事机构：

华盛顿、纽约办事处、欧洲、布鲁塞尔、法兰克福、日内瓦、伦敦、罗马、东京、阿富汗、阿尔巴尼亚、阿尔及利亚、安哥拉、阿根廷、亚美尼亚、澳大利亚、阿塞拜疆、孟加拉国、白俄罗斯、比利时、贝宁、玻利维亚、波斯尼亚和黑塞哥维那、巴西、巴西的福塔莱萨、巴西的累西腓、保加利亚、布基纳法索、布隆迪、柬埔寨、喀麦隆、中非、乍得、中国、哥伦比亚、刚果（金）、刚果（布）、科特迪瓦、克罗地亚、多米尼加、厄瓜多尔、埃及、厄立特里亚、埃塞俄比亚、加蓬、格鲁吉亚、加纳、危地马拉、几内亚、圭亚那、海地、洪都拉斯、印度、印度尼西亚、牙买加、哈萨克斯坦、肯尼亚、科索沃、吉尔吉斯斯坦、老挝、拉脱维亚、黎巴嫩、莱索托、立陶宛、马其顿、马达加斯加、马拉维、马里、毛里塔尼亚、墨西哥、摩尔多瓦、蒙古、摩洛哥、莫桑比克、尼泊尔、尼加拉瓜、尼日尔、尼日利亚、巴基斯坦、巴布亚新几内亚、巴拉圭、秘鲁、菲律宾、波兰、罗马尼亚、俄罗斯、卢旺达、沙特阿拉伯、塞内加尔、塞尔维亚和黑山共和国、塞拉里昂、新加坡、南非、斯里兰卡、塔吉克斯坦、坦桑尼亚、泰国、东帝汶、多哥、突尼斯、土耳其、土库曼斯坦、乌干达、乌克兰、乌兹别克斯坦、委内瑞拉、越南、约旦河西岸和加沙、也门、赞比亚、津巴布韦。①

---

① 资料来源：《世界银行 2003 年度报告》。

世界银行工作人员来自 100 多个国家，根据国际复兴开发银行协定规定，银行理事、董事、职员和工作人员，享受豁免权和特权。执行董事、职员和工作人员，如果非为银行所在的国籍人，他们的薪金收入和津贴，免征捐税。国际开发协会是一个政府间的机构，其各级组织机构的权力和行使权力的法律程序，以及各级官员、工作人员的职责范围，与世界银行的规定基本相同。

世行对其工作人员在世界各国的工作性质做了严格的规定，世界银行的官员不干预任何会员国的政治，所有工作人员在执行任务时，只向银行负责，不向任何国家负责。在实践中坚持这一点是十分重要的，也是世行作为一个国际性组织保持其公开、公正和公平的基石。

国际复兴开发银行组织体系如下：

第一层次：理事会

第二层次：董事会

第三层次：行长

第四层次：副行长、总督察

第五层次：国家业务部

要说明的是，世行 1997 年开始对世行机构进行了大规模的改革，原有"各局"与"业务处"均被撤销，改设 48 个国家业务部，各业务部直接对主管业务的副行长负责。世行通过改革，减少了原有的管理层次，以往的垂直分工转变为平行合作，并裁减了多余的工作人员，提高了工作效率。

除"撤局设部"外，世行为了优化管理网络，合理配置资源，根据业务的实际情况和协调合作的需要，建立"人力资源开发"、"减贫与经济管理"、"金融、私人部门和基础设施"、"环境、农村和社会发展"以及"中心服务"（采购和财务管理）五个网络。世行工作人员不管原有的行政隶属关系如何，均加入相关网络（详见第五章）。

# 第二节 国际金融公司

**国**际金融公司是世界银行集团的成员，也是全球性投资机构和咨询机构，旨在促进发展中成员国的可持续性项目，使其在经济上具有效益，在财务和商业上具有稳健性，在环境和社会方面具有可持续性。国际金融公司寻求通过对客户做出及时反应、分享成功以及汲取经验教训而不断提高绩效，并通过以下方式为发展中成员国增添价值：

- 承担私营部门不会单独承担的合理风险；
- 在边缘国家和部门开创机会，最大限度地显示我们项目的示范效应和催化作用；
- 通过开发新产品和服务的创新活动，更好地满足我们客户的需求；
- 在私营部门不愿或做不到的情况下，提供优质的咨询服务；
- 实现知识共享，促进成功的私人投资、企业家精神和有利的商业环境；
- 在我们的工作中充分实施环境、社会和公司治理方面的最佳做法；
- 对其需要以及私营部门客户的需求做出及时的响应。

一 历史沿革

**国**际金融公司（International Finance Corporation，IFC）成立于 1956 年 7 月，它是世界银行集团的重要组成部分。国际金融公司成立之初，有 31 个国家参加，截至 2003 年 6 月已有 175 个成员国。国际金融公司主要为项目提供贷款和进行股本投资——鼓励会员国，特别是不发达地区会员国的生产性私营企业的增多，来促进经济发展，并以此补充国际复兴开发银行的各项活动。IFC 联合商业伙伴，向发展中国家的私营企业进行投资，且不要求政府担保。IFC 向借款国提供股本投资、长期贷款、贷款担保、风险管理产品以及咨询服务。IFC 不仅提供资金，还通过提供有关公司治理、环境和社会方面的专业技术，来提高项目的价值。

虽然国际金融公司是世界银行的一个组成部分，但从法律地位和资金来源来说，它又是一个独立的国际金融机构。国际金融公司有其自己的业务和法律工作人员，但在行政和其他服务方面则依靠世界银行。

国际金融公司的成立也经历了一个漫长的过程。1948 年初，便有人建议成立国际金融公司，但当时各发达资本主义国家认为无此必要。在金融界，特别是美国的金融界认为成立这样的金融公司可能会侵犯私人企业的利益。由于当时国有化浪潮遍及世界许多国家，许多私人投资遭到严重损失，经济学家、政治家们普遍对依靠私人部门发展经济的道路提出质疑。此外，世界银行的内部意见也不统一，保守的反对者认为，世行在其不熟悉的领域进行尝试是危险的。因此，成立国际金融公司的建议被搁置下来。

1949 年 1 月，美国杜鲁门总统提出"第四点计划"（技术援助落后国家计划）。1951 年 3 月，以纳尔逊·洛克菲勒为首的美国国际开发咨询局，经研究后建议在世界银行下设立国际金融公司，专司对私人企业提供无须政府担保的贷款，并与私人投资者一起以当地货币对私人企业进行投资，直接入股。公司的法定资本额拟定为 4 亿美元，其中 1/3 应在认股时缴纳，其余 2/3 作为待缴资本。世行职员也开始考虑该计划对开发贷款的影响，并向当时的行长麦克劳埃提交了一份备忘录，建议成立一个"国际金融公司"，作为世界银行的附属机构。成立国际金融公司的建议在 1950 年得到了杜鲁门总统"国际开发咨询委员会"的大力

支持。杜鲁门总统要求委员会主席洛克菲勒就如何帮助不发达国家、如何"高速、有效地实现'第四点计划'的政策和目标"提出具体可行的建议，以促进国际经济的发展。1951 年 3 月，洛克菲勒公开发表了自己的研究报告，建议成立国际金融公司作为世界银行的附属机构。"公司"还可以与私人投资者一起对私营企业进行股本投资。这样，国际金融公司的成立产生了实质性的进展。

1951 年 5 月，联合国秘书长任命一个专家小组对洛克菲勒的建议进行研究，世行研究后提出的报告得到西欧银行界的支持。联合国排除异议，郑重表明支持成立国际金融公司的立场，尽管执行董事会仍有反对意见，布莱克行长还是向联合国秘书长提交了一份报告。报告的主要结论是，私人资本可以在经济发展中发挥重要作用。"现有机构不足以有效地调动国际私人资本"，国际金融公司可以在三个方面弥补现有机构的不足：其一，可以通过提供资金，支持国内国外的私人投资者对有潜力的项目进行投资，没有国际金融公司的资金参与，这些投资就无法进行。其二，可以吸引外国投资者将资金投入用款国有潜力的项目。其三，通过自己投资，可以鼓舞私人投资者的投资信心。

1952 年 6 月，世行经济及社会理事会讨论该报告时，广大发展中国家都表示支持，一些新独立的国家由于长期受殖民主义的压迫和掠夺，经济十分落后，在发展民族经济过程中，遇到种种困难，国家财力不足，科学技术落后，缺乏经济建设经验，非常需要大量经济和技术援助。发展中国家人口众多，土地面积约占世界的 3/5，自然资源丰富，具有发展民族经济的良好条件。发达国家的经济发展，离不开这个巨大的原料市场和消费市场。国际复兴开发银行只是向发展中国家政府贷款，要向这些国家的私人企业贷款，必须另外成立一个新的机构。

1954 年，世行再次将报告提交联合国。联合国对现有的为发展提供资金的机制越来越不满意，不发达国家代表继续强烈支持成立国际金融公司。经过广大不发达国家的斗争，美国终于被迫同意了成立国际金融公司的建议。同年 12 月，联合国决定由世界银行草拟国际金融公司协定。次年 4 月，世界银行协定送交各会员国审批。根据协定规定，公司的法定资本为 1.1 亿美元，如果有 30 多个国家认缴股份超过 7500 万美元时，公司便可成立。截止到 1956 年 7 月 20 日，已有 31 个国家认缴了 7836.6 万美元的股本，协定开始生效，国际金融公司正式宣布成立。国际金融公司协定共 9 章，内容包括：

（1）宗旨；

（2）会员国资格和资本；

（3）业务经营；

（4）组织与管理；

（5）会员国退出、暂停会员国资格、停止营业；

（6）法律地位、豁免权和特权；

（7）协定的修订办法；

（8）协定的解释与仲裁；

（9）最后条款。

国际金融公司的宗旨是通过鼓励它的会员国，特别是欠发达地区会员国生产性私人企业的增多，促进经济的发展，并以此补充国际复兴开发银行的各项活动。为实现这一宗旨，国际金融公司规定：

（1）国际金融公司同私人投资者联合，帮助那些能通过投资，对会员国经济发展作出贡献的生产性私营企业。当这些企业不能以合理条件取得足够私人资本时，由国际金融公司对这些企业的建立、改造和扩大生产提供资金。国际金融公司提供的资金，无须由有关会员国政府担保偿还。

（2）设法寻求投资的机会、国内外私人资本和有经验的管

理与技术，并设法鼓励并创造有利条件，使国内外私人资本向国际金融公司的会员国提供生产性投资。

总之，国际金融公司既是一个国际金融机构，又是一个国际开发机构。在这方面，它与国际复兴开发银行、国际开发协会是一致的。国际金融公司的使命是促进发展中国家可持续的私营部门投资，帮助减少贫困和改善人民生活。但国际金融公司有自己的宗旨，它的目的是通过对私人企业的投资，促进欠发达地区成员国私人经济的发展。所以，国际金融公司重视对生产性私人企业的投资，鼓励发展私人企业，同时还向私人企业提供技术管理经验、经济信息和法律咨询等。

## 二　组织机构

国际金融公司的总部设在华盛顿。与国际开发协会在组织机构方面不完全相同，它除一些机构、人员也由世界银行相应的机构和人员兼任外，还设有自己的办事部门和工作人员。国际金融公司设立理事会、董事会、董事会主席、总经理以及其他官员和工作人员以执行公司所规定的职责。除理事会、董事会及公司自身管理机构外，国际金融公司还聘请国际银行界、工商企业界及政界的知名人士，组成了两个顾问机构——银行业务顾问小组和公司业务顾问委员会。

### （一）理事会

这是公司的最高权力机构。国际金融公司的一切权力，属于该公司的理事会。凡是世界银行的会员国，而且又是国际金融公司的会员国者，其指派的银行理事和副理事，也是公司的理事和副理事。副理事没有投票权，当理事缺席会议时，副理事才有投票权。公司的理事和副理事担任职务均无报酬。如果一个国家的会员国资格已停止，则它所指派的理事和副理事，也随之停止其职务。国际金融公司秘书长，由世界银行的秘书长兼任。

国际金融公司理事会每年召开一次年会。经理事会决定，或由董事会召集，也可以召开其他会议。公司的理事会同世界银行理事会的年会结合举行。参加公司理事会的法定人数，必须超过半数，并且持有不少于 2/3 的总投票权。公司理事会、董事会在授权范围内，为实施公司的业务，可制定必要的、适当的规章制度。公司的一切事物，除了有明确的规定外，均须由超过半数投票决定。

国际金融公司理事会可授权董事会行使任何权力，但是不包括下列权力：

（1）接受新成员国和决定接纳新会员国加入公司的条件；

（2）增加或减少股份；

（3）暂停一个成员国的会籍；

（4）裁决因董事会对公司协定所作解释而产生的异议；

（5）裁决其他国际组织订立的合作办法；

（6）决定永远停止公司业务和分配公司的资产；

（7）宣布红利；

（8）修改公司协定等。

**（二）董事会**

国际金融公司的董事会为其日常业务经营的机构。国际金融公司董事会负责处理公司的日常业务，行使公司协定授予或由理事会委托的一切权力。董事会由世界银行的执行董事组成。

担任国际金融公司董事会成员必须具备的条件是：

（1）由世行会员国即公司的成员国指派。

（2）至少有一个兼为国际金融公司成员国的世行会员国在选举中投票使之当选。

目前，公司的执行董事会由 24 位执行董事组成，美、英、日、法、德五国可以直接委派自己的正副执行董事，其余成员国分别组成选区，经过选举产生选区的正副执行董事。中国和

俄罗斯享有单独地区选区资格，实际上也可独立委派正副执行董事。

**（三）主席、总经理和职员**

国际金融公司主席，由世界银行行长兼任，他没有投票权，但是在决定某一个问题时，如果两种意见的票数相等，主席有投票权。主席可参加理事会，但他在理事会会议上，没有投票权。

国际金融公司总经理，由理事会主席推荐，经公司董事会批准任命。总经理是公司业务经营人员的主管，总经理必须在执行董事会指导和理事会主席的监督、控制下履行使命，管理公司的日常业务，负责组织、任命和辞退公司的官员和工作人员。公司总经理可参加执行董事会会议，但是他在会议上没有投票权。免除总经理的职务，应由董事会做出决定，经理事会主席同意。

除主席和总经理外，国际金融公司下设执行副总经理1人，具体业务副总经理5名，负责公司全面业务工作以及他们分别主管的地区和业务部的工作。

国际金融公司的负责业务的副总经理或副总裁直接负责具体的业务工作。国际金融公司的业务主要涉及资本市场业务、公司财务、各部门对外业务、基础设施和处理特别业务等。

**（四）业务机构**

根据世界银行的机构改革情况，国际金融公司对自身的机构也做了相应的调整，简化了管理层次，提高了管理效率。

第一层次：理事会

第二层次：执行董事会

第三层次：总裁

第四层次：副总裁

第五层次：国家业务部

此外，国际金融公司的各机构均加入世行的五大网络体系。

三　向国际金融公司申请融资的先决条件

（1）国有股权小于 50% 的非国有企业，或乡镇企业、民营股份公司、三资企业。

（2）总资产在 15000 万元人民币以上，项目的总投资规模在 8000 万元人民币以上。

（3）企业的主营业务集中，在行业中居领先地位。

（4）企业有长期发展的战略，愿意采用明晰的财务会计制度。

四　国际金融公司的经营原则

国际金融公司协定规定，它的业务经营遵循以下原则：

（1）贷款目标明确。国际金融公司经营的根本宗旨与世行的目标是一致的。只有被资助的成员国在不能正常获得外来资金的情况下，国际金融公司才考虑向该国贷款，非会员国原则上不能得到国际金融公司的贷款。

（2）不干涉内政。国际金融公司加强与贷款国的合作，不干预该国的内政事务。如果成员国反对资助，国际金融公司不应资助任何一个成员国领土内的企业。而且，国际金融公司不能强加条件，确定它的贷款只在某些特定的会员国内的领土内使用。

（3）控制投资风险。国际金融公司对它投资的企业不得承担任何经营管理的责任或其他目的责任。

（4）投资多样化。国际金融公司的投资应保持其合理和多样化。

总之，国际金融公司肩负着越来越重要的使命。在市场全球化的今天，私人资本的流动更加频繁，国际竞争也更加激烈。在国际复兴开发银行和国际开发协会所提供的资金远远不能满足发

展中国家经济发展需要的情况下，国际金融公司所引导的私人资金所发挥的作用也就越来越大。我们会看到，在世行取消提供中国软贷款的情况下，国际金融公司与中国的合作将上升到一个全新的高度。

## 第三节　国际开发协会

国际开发协会的宗旨是通过提供无息贷款（又称为软贷款）和赠款资助实施旨在促进经济增长、减少不平等现象和改善生活条件的项目而减少贫困。作为世界银行的一个机构，协会向世界上最贫困的国家提供资金支持。协会和国际复兴开发银行拥有相同的工作人员和总部，二者均采用严格标准开展项目评价。后者是世界银行为中等收入国家服务的贷款机构。协会是向全世界78个最贫困国家（其中39个为非洲国家）提供援助最多的机构之一。协会的贷款条件非常优惠，其软贷款的利率很低或为零，且大部分贷款的还款期限一般为40年，其中包括10年的宽限期。协会也向遭受债务困扰的国家提供赠款。自成立以来，协会提供的软贷款和赠款总额已达1930亿美元，近年来每年均达到100亿~120亿美元，其中相当部分资金（约占50%）流向非洲。国际开发协会根据借款国的收入水平、成功管理其经济和现有协会项目向这些国家提供资金支持。

2008财年（截至2008年6月30日），协会贷款承诺总额达112亿美元，包括80亿美元软贷款和32亿美元赠款。2008财年新增承诺额涉及199个项目。年度贷款承诺额稳步增长，比10年前翻了一番。协会资助的项目主要涉及初等教育、基本卫生服务、清洁饮水和环境卫生、环境保障、商业环境改善、基础设施和机构改革等内容，为经济增长、新增就业、提高收入和改善生活条件铺平了道路。

协会强调广泛的增长，具体包括以下内容：

（1）健全的经济政策、农村发展、私营企业和环境可持续方式；

（2）投资于人、教育和卫生，尤其投资于抗击艾滋病、疟疾和结核病；

（3）提高借款国提供基本服务、确保对公共资源问责的能力；

（4）内乱、武装冲突和自然灾害后的恢复；

（5）促进贸易与区域一体化。

## 一 历史沿革

国际开发协会（International Development Association，IDA）成立于 1960 年 9 月，目前，成员国有 164 个国家（2003 年 6 月）。凡是国际复兴开发银行的成员国都有资格加入国际开发协会，它向不能满足国际复兴开发银行短期商业贷款条件的较贫困的发展中国家提供帮助。国际开发协会只向政府发放信贷，主要向赤贫国——主要指 1997 年人均国民总收入（GNP）在 925 美元及其以下的国家提供信贷（并附带某些例外条件）。国际开发协会的协定宣称，协会的宗旨是"促进世界上欠发达地区的经济发展，提高其生产率，并从而提高社会水平"。国际开发协会在法律上和财政上独立于国际复兴开发银行，但与国际复兴开发银行共用一套人马，对项目的资助也采用与国际复兴开发银行相同的标准。

国际开发协会的成立是发展中国家与发达国家之间对立统一的产物。国际复兴开发银行成立后不久，工作的重点即转向帮助广大亚、非、拉发展中国家进行经济开发事业，取得了积极的成果。二战后，由于大批殖民地相继获得独立，这些新独立的国家急需大量资金发展本国经济。由于这些国家众多，所需资金额巨大，迫切需要在联合国倡导下开辟新的资金来源。由于一些不发

达国家经济基础薄弱，还贷能力差，在国际信贷市场上被称为"信誉不好的国家"，而国际复兴开发银行不能向那些被认为借债信誉不好的国家贷款，以避免损害其自身在国际市场上借款的能力。因此，许多最贫困的国家被排除在国际复兴开发银行之外，它们需要更为优惠的贷款以求发展。

因此，国际开发协会成立之前，联合国争论最激烈的议题是为经济发展提供资金。以智利、印度、南斯拉夫为首的发展中国家不断提出这一议题，呼吁建立相关的国际机构。1949 年，联合国提出成立一个联合国发展机构的建议，即由有关捐款国提供资金，对于各种各样的发展项目提供低息贷款，但遭到美国等发达资本主义国家的反对。美国认为发展中国家应首先向私人投资者寻求援助，世界银行资助那些对私人投资吸引力较小的项目。尽管美国反对，但发展中国家的努力仍然取得积极的效果，它们的主张在亚、非、拉各国引起强烈反响，世界银行也开始支持这一议题。

20 世纪 50 年代初美国发动朝鲜战争，世界经济进一步恶化，美国也不例外，经济危机的阴影笼罩全球。50 年代末，印度、巴基斯坦发生了债务危机，人们对成立新的、更为优惠的多边援助机构表达了更为强烈的愿望。事实证明，私人资本还是世界银行贷款都无助于这一问题的解决，大量优惠性贷款援助才能对解决这个问题提供实质性的帮助。

在这种情况下，美国为了自身利益——分摊援助负担和将发展中国家的货币流通使用，也开始改变反对态度。当时的美国除提供大量对外经济援助之外，还对西方其他国家的防务费提供了大部分的资助，因而美国的国际收支严重失衡，财政赤字迅速增加。因此，美国要求正在实现复兴的西欧国家和日本在对外援助和防务方面负起更多的责任，成立一个多边援助机构，使这些国家提供捐款有助于减轻美国的外援负担。此外，美国积累了一大笔发展中国家的货币，需要设法使用。凡此种种，是美国后来积极介入并支持的最重要的原因。

1958 年 2 月，美国参议员迈克门罗尼建议，可以利用所有可能的资金包括政府的其他捐款，用来资助创立国际开发协会，其目的是向发展中国家提供低息的长期贷款。迈克门罗尼的建议在美国参议院通过并得到行政部门的支持。美国财政部长罗伯特·安得森和负责经济事务的副国务卿道格拉斯·狄尤开始就此问题同世行会员国进行非正式接触。同年秋天，世界银行在印度新德里举行 1958 年度年会时，安得森正式向理事会宣布美国正在研究成立国际开发协会的可行性，希望其他国家也同时予以考虑。当时的世界银行行长尤金·布莱克表示欢迎这个建议，放弃了他过去反对优惠性贷款的态度。

1959 年 7 月 31 日，罗伯特·安得森致函世界银行行长，建议该行执行董事会为国际开发协会拟定一项协定草案，以便提交各会员国政府审议。1959 年 10 月，世界银行理事会在年会上一致通过了这一建议，并授权执行董事会起草国际开发协会的协定。1960 年 1 月执行董事会将拟好的协定送请会员国审批。至 9 月 24 日，已有 8 个第一类国家（发达国家）和 7 个第二类国家（发展中国家）批准了协定，这些国家认缴的股份达到了使协定生效的数额，于是国际开发协会正式宣告成立。

国际开发协会有近 40 个国家捐款。协会发放信贷的条件优惠，无利息，这对于低收入发展中国家解决发展经济所需要的资金，是一个很重要的来源。IDA 获得的捐款使世行每年可以向世界上 81 个最贫穷国家提供 70 亿 ~80 亿美元的无息贷款。由于这些国家几乎或根本没有能力按市场条件筹措资金，所以 IDA 提供的支持非常重要。国际开发协会的融资帮助支持国家主导的减贫战略，并体现在各个领域，包括提高生产力、提供可信赖的公共治理、改善私人投资环境、增加穷人接受教育和卫生保健的机会。

按照 2008 年的最新资料，全世界共有 78 个国家有资格得到协会资金。是否能获得协会支持的资格首先取决于一国的贫困水平。贫困水平具体表现为人均国民总收入低于某一既定且每年更新的上限值（2009 财年为 1095 美元）。在有资格获得协会资金的国家中，大多数国家的人均年收入不到 500 美元，大大低于上限值。协会也支持超过上限值但无资格从国际复兴开发银行借款的一些国家，包括几个小型岛国。如果以人均收入水平衡量，诸如印度和巴基斯坦等一些国家有资格从协会获得资金，但也有资格从国际复兴开发银行借款。由于它们既可从协会得到资金，也可从国际复兴开发银行得到资金，因此被称为"混合型"借款国。

国际开发协会由世界银行的会员国认股组成。按照经济状况（主要是人均收入），会员国分为两类：

第一类是经济上较发达或收入较高的国家，是协会资金的主要赞助国，有 26 个（2003 年 6 月统计数）。即澳大利亚、奥地利、比利时、加拿大、丹麦、芬兰、法国、德国、冰岛、爱尔兰、意大利、日本、科威特、卢森堡、荷兰、新西兰、挪威、葡萄牙、俄罗斯、南非、西班牙、瑞典、瑞士、阿拉伯联合酋长国、英国、美国。第二类基本上是协会信贷的接受国，现共有100 多个国家。如印度、印度尼西亚、越南等。

参加国际开发协会的国家，不论属于第一类或第二类，都应认缴协会股份。最初认缴额，由世界银行同各国协商确定并经理事会批准。一般来说，认缴额参照各该国对世界银行股份的认缴额确定。国际开发协会成员国的投票权仿效世界银行，采取按认缴额股份计算投票权的原则。会员国初次认股时，不论认股多少，拥有基本投票权 500 票，每认股 5000 美元，另加一票。

截至 1999 年 6 月 30 日，在已承诺的认缴及捐赠款项中，美国为第一位，占 14.96%；其次是日本，占 10.73%；联邦德国占 7.03%；英国占 4.99%；法国占 4.26%。第二类国家中，沙

### 表 1-5　有资格向国际开发协会（IDA）贷款的国家
（2002 年标准）

| 收入组和国家 | 2002 年人均国民收入 | 收入组和国家 | 2002 年人均国民收入 |
|---|---|---|---|
| | | 蒙　古 | 430 |
| 人均收入 1436 ~ 2935 美元 | | 摩尔多瓦 | 440 |
| | | 科摩罗 | 390 |
| 马尔代夫 | 2040 | 贝　宁 | 380 |
| 萨摩亚 | 1520 | 孟加拉国 | 360 |
| | | 贝　宁 | 360 |
| 人均收入 746 ~ 1435 美元 | | 毛里塔尼亚 | 330 |
| 汤　加 | 1410 | 肯尼亚 | 360 |
| 佛得角 | 1290 | 冈比亚 | 330 |
| 阿尔巴尼亚 | 1380 | 苏　丹 | 350 |
| 瓦努阿图 | 1080 | 赞比亚 | 280 |
| 洪都拉斯 | 920 | 老　挝 | 290 |
| 吉布提 | 900 | 加　纳 | 270 |
| 圭亚那 | 840 | 吉尔吉斯斯坦 | 290 |
| 基里巴斯 | 810 | 圣多美和普林西比 | 280 |
| 亚美尼亚 | 790 | 坦桑尼亚 | 270 |
| | | 乌干达 | 230 |
| 人均收入 734 美元以下 | | 中　非 | 260 |
| 格鲁吉亚 | 720 | 柬埔寨 | 280 |
| 刚果（布） | 700 | 多　哥 | 270 |
| 不　丹 | 590 | 马达加斯加 | 240 |
| 科特迪瓦 | 610 | 尼泊尔 | 230 |
| 所罗门群岛 | 570 | 卢旺达 | 220 |
| 喀麦隆 | 560 | 布基纳法索 | 220 |
| 安哥拉 | 610 | 马　里 | 240 |
| 亚美尼亚 | 560 | 莫桑比克 | 210 |
| 莱索托 | 470 | 乍　得 | 210 |
| 安哥拉 | 500 | 厄立特里亚 | 160 |
| 海　地 | 440 | 马拉维 | 160 |
| 塞内加尔 | 460 | 尼日尔 | 170 |
| 也　门 | 490 | 几内亚比绍 | 150 |
| 越　南 | 430 | 塔吉克斯坦 | 160 |
| 东帝汶 | 430 | 塞拉利昂 | 140 |
| 几内亚 | 410 | | |

续表 1 - 5

| 收入组和国家 | 2002 年人均国民收入 | 收入组和国家 | 2002 年人均国民收入 |
|---|---|---|---|
| 布隆迪 | 100 | 利比里亚 | 150 |
| 埃塞俄比亚 | 100 | 缅　甸 | 数字不详 |
| 阿富汗 | 数字不详 | 尼加拉瓜 | 数字不详 |
| 刚果(金) | 90 | 索马里 | 数字不详 |

资料来源:《世界银行 2002 年度报告》。

特阿拉伯占 3.54%,印度占 3.15%,波兰占 2.31%,中国位居第四,占 1.88%。1999 年 6 月 30 日,协会共有投票权数 11672648 万票,第一类成员国占 62.04%,第二类成员国占 37.96%(根据《世界银行 1999 年度报告》统计)。

二　组织机构

与国际复兴开发银行之组织机构相同,详见第一章第一节相关内容。

# 第四节　解决投资争端国际中心

一　历史沿革

**解**决投资争端国际中心(International Center for the Settlement of Investment Dispute,ICSID)成立于 1966 年 10 月,它与多边投资担保机构是彼此独立的两个机构。该中心通过调停和仲裁外国投资者与东道国之间的争端,鼓励外国投资,并由此创造成员国和外国投资者之间相互信任的氛围。该中心共有 131 个会员国,凡是参加国际复兴开发银行的会员国都可以参加该组织。在解决投资争端国际中心主持下签署的供仲裁用的条款具有国际投资合同、投资法和双边及多边投资条约的共同特点。除从事解决争端活动外，解决投资争端国际中心还负担着研究、咨询服务以及仲裁和投资法领域的出版任务。

在世界经济联系越来越密切的情况下，外国私人投资是一国经济发展投资的重要资金来源。第二次世界大战后，国际间的投资已成为国际经济关系的重要内容之一。由于国际投资方与受资方之间经常发生投资争议，各国国内的各类仲裁机构和仲裁规则难以解决国际间的投资争端。因此，国际社会迫切要求建立一个专门的国际仲裁机构，并制定相应的仲裁规则，以有效地解决投资争议。

世界银行认为，外国私人投资是发展中国家获得所需要资金和技术的重要来源。20世纪60年代初，是联合国的第一个"发展十年"，促进在发展中国家的外国投资是世界银行为实现"发展十年"的目标之一。因此，寻求一种公平、合理地解决外国投资者与东道国之间争端的办法，是建立正常国际经济秩序的重要途径，同时也是解决发展中国家的经济问题的重要保障。为此，原世界银行行长布莱克在1961年9月的世界银行年会上，发表了热情洋溢的演讲，并采取了积极的措施，引导世行和各国讨论投资争端的问题。次年，根据理事会的决议，世界银行开始正式研究这一问题，并草拟出《关于解决各国和其他国家的公民之间的投资争端的公约》。世行将《公约》广泛征求各成员国的意见并做了反复修改后，执行董事会于1965年3月正式通过了该公约，并将公约的文本送交各国政府签署。1966年10月14日，公约正式生效。同时，根据公约规定，"解决投资争端国际中心"在华盛顿宣告成立。公约也被简称为《华盛顿公约》。《华盛顿公约》的主要内容包括：

（1）规定提交中心调解或仲裁的争端必须同时满足3个条件：其一，争议当事人双方，一方是缔约国（或缔约国指派到中心的该国的任何组成部分或机构），另一方是缔约国的国民

（包括自然人和法人）；其二，双方书面同意将争议提交中心解决；其三，争议必须与投资有关。

（2）当事人（国）双方有权自行决定哪一类争议提交中心解决。

（3）中心在仲裁时所依据的法律，应是当事双方预先协议确定的法律；如无此种协议，则适用国际惯例。

（4）中心的裁决是终局的，对当事人双方均具有约束力。缔约国应把中心的裁决视为本国司法机关的最终判决来执行。除非该缔约国不遵守或不履行裁决决议，否则不得提出外交保护或国际要求。

## 二 组织机构

解决投资争端国家中心总部设在世界银行总部内，与世界银行有密切的联系，但两者在法律上相互独立的。中心由行政理事会、秘书处、调停人小组和仲裁人小组组成。

### （一）行政理事会

行政理事会由各缔约国各派代表一名组成，在首席代表未能出席会议或不能执行任务时，可以由副代表担任代表。如果没有相反的任命，会员国的代表由会员国在国际复兴开发银行的理事兼任。

行政理事会的基本权力：

（1）通过中心的行政和财政条例；

（2）通过着手采取调停和仲裁的程序规则；

（3）通过调停和仲裁的程序规则（调停规则和仲裁规则）；

（4）批准同世行达成的关于使用其行政设施和服务的协议；

（5）确定秘书长和任何副秘书长的服务条件；

（6）通过中心的年度收支预算；

（7）批准关于中心活动的年度报告。

此外，行政理事会有权设立它认为必需的委员会，以及执行

41

它确定为履行规定所必需的其他权力和任务。

世行行长为行政理事会的当然主席，但无表决权解决国际争端。行政理事会的主要职责是制定中心的行政和财务条例，制定有关调停和仲裁的规则等。

（二）秘书处

秘书处由正、副秘书长以及工作人员组成，以秘书长为首的秘书处负责中心的日常事务。秘书长与副秘书长由行政理事会主席提名，经该理事会 2/3 多数票选举产生，任期不超过 6 年，可以连任。

秘书长是中心的法律代表和主要官员，依照公约的规定和行政理事会的条例处理中心的行政事务，包括任命工作人员。此外，秘书长履行书记官的职务，并有权认证根据公约做出的仲裁裁决和核实其副本。

秘书长和副秘书长的职责应避免执行任何政治事务。秘书长或任何副秘书长除经行政理事会批准外，不得担任任何其他职务，或从事其他任何职业。在秘书长缺席或不能执行任务时，或在秘书长职位空缺时，由副秘书长担任秘书长。如果有一个以上的副秘书长，应由行政理事会在事前决定他们担任秘书长的次序。

（三）调停人小组和仲裁人小组

调停小组和仲裁小组负责调停和仲裁事务。小组成员由成员国指派合格工作人员组成。每一个缔约国可向每个小组指派 4 人，行政理事会主席可分别指派 10 人，向一个小组指派的人员应有不同的国籍。行政理事会主席指派在小组服务的人员时，应适当注意保证世界上各种主要法律体系和主要经济活动方式在小组中的代表性。

小组成员的服务期限为 6 年，可以连任。如果一个小组的成员死亡或辞职时，指派该成员的机构有权指派另一人在该成员剩余的任期内服务。如果发生这种情况，小组成员应继续任职，直

至其继承人被指派为止。两个小组成员均需具备良好的道德品质，并在法律、商务、工业或金融方面具有公认的资格。对仲裁员而言，法律方面的资格尤为重要。

调停小组或仲裁小组工作人员中的一个人可同时在两个小组服务。如果一个人被一个以上的成员国、或被一个或一个以上的成员国和行政理事会主席指派在同一个小组服务，该工作人员应被认为是被首先指派他的机构所指派；如果其中一个指派他的机构是该工作人员的国籍所属的国家，则该工作人员应被认为是被该国所指派。所有的指派应通知秘书长，从接到通知之日起生效。

## 第五节 多边投资担保机构

在1985年的年会上，世界银行的理事会通过了建立多边投资担保机构的公约。多边投资担保机构总的任务是鼓励资本流入其成员国，尤其是发展中成员国。为了这一目的，它将为投资的非商业风险提供担保。该机构的业务活动之一是开展研究工作，提供技术援助和投资机会方面的信息。

成立多边投资担保机构的目的，并不是要取代业已在许多发展中国家实施的国家和私营投资保险规划。该机构将通过联合保险和再保险来补充那些保险机构。它还将集中为目前没有资格向国家或私营机构投保的那些投资提供保险。经多边投资担保机构认为是稳妥可靠、符合东道国宣布的发展目标的新的中长期投资，其中包括股权和直接投资，以及有关企业内由股权业主提供或担保的中长期贷款。直接投资可包括颁发特许权、许可证、租赁和合作生产。对于政府或官方出口信贷机构提供、担保或再保险的任何出口信贷，多边投资担保机构将不予担保或再保险。商业贷款如果与该机构本来担保的或者将担保的一项特定投资有关，则可予以担保。成员国的公民，或者业务的主要地点在成员国的公司（或者其大部分资本为会员国的公民所有）。发展中国家的公民如果把投资的资本从国外转移到本国，在国内投资，也可获得投保资格，从而有助于扭转资本外逃现象。除主办的投资（见后）以外，多边投资担保机构只能担保发展中成员国的投资，优先考虑欠发达成员国。多边投资担保机构除了以其股本和准备金为基础开展担保业务以外，还可以作为其成员国的受托人承保它们主办的投资。

## 一　历史沿革

**多**边投资担保机构（Multilateral Investment Guarantee Agency，MIGA）成立于 1988 年，目前有 162 个成员国（截至 2003 年 6 月）。多边投资担保机构的主要目标是鼓励外国直接投资流入其发展中成员国。它主要通过为投资提供担保，防范非商业风险（如征收、战争、内乱、违反合同），鼓励外国投资者向发展中国家投资，以保证投资活动的正常进行。此外，多边投资担保机构还提供技术援助和咨询服务，以帮助各国获得有关投资机会的信息，提高投资中介人的能力，提高投资的分析决策能力，传播有关投资机会的信息。多边投资担保机构拥有自己的业务和法律工作人员，属于在法律上和财政上独立于世界银行的实体。

早在 1961 年，经济合作与发展组织国家就提出由世行牵头准备设立多边投资担保机构。1962 年世行提出了一份报告——《多边投资担保机构的可行性》。1964 年，联合国贸易与发展会议要求世界银行利用其特殊的地位，就这一问题与各国政府磋商。与此同时，经济合作与发展组织提出了一个关于筹建"机构"的方案。世界银行则在广泛磋商的基础上，拟定了一份关于建立"机构"的文件——"主要问题文件"。此后，世界银行执行董事会先后 28 次讨论并修改这个草案，但各国意见分歧很

大，草案未获通过。

二战结束后的五六十年代，民族解放运动风起云涌，一大批原殖民地国家摆脱了被压迫被奴役的地位，相继获得独立。这些新独立的国家对一些外国私人公司采取了征收、国有化等措施，使外来资本望而却步，投资问题在日后逐渐得到充分的反映。由于这些国家商业银行贷款和官方援助都十分有限，国家经济落后，民族经济的持续稳定发展面临很大的问题。1981 年，商业银行给予发展中国家的贷款为 160 亿美元以下，到 1983 年，发展中国家给商业银行的还本付息额超过所得贷款 210 亿美元，同时，官方的发展援助贷款也日趋减少。外国私人投资从 1981 年的 160 亿美元下降到 1983 年的 100 亿美元以下，许多发展中国家的经济面临着每况愈下的局面，进而危及到国际经济的稳定和持续发展。由于政治风险而引发很大的商业性风险的客观现实，迫切需要寻求稳妥解决问题的策略。

国际社会普遍认识到，由于世界经济的相互依存性，发展中国家的经济前景关系到全球的经济稳定，要使发展中国家经济好转，就必须动员更多的资本流入发展中国家。因此，发展中国家必须依靠外国私人投资，消除非商业性风险，改善投资环境，以吸引发展所需的外资。消除发展中国家的非商业性风险，促进资本自由流动，以获取丰厚回报，也正是发达国家许多投资者孜孜以求的梦想。

由于各投资国政府现有的保险机构能力有限，而私人保险公司担心政治风险大多不愿对投资的非商业性风险进行担保。因此，资本输出国认为，成立一个以承担非商业性风险为目的的多边投资担保机构十分必要，并积极倡议、推动这项工作，希望这个机构能分担他们海外投资者的风险，以保障投资能够获得一定的回报。虽然建立这样一个新的机构是为资本输出国服务的，但对不发达国家来说也是一种良性的选择——成立多

边投资担保机构有助于为发展中国家吸引外国投资创造有利的环境,有助于促进实际存在的经济发展需要,推动国内经济繁荣。国际经济实践证明,对于投资接受国来说,直接投资较之借用贷款的得失比较显而易见——直接引进先进技术和技术人员,而且是非债务资金流入,接受国无须承担清偿义务,对减轻发展中国家债务负担、大幅度降低建设成本、快速实现民族经济振兴有重大的意义。

在克劳森行长的倡导下,世界银行工作人员为此重新进行了仔细深入的研究,并提出了比较系统的意见。1984 年 4 月,世界银行拟出了一个新的协议草稿,并多方征求意见,希望能够得到各国的共同认可。同年 10 月,世行推出了经修改后更详细的协议方案,即多边投资担保条约草案。

1984 年 11 月,世行召集工业化国家在巴黎开会,听取这些资本输出国的意见。1985 年 1 月,在曼谷召开了一个类似的会议,听取发展中国家的意见。世行经过与各国充分、全面地磋商,提出了一份正式的"机构"协议方案,提交董事会讨论。1985 年 6 月,世行执行董事会讨论通过了该方案,同年 10 月,在汉城(首尔)举行的世界银行年会上,理事会通过了该方案。此后,愿意参与《多边投资担保公约》的国家开始签约加入。

多边投资担保机构是根据《多边投资担保公约》而成立的。1986 年 9 月,世行召集当时已签署公约的会员国成立了机构的筹备委员会。公约规定,必须有 5 个一类国家(发达国家)和 15 个二类国家(发展中国家)签署并核准方为生效,且这些国家认购股份总额必须达到"机构"法定资本的 33%。1987 年 10 月,世行通过决议,规定 1988 年 4 月 30 日前核准公约的国家为创始成员国。1988 年 4 月 12 日,公约正式生效。

关于多边投资担保机构成立后的主要任务,世界银行重申了公约中规定的两点:

其一，经东道国政府批准，开展对外国私人投资在该国的非商业性风险的担保。

其二，对有兴趣的成员国提供有关体制的情报、技术援助和咨询服务，帮助东道国改善投资环境，加强对外来投资的吸引力。

多边投资担保机构作为世界银行集团的一个新成员，将通过上述功能来弥补世界银行集团功能上的不足，这个功能就是通过提供担保直接促进私人资本向发展中国家的流入。

多边投资担保机构的目标是鼓励在成员国之间尤其是向发展中国家成员国融通生产性投资，以补充国际复兴开发银行、国际金融公司和其他国际开发金融机构的活动，以便进一步加强国际合作推动全球的经济发展，为此，多边投资担保机构努力做到：第一，在以公正和稳定的标准对待外国投资的基础上，促进以生产为目的的资金和技术流向发展中国家。第二，根据成员国的要求，开展合适的辅助性活动，提供技术咨询等以帮助发展中国家改善投资环境、吸引更多的资金流入，并鼓励资金在发展中国家成员国之间的投资流动。第三，致力于同私人的、国家的或地区的投资担保机构进行合作，行使其他必要的和适宜的附带权利。

二　组织机构

**多**边投资担保机构的宗旨是通过向外国私人投资者提供政治风险担保（政治风险包括征收风险、货币转移限制、违约、战争和内乱风险），并通过向成员国政府提供投资促进服务，加强其吸引外国直接投资的能力，从而鼓励外国直接投资流入发展中国家。

凡是国际复兴开发银行的成员国均可申请加入多边投资担保机构。该机构由成员国认购一定的股份组成。机构设理事会、董事会、总裁和职员，以履行机构所确定的职责。

**（一）理事会**

机构的一切权力归理事会，理事会可委托董事会行使其任何权力，但以下权力除外：

（1）接受新成员国并决定其加入的条件；

（2）暂停会员资格；

（3）决定资本的增减；

（4）提高担保总数的限额；

（5）划分第一类或第二类会员国，或对一现有会员国重新划分；

（6）确定董事和副董事的报酬；

（7）停止业务活动和清理机构的资产；

（8）资产清理后的分配；

（9）修改公约及其附件和附表。

理事会由每一会员国按其自行确定的方式指派的理事及副理事各一人组成。副理事在理事缺席时行使投票权。理事会推选一名理事为主席。理事会一般每年要举行一次年会。另外，必要时还要举行经理事会决定或由董事会要求召开的其他会议。每当5个成员国或持有占总投票权25％的投票权的成员国请求时，董事会应要求召开理事会会议。

**（二）董事会**

董事会负责机构的一般事务，公约规定董事会由不少于12名董事组成。目前多边投资担保机构由18名董事组成，均是世界银行执行董事会的成员。

**（三）总裁和职员**

总裁由董事会主席提名，由董事会任命。目前，多边投资担保机构的总裁由世界银行行长兼任，总裁在董事会总的监督下，处理机构的日常事物。多边投资担保机构现有副总裁2名，分别

负责担保、政策和咨询业务，还有一名相当于副总裁的法律顾问。机构秘书长由世界银行秘书长兼任。

多边投资担保机构的总裁和职员在履行其职责时应完全对担保机构负责，而不对其他权力机构当局负责。担保机构的每一个会员国都应尊重这种职责的国际性，并应制止对总裁或职员在履行他们的职责时施加影响的任何企图。总裁在任命职员时，按照最高工作效率和技术水平的原则，适当注意从尽可能广泛的国家和地区录用人员。

多边投资担保机构的组织体系如下：

第一层次：理事会

第二层次：执行董事会

第三层次：总裁

第四层次：执行副总裁

第五层次：具体业务机构

总之，多边投资担保机构的设立，有力促进了国际资本在全球范围内的流动运作，在一定程度上缓解了发展中国家经济建设对资金的需求。多边投资担保机构的设立，对有效防范政治风险，提高国际资本的投资热情的确起着非常重要的作用。但是，国际私人资本的大量涌入，对发展中国家也带来不可预测的非政治风险，如果利用管理失当，不可避免地将对资本输入国的经济和社会造成严重危机，昔日的墨西哥和东亚金融危机即是最好的例证，值得我们引以为戒。

三　多边投资担保机构对政治风险所提供的担保

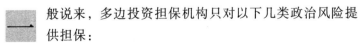

一般说来，多边投资担保机构只对以下几类政治风险提供担保：

一是汇兑限制。当投资者不能将当地货币（资金，利息，本金，利润，特许权使用费及其他汇兑基金）兑换成外汇汇至东道国以外的国家时，向其提供保护使其免受损失。当东道国外汇控制法律法规发生不利变动，或在当地货币兑换和汇兑条件恶化时，该承保险别为因以上原因造成获取外汇时间拖延过长提供担保。要说明的是，货币贬值不在承保范围。

二是没收。当东道国政府采取的某些行动可能会减少或取消所承保投资的所有权、控制权，或所拥有的权利时，为承保投资提供保护，使其免受损失。除了彻底的国有化和没收外，"有步骤逐步进行的"没收——经过一段时间产生没收效果的一系列行为，也在被保之列。不过，这种情况所承保的范围不是无限的。当东道国政府在运用合法管理权力过程中所采取的公正、无歧视性措施不在承保范围。

当所有股本投资被没收时，多边投资担保机构支付所承保投资的净账面价值。当资金被没收时，多边投资担保机构支付不能兑换资金的所承保部分。对于贷款和贷款担保，多边投资担保机构对未偿本金和所有应付和未付利息进行担保。投资人在将被没收投资的利息（如贷款协议中的普通股票或利息）让与多边投资担保机构时得到补偿。

三是违约。在东道国政府违约或拒绝执行合同时，为投资人所蒙受的损失提供保护。

四是战争与民众动乱。这种情况包括：革命、起义、政变、阴谋破坏和恐怖行为。对于股本投资，多边投资担保机构将向投资人支付资产的账面价值，重置费用，或受损资产的修理费用。至于贷款和贷款担保，对因战争和民众动乱造成项目资产受损这一直接原因而导致的拖欠款项，支付其本金和利息中的已担保部分。战争和民众动乱险所承保范围还包括一年内导致整个金融发展所必需的项目中断的一些事件。当投资被看成是一个整体时，这种商业中断会产生有效结果；在这点上，多边投资担保机构将支付所有承保股本投资中的账面价值。至于贷款和贷款担保，在

因所承保事件造成商业中断而导致的拖欠款项中，多边投资担保机构将支付其本金和利息中的已担保部分。

四　申请多边投资担保机构担保的程序

**（一）基本程序**

（1）担保的初步申请。申请多边投资担保机构担保的申请人应在投资或已做出不可撤销之投资承诺之前递交一份初步申请。该初步申请向多边投资担保机构提供所需信息，以对申请人和投资合格与否做出临时决定。一旦合格，一份登记通知连同一份最后担保申请将被送往申请人手中。对已签署但尚未批准《多边投资担保代理公约》的国家内符合条件的投资，多边投资担保机构将对其初步申请注册备案。对于还未签署该公约的国家内的合格投资，多边投资担保机构将考虑在该国签署该公约时发布对项目正式注册的意向书。申请人如对投资的合格条件有任何疑问，可与多边投资担保机构联系。

（2）最后担保申请。一旦做好投资和融资计划，申请人应立即填写一份最后担保申请，并将相关的项目文件，如合资合同、可行性研究报告和环境评估，一同交给多边投资担保机构。该最后担保申请需向多边投资担保机构提供承保某一项目及准备担保合同所需的详细信息。信息中应明确申请人的合格情况，投资的金额和类型，打算承保险别的类型，项目对发展产生的影响以及项目的金融与经济可行性。

（3）相关费用。提出初步申请无须任何费用，但多边投资担保机构要对受理最后申请收缴一笔申请费。如果申请上交，得到担保且被接受，则这笔费用将记入第一年的保险金。如果多边投资担保机构拒绝提供担保，这笔费用将被予以退还；如果多边投资担保机构答应提供担保而申请人拒绝接受，则该笔费用不予退还。如果评估项目对环境较为敏感（如石油和天然气，矿业

和基础设施），或这些评估项目中复杂的金融结构要求多边投资
担保机构保留外界顾问时，该机构将对由此产生的额外保险费收
缴一笔受理费。如果额外费用少于受理费，则未用结余将被退还
给申请人；如果多于受理费，则申请人要缴纳多余的款项。申请
人应在递交最后申请之前先与多边投资担保机构联系，以决定是
否需要缴纳受理费。保险费率应在多边投资担保机构承担承保义
务以前逐年上交给该机构。

（4）东道国批准。多边投资担保机构必须获得东道国的批
准来签发担保合同。多边投资担保机构将在收到最后申请之后申
请此项批准。

**（二）其他**

（1）担保期限。多边投资担保机构的标准承保期限是 15
年。根据项目的性质，承保期限可长达 20 年。一些合同期限一
般根据担保协议的期限而定。多边投资担保机构不能终止担保
合同，除非被担保人不能按照合同向多边投资担保机构履行义
务，但被担保人可在第三年后的任一周年日减少或取消被担保
项目。

（2）担保金额。在每一风险范畴内，多边投资担保机构对
于股本投资的担保金额不尽相同。特别要说明的是，对于技术援
助合同和其他合约，多边投资担保机构根据担保协议将对应支付
款项总额的 90% 加以担保。不考虑项目的性质，投资人仍需有
至少 5% 的损失风险。此外，多边投资担保机构还可以通过与其
他政治风险保险人合作来担保其他风险。

五 多边投资担保机构与中国

多边投资担保机构的担保局（简称 Guarantees）一向积
极支持中国吸引外国直接投资。多边投资担保机构的
投资营销服务局（简称 IMS）也非常支持促进投资方面的能力建

设活动，比如为中国代表团组织吸引外资的策略和技巧研讨会。1999 年 IMS 在中国启动了两个投资促进咨询项目。第一个项目是由一个 IMS 工作小组从提供投资服务的角度对中国西南地区贵州省的投资促进机构进行评估，对新成立的促进机构提出改进建议，该项目的全部费用由多边投资担保机构承担。第二个项目是 IMS 与联合国开发计划署北京代表处和世界银行外国投资咨询服务局（简称 FIAS）合作在地处远东的俄罗斯、朝鲜、蒙古国和中国东北的图们江地区开展以促进投资为目标的跨国技术援助项目。

目前 MIGA 在中国有 9 个担保项目，担保总金额 1.69 亿美元。大多数担保项目集中在基础设施（94%），其余在制造业（6%）。MIGA 积极与财政部、商务部加强合作，尤其是在协助中国企业到海外投资，特别是到非洲和亚洲其他地区投资方面。此外，MIGA 与中国进出口信用保险公司、中国进出口银行及其他部门合作，并加强在中央和市一级与其他伙伴机构的合作，支持中国的对外投资。

在技术援助方面，MIGA 多年来与世界银行集团在中国的各机构密切配合，与 FIAS 以及国际金融公司的私营企业合作伙伴关系中国办公室（PEP—CHINA）和世界银行中国局联合开展活动。为了进一步强化世界银行集团的投资环境咨询服务，2007年初，MIGA 的技术援助活动与 FIAS 进行了整合，建立了一个更加统一的世行集团团队。

MIGA 在中国的具体活动包括：

（1）MIGA 完成了和 IFC 的 PEP – CHINA 联合开展的投资竞争性比较研究项目，调研涵盖了食品加工、电子、机械制造、化工、制药和传统的中医药企业，调研成果应用于制定省级综合投资促进战略，改善当地投资环境。

（2）2003 ~ 2005 年期间，MIGA 为四川省投资促进局以及其他省市有关部门举办了一系列投资促进技能培训班。

（3）应黑龙江投资促进局、哈尔滨经济合作促进局和哈尔滨开发区投资促进局的要求，MIGA 在 2005 年 5 月对这三个机构进行了投资促进需求评价。

（4）IFC 的 PEP‐CHINA 以比较研究项目为基础，为四川省经委做了一个四川省产业集群调查，MIGA 为集群调查以及调查结果对政策和运营的意义提供了建议。

（5）FIAS 与 IFC 的 PEP‐CHINA 目前正在筹备一个应急援助项目，协助为四川省地震灾后重建工作引进投资，提供 MIGA 在其他国家参与灾后或战后重建的经验和技术援助。

此外，FIGA 还在国家层面和信息服务方面做了许多卓有成效的工作。

截止到 2008 年 6 月 30 日，多边投资担保机构在中国的担保合同情况如表 1‐6。

表 1‐6　多边投资担保机构（MIGA）中国担保合同一览表

单位：千美元

| 受　保　人 | 投资者国籍 | 行　　业 | 责任保险 |
|---|---|---|---|
| Golden State Waste anagement（beijing）Corporation | 开曼群岛 | 基础设施 | 6930 |
| Golden State Water Group Corporation | 开曼群岛 | 基础设施 | 2330 |
| Golden State Waste Management Cororaton | 开曼群岛 | 基础设施 | 24960 |
| Darco Environmental Pte. Ltd | 新 加 坡 | 基础设施 | 7560 |
| Compagnie Generale Des Eauxx | 法　　国 | 基础设施 | 40000 |
| Dragados SPL | 西 班 牙 | 服 务 业 | 7458 |
| Compage Generale Des Eauxnnen | 法　　国 | 基础设施 | 70000 |
| Darco Envronmental Pte. Ltd | 新 加 坡 | 基础设施 | 7100 |
| Sunnen Products Company | 美　　国 | 制 造 业 | 2700 |
| 总　　　　计 | | | 169038 |

资料来源：《世界银行集团中国业务概览》，2008。

# 第二章

# 世界银行集团的
# 特性与职能考辨

世界银行是一家"特殊银行"，它最大的特性是其股东的国际性和作用的独特性。它特殊的贷款对象、独特地位以及非同寻常的功能，有力地推动了世界各国特别是贫困国家的经济发展。不可否认，世界银行不是万能的钥匙，它提供的援助对受援国经济的发展和贫穷人口生活的改善所起的作用是有限的，各国经济发展和社会进步更需要自身的努力。尽管如此，世行一直在会同其他国际组织，千方百计地为发展中国家特别是贫困国家提供各种服务与支持，以促进其经济的发展和社会的进步。

## 第一节　世界银行集团的特性

一　特殊银行

世界银行并非一家普通银行，而是一家具有"世界"意义的银行。它的贷款对象仅仅限于各国政府，特别是那些发展经济融资困难的国家。世界银行的最大特殊性是它的国际性，它的股东几乎涉及世界上的所有国家，只是股东大小的差别而已。它的实力与信誉，远非一般政策性银行和商业银行可比，可以说世界银行是超出了一般"银行"意义之上的国际特殊金融机构。

在全球经济联系日益紧密和瞬息万变的时代，世界银行自成立以来已经向100多个发展中国家和地区提供贷款、咨询服务。世界银行主要着眼于帮助最贫困的人民和最贫困的国家。世界银行利用自身的资金和人才优势，帮助发展中国家走一条稳定、可持续和平稳发展之路。对于所有世界银行借款国，世界银行强调以下需要：

- 投资于人，特别是通过提供基本卫生和教育服务；
- 保护环境；
- 支持和鼓励民营企业发展；
- 加强政府的能力，提高效率，增加透明度，提供高质量的服务；
- 促进改革，创造一个有利于投资和长期规划的稳定的宏观经济环境；
- 注重社会发展、参与良政和机构建设，将其视为实现减贫的关键要素。

世界银行是全球最大的发展援助机构，每年的新增贷款承诺额达到200亿美元左右。虽然世界银行不是唯一的援助机构，但世行在与其他组织——包括私营机构、政府部门、多边机构和非政府组织的协调方面起着至关重要的作用。

应当承认，世行资助的开发项目的确影响了发展中国家处于贫困中的人们的生活，但从中受惠或受冲击的并非只是穷人。从实际情况看，提供世行贷款资金的纳税人，帮助世行征集捐款的有关人员，收入丰厚的世行职员，协助世行工作的当地官员，执行世行援建计划的承包商，世行筹集巨额资金的金融市场的参与者，世行的竞争者和合作人的私立银行与世行有千丝万缕的联系并从中获益匪浅。

## 二　特殊地位

**世**界银行的诞生在全世界有着特殊的价值和特殊的地
位，这是任何国家银行和区域性银行组织机构无法比
拟的。世界银行作为一个国际性银行组织，其特殊地位是由它自
身的特殊性所决定的——它的所有股东均是国家，所有股东均提
供大量的股本，一些比较富裕的国家还提供大量的捐赠。因此，
世行的实力和信誉对任何银行而言是不可能企及的。此外，世行
贷款的目的、宗旨和对象与其他商业银行也有重大区别——世行
不追求纯粹的经济利益，但也不是慈善机构，它以帮助发展中国
家发展经济、扶贫济困为己任。世界银行自成立以来，一直卓有
成效地运行，始终保持其领导地位。

事实上，世行在金融领域一直走在同行业的前列，并且得到
大多数成员国的认可。尽管一些政府或私人的贷款机构对世界银
行的做法常常表示不满，有时甚至公开抵制世行的观点及其工作
方式，但世行仍将发挥着领导作用，影响着世界经济和社会生活
的许多方面。当然，世行也一直在改变自己的一些做法和基本理
论，以适应 21 世纪不断发展变化的需要。有理由使人相信，世
行在未来的地位将进一步得到巩固和发展。

## 三　特殊政策

**世**界银行有着特殊的宗旨和业务政策。世界银行集团是
市场经济的倡导者，它相信"看不见的手"是推动
经济发展的基本力量。世行集团的业务政策既反映了国际社会对
发展中国家经济发展规律的普遍认识，也在某种程度上反映了一
些主要发达国家对世行的战略要求。因此，世行政策的制定和运
行具有非同寻常的意义。

### （一）扶贫济困政策

世行的宗旨和目标是帮助借款国人民减轻贫困，促进发展中国家的经济发展，帮助穷人获得基本教育、医疗和营养的机会等。世行通过向经济相对落后的发展中国家提供比较优惠的项目贷款，推动其经济的发展，提高贫困人口的生活水平，并以各种方式呼吁减免发展中国家的债务。国际开发协会向特别贫困的国家提供无息贷款，极大地减轻了受援国的经济负担。值得注意的是，世界银行在提供贷款援助的同时提供技术援助，为发展中国家培训人才，有力地推动了贫困国家的全面进步。世界银行不以经济利益为主要目的的扶贫济困政策，是世行作为世界最大的贷款开发机构的鲜明特色。

世界上最贫穷的人口绝大多数生活在低收入国家。世行对这些国家的减贫战略一直在延续。为了加强利益相关者在制定减贫战略文件中的作用，世行在减贫战略文件国家为非政府组织举办了"民主化发展"会议。此外，世行在国际贸易中成立了贸易部门，这大大提高了世行在贸易方面的能力，增加了世行的贸易活动，加强了世行与国际组织的伙伴关系，增加了有关有利于发展的贸易议程研究的出版物，并把贸易融入国别和地区战略，如减贫战略文件。在2003财年，世行和国际货币基金组织就公共支出问题、重债穷国行动计划的最新情况提交了一份联合报告，并在公共服务改革方面进行合作。世行还开发出第二代关于治理的指标以及治理项目紧张的中间指标，等等。总之，世行在减贫与经济管理中，通过有关减贫战略文件、贸易、性别与发展、治理与公共部门改革、经济政策等措施，为解决人类的贫困与相关问题，作出了巨大的贡献。

### （二）超前的经济政策

世行的经济政策是世行业务的重要依据，也是世界各国密切关注的焦点。世行经济政策动向极大地影响着世界经济理论的发

展趋势，并领导着世界经济发展理论。良好的宏观经济分析在以下领域对世行的业务和政策进行支持：包括经济增长、债务管理、财务可持续性、波动性管理、地方政府经济管理、全面政策分析以及国际战略发展，等等。当然，世行业务政策的形成和发展与当代发展经济学的演变有着密切的联系。它不断把发展经济学的新观点、新思路付诸实践，制定出具有"超前"意义的经济政策。

**1. 政策演变的阶段**

世行自成为开发银行集团以来，其政策演变经历了几个阶段，每个阶段的政策特点都不同程度地反映了当时发展经济学的主流特征。

在 20 世纪，发展经济学经历了三个阶段。50 年代末期至 60 年代中期为第一阶段。这一时期占主导地位的发展经济学观点认为，资本的形成和积累是不发达国家经济发展的关键。经济学家认为，发展中国家之所以不发达是因为低收入导致资本积累不足从而制约了经济增长，并产生了以钱纳里为代表的"双缺口模型"发展援助理论。60 年代后期到 80 年代初期为第二阶段。这一时期贫困问题成为发展经济学关注的中心。实践证明，前一时期的发展理论明显存在一定的问题，一些发展中国家尽管取得了令人瞩目的经济增长，但贫困人口不但没有减少，反而还在增加，经济增长带来的实惠并未给贫困人口带来幸福。因此，70 年代，世界银行与英国色赛克斯大学的一批经济学家提出了"增长型再分配"理论。80 年代中期至今为第三阶段。80 年代中期以来，经济发展理论发生了重大转折——从强调政府干预、以公共部门带动经济起飞转变为强调市场导向和私人部门的作用。不少经济学家指出，以追加投资为中心的援助不能解决受援国的发展问题，因为在许多发展中国家，经济落后是由于不适当的政策造成经济环境和社会环境恶化。因此，需要引导和支持发展中国家实行市场经济，并适度加大调整国家政策和经济结构的力度，建

立有利于市场经济发展的机制，为市场经济创造良好的社会环境。

事实上，在 20 世纪，世行的经济政策一直在发生变化。世行从 70 年代开始，从发展援助、解决贫困问题、强调调整贷款支持和技术援助来帮助发展中国家进行宏观经济和部门经济的政策调整和改革，以及帮助发展中国家进行宏观政策和部门研究，制定改革行动计划，进行机构与法规建设。在 90 年代，世行大力提倡提高知识结构、加大教育力度、强调现代信息对世界各界的影响等，世行的政策趋向也有了重大变化。更重要的是，世行在各个发展阶段的经济政策都走在时代的前列。

## 2. 影响政策的因素

虽然发展理论的演变是指导世行集团改变其政策的一个重要依据，但世行集团作为一个国际经济组织，其政策选择更多的是出于国际经济、政治生活的现实需要。世行集团作为国际开发机构的性质，决定了它必须把借款国经济发展的实际情况需要作为其政策变更的最基本的依据。因为，发展并不是纯粹的经济过程，而是一个经济社会发展到一定程度的产物；经济环境既是经济进一步发展的前提，又是经济发展的最终目的。在 20 世纪 80 年代以来，世行集团的政策重点从纯粹的经济领域扩展到环境保护、妇女与发展、社会保障、人口政策等经济社会领域。在世行的日常运行中，影响政策变更的主要因素有：发展中国家经济发展的实际需要；主要发达国家捐款国的战略需要；世行集团自身发展的需要；等等。

要强调的是，世界银行集团不是慈善机构，它是世界绝大多数国家参与的国际组织，与其他国际组织一样，世行集团的决策过程也不得不遵循实力原则。世行集团的大股东和主要捐款国——美国、日本、德国、法国、英国、意大利、加拿大等主要发达国家在银行认缴股份占银行全部认缴股份的 49%，拥有47.45% 的投票权，其中美国在银行和协会的投票权最多。在这

种情况下，世行集团的政策形成不可避免地要反映主要发达国家特别是美国的战略利益和意图，这也是铁的事实。这对于发展中国家贷款问题必然存在一定的影响。

　　长期以来，在世行集团的重大决策问题上，西方国家基本上以美国为核心协调立场，但这些发达国家之间为了各自的利益，其矛盾也在不断深化。如 1991 年，美国借国际金融公司增资之机，要求世行改变业务方向，使世行到 1995 财年能将全部贷款的一半直接用于支持私人部门发展，同时要求国际金融公司将业务范围扩大到原属世行分工范围的基础设施和大型、复杂项目，以支持私人部门对这些领域的参与。这一建议意味着修改世行章程、重新划分世行与国际金融公司的分工范围。美国把该建议作为其支持国际金融公司增资的前提条件。但美国的建议不但遭到发展中国家的反对，而且也遭到发达国家的广泛批评。法国、德国、日本、意大利等国都对美国利用公司增资要挟世行以达到自己目的的做法表示非常不满，指出这一建议脱离发展中国家的实际情况，违背世界银行的业务性质。由于绝大多数国家的反对，美国的建议付诸东流。可以预计，在未来，其他发达国家对世行政策形成的影响将进一步增强。尽管成员国特别是发达国家成员国对世行集团的政策取向有着实质性的影响，但世行集团是一个多边机构，世行管理当局在政策形成过程中有着相对独立性，除了反映捐款国和借款国的要求，世行当局还必须考虑其作为一个国际机构的地位与职能，以及世行集团自身发展的需要，世行管理层的看法在世行政策形成过程中起着相当重要的作用。

## 第二节　世界银行集团的职能

世界银行集团是一个十分活跃的国际经济组织，它以减少贫困为目的，以促进经济和社会发展为核心，协助

会员国提高生产力。世行除每年向发展中国家提供大量扶贫贷款，促进贫困国家经济的长期、稳定发展外，在其他许多方面还发挥着特殊的职能，担任着多种不同的角色，成为世界"政治经济"生活中不可缺少的重要组成部分。有人说，世界银行简直是一个世界奇迹，它的活动范围大大超越了贷款领地。世行在大力提供扶贫助困资金的同时，也为整个世界的和平与发展作出了巨大贡献。

一　倡导扶贫助困，促进全球经济发展

促进发展中国家经济发展和社会进步是贯穿世行集团各项业务活动的主旋律。世界银行每年向发展中国家提供上百亿美元的优惠贷款资金，其中一部分资金可以不收取利息，即使收取利息，也十分低廉，远低于商业银行的贷款利息。世行是向发展中国家提供援助的一个最大的贷款机构，在国际经济关系中有着重要的地位和深远的影响。

2008 年，世行承诺向借款国提供 247 亿美元信贷和赠款。2008 年 IDA 向世界上最贫困的国家承诺信贷和赠款 112 亿美元，比 2007 年减少了 5%；IBBD 承诺贷款 135 亿美元，比 2007 年增加了 5%；2008 财年 IFC 承诺为发展中国家 372 个私营部门（其中 40% 是 IDA 成员国）投资项目提供 114 亿美元的贷款，并额外募集 48 亿美元银团贷款。MIGA 为发展中国家的外资项目提供了将近 21 亿美元的担保，比 2007 财年增加了 7.3 亿美元，其中 6.9 亿美元的担保项目是在有资格获得 IDA 贷款的国家。

2008 年，非洲得到的世行集团援助最多，获得了 70 多亿美元的贷款、赠款、股本投资和担保，这是该地区历史最高纪录。

世行还完成了 108 份经济调研报告，80 个非贷款技术援助活动，其中很多是为了加强受援国对改革的承诺。"在加强的重债穷国（HIPC）倡议下，2 个非洲国家——中非和利比里亚达到

### 表 2 - 1 2003~2008 财年世行向非洲借款国
### 按主题和部门划分的贷款

单位：百万美元

| 主　　题 | 2003 财年 | 2004 财年 | 2005 财年 | 2006 财年 | 2007 财年 | 2008 财年 |
|---|---|---|---|---|---|---|
| 经济管理 | 37.8 | 68.0 | 46.5 | 31.4 | 94.6 | 139.4 |
| 环境与自然资源管理 | 227.0 | 195.2 | 217.2 | 250.6 | 212.0 | 338.0 |
| 金融与私营部门发展 | 383.6 | 810.9 | 768.2 | 979.1 | 962.7 | 982.1 |
| 人力资源开发 | 811.4 | 618.2 | 620.2 | 673.3 | 1104.5 | 572.2 |
| 公共部门治理 | 432.4 | 818.4 | 708.0 | 964.7 | 859.2 | 1612.1 |
| 法　　治 | 34.5 | 28.3 | 30.9 | 197.7 | 13.1 | 22.7 |
| 农村发展 | 384.1 | 360.7 | 537.2 | 528.6 | 780.0 | 526.4 |
| 社会发展、女性发展与共享成长 | 420.0 | 374.3 | 221.8 | 198.5 | 314.3 | 275.2 |
| 社会保障与风险管理 | 543.7 | 209.2 | 294.3 | 262.7 | 272.3 | 169.0 |
| 贸易一体化 | 37.2 | 371.5 | 232.0 | 413.1 | 449.7 | 407.3 |
| 城市发展 | 425.5 | 261.1 | 211.4 | 304.9 | 734.5 | 642.2 |
| 　总　　计 | 3737.2 | 4115.8 | 3887.7 | 4804.6 | 5796.9 | 5686.6 |
| 部　　门 | | | | | | |
| 农业、渔业与林业 | 303.4 | 268.5 | 215.3 | 585.5 | 369.7 | 367.6 |
| 教　　育 | 423.6 | 362.9 | 369.0 | 339.3 | 706.6 | 373.0 |
| 能源和采矿 | 324.4 | 365.8 | 509.5 | 524.5 | 773.3 | 939.4 |
| 金　　融 | 67.2 | 165.7 | 68.6 | 142.3 | 26.3 | 129.7 |
| 卫生和其他社会服务 | 775.9 | 723.1 | 590.3 | 614.0 | 687.3 | 467.5 |
| 工业和贸易 | 92.7 | 95.4 | 253.8 | 348.4 | 144.2 | 196.2 |
| 信息和通信 | 41.4 | 52.9 | 20.0 | 5.0 | 146.0 | 0.8 |
| 法律、司法和公共管理 | 721.8 | 1004.2 | 1077.5 | 1263.0 | 1352.5 | 1784.0 |
| 交通运输 | 690.5 | 716.6 | 507.2 | 602.7 | 870.8 | 986.5 |
| 供水、环卫和防洪 | 296.3 | 360.8 | 276.2 | 361.9 | 720.5 | 477.9 |
| 　总　　计 | 3737.2 | 4115.9 | 3887.4 | 4786.6 | 5797.2 | 5722.6 |
| 其中 IBRD | 15.0 | 0.0 | 0.0 | 40.0 | 37.5 | 30.0 |
| 其中 IDA | 3722.2 | 4115.9 | 3887.4 | 4746.6 | 5759.7 | 5692.6 |

资料来源：《世界银行 2008 年度报告》。

了决策点。在多边减债倡议下，对于那些财务管理良好且承诺减少贫困的国家，在为了 40 年中将有 370 亿美元债务获得减免，上述债务的绝大部分债务国是非洲国家。世行警告发达国家的掠夺性贷款人，禁止他们掠夺贫困人口，使通过债务减免倡议取得的成果发生逆转。"

非洲大陆是世界上最贫困的地区，它的发展虽然取得了显著的进展，但仍然面临着巨大的挑战。一半人口生活在每天 1 美元以下，一半人口缺少安全饮水。不少国家政治脆弱，战乱仍在花费巨大的费用，生产总值增长率整体上不到 3%。世界银行是非洲发展援助的最大提供者，世行致力于帮助非洲加速实现千年发展目标的进程。世行的目标是将 50% 的软贷款资金引入非洲，因此，在未来几年里，软贷款资金将继续保持近几年的增加势头。

促进发展中国家经济的长期、稳定发展是世界银行集团的根本的职能，也是世行的宗旨所规定的。世行集团十分强调发展的概念，认为没有发展就没有进步，就不能极大地改善发展中国家人民的生活水平。因此，世界银行为全球环境保护、文化教育、妇幼保健、社会保障等诸多问题奔走呼吁，为低收入国家提供各种力所能及的便利，希望极大地提高人们的生活水平——尽管有时不尽如人意。世行认为，发展不同于单纯的经济增长，它是经济增长和社会进步的统一，是大多数人口生活质量的提高。如果经济增长的成果只为社会的极少数人所占有，不能给人民大众带来福利，那么这种增长就不是真正意义上的发展。同时，它在国际争端的调解、社会公正、世界经济的协调、私有企业的倡导等方面发挥着重要的作用，为稳定世界经济秩序、减少贫困、促进人类走向共同富裕作出了重大贡献——自世界银行成立以来，向发展中国家提供优惠资金数千亿美元。根据世界银行 2003 年度报告，2003 ~ 2008 年对东亚和太平洋地区按主题和部门划分提供的贷款情况如表 2 - 2 所示。

**表2-2　根据世界银行2008年度报告，2003～2008年对东亚和太平洋地区借款国按主题和部门划分的贷款**

单位：百万美元

| 主　　题 | 2003财年 | 2004财年 | 2005财年 | 2006财年 | 2007财年 | 2008财年 |
|---|---|---|---|---|---|---|
| 经济管理 | 29.7 | 0.0 | 87.0 | 78.7 | 82.5 | 0.0 |
| 环境与自然资源管理 | 232.3 | 432.2 | 446.9 | 396.4 | 565.0 | 746.0 |
| 金融与私营部门发展 | 458.8 | 553.9 | 340.6 | 720.7 | 999.1 | 1132.9 |
| 人力资源开发 | 152.7 | 164.6 | 184.6 | 543.7 | 213.4 | 229.0 |
| 公共部门治理 | 341.5 | 299.0 | 344.5 | 385.9 | 705.7 | 644.4 |
| 法　治 | 7.3 | 67.3 | 45.8 | 13.4 | 0.0 | 23.5 |
| 农村发展 | 411.7 | 400.9 | 484.1 | 465.7 | 608.2 | 555.4 |
| 社会发展、女性发展与共享成长 | 143.7 | 167.2 | 241.1 | 83.3 | 189.9 | 197.1 |
| 社会保障与风险管理 | 161.5 | 5.5 | 88.7 | 1449.9 | 43.8 | 99.3 |
| 贸易一体化 | 138.0 | 82.9 | 126.5 | 112.1 | 233.0 | 177.3 |
| 城市发展 | 233.6 | 399.2 | 493.5 | 456.9 | 403.7 | 663.2 |
| 总　　计 | 2310.8 | 2572.7 | 2883.3 | 4706.7 | 4044.0 | 4468.1 |
| 部　　门 | | | | | | |
| 农业、渔业与林业 | 106.7 | 290.4 | 207.9 | 373.3 | 268.6 | 112.8 |
| 教　育 | 225.7 | 118.6 | 228.0 | 287.9 | 125.3 | 234.3 |
| 能源和采矿 | 254.3 | 67.2 | 359.1 | 425.2 | 118.5 | 666.1 |
| 金　融 | 22.7 | 49.0 | 213.1 | 197.6 | 230.1 | 263.0 |
| 卫生和其他社会服务 | 184.1 | 84.3 | 204.3 | 160.6 | 132.7 | 213.0 |
| 工业和贸易 | 32.5 | 78.7 | 159.1 | 29.3 | 102.2 | 189.5 |
| 信息和通讯 | 6.6 | 0.0 | 5.0 | 5.3 | 0.0 | 10.0 |
| 法律、司法和公共管理 | 385.1 | 275.5 | 436.6 | 693.6 | 887.7 | 888.8 |
| 交通运输 | 684.3 | 1209.9 | 306.7 | 652.3 | 1554.7 | 1531.7 |
| 供水、环卫和防洪 | 408.7 | 417.1 | 763.7 | 576.5 | 624.3 | 359.0 |
| 总　　计 | 2310.7 | 2590.7 | 2883.5 | 3401.6 | 4044.1 | 4468.2 |
| 其中　IBRD | 1767.1 | 1665.5 | 1809.8 | 2344.3 | 2806.6 | 2676.7 |
| 　　　　IDA | 543.6 | 925.2 | 1073.7 | 1057.3 | 1237.5 | 1791.5 |

资料来源：《世界银行2008年度报告》。

世行的发展职能不仅仅限于提供贷款，它还有权决定贷款的使用方式。因此，世行对其援助的项目往往都进行策划、设计以及监督，并要求借款国必须接受世行认为有利于发展的经济政策，并根据世行的提议创造良好的实施贷款政策的环境，这是获得世行贷款的最重要的前提。另外，世行在很大程度上还能够影响其他贷款机构对某一项目或某一国家的态度，世行做出的调查评估报告是最具有权威性的投资参考依据，没有世行认可的投资项目，对其在国内或国外的融资都会产生无法估量的结果。因此，无论是发达国家还是发展中国家都十分重视世行在国际经济事务中的导向作用。

在当前及今后相当一段时间里，发展中国家仍然面临着资金紧缺的经济环境。无论是以直接的方式还是间接的方式，世界银行集团在促进资源向发展中国家转移方面仍将是任重道远。根据资料统计，世界银行2003～2008财政年度按主题和部门划分的向拉丁美洲和加勒比地区借款国发放的贷款如表2－3。

表2－3　世界银行2003～2008财年世行向拉丁美洲和
加勒比地区借款国按主题和部门划分的贷款

单位：百万美元

| 主　　题 | 2003 财年 | 2004 财年 | 2005 财年 | 2006 财年 | 2007 财年 | 2008 财年 |
|---|---|---|---|---|---|---|
| 经济管理 | 567.2 | 112.2 | 310.4 | 42.5 | 54.3 | 131.8 |
| 环境与自然资源管理 | 240.3 | 159.1 | 841.2 | 454.0 | 353.0 | 664.8 |
| 金融与私营部门发展 | 819.8 | 912.4 | 729.6 | 1518.7 | 498.9 | 662.7 |
| 人力资源开发 | 1171.7 | 1046.7 | 469.8 | 502.6 | 1022.5 | 445.5 |
| 公共部门治理 | 798.6 | 672.0 | 506.2 | 1054.2 | 519.9 | 943.4 |
| 法　治 | 138.8 | 270.9 | 147.9 | 108.8 | 97.5 | 50.1 |
| 农村发展 | 415.9 | 249.6 | 331.7 | 236.5 | 415.4 | 307.5 |
| 社会发展、女性发展与共享成长 | 123.1 | 268.9 | 187.9 | 282.6 | 175.4 | 109.2 |
| 社会保障与风险管理 | 1050.3 | 926.9 | 950.4 | 606.2 | 419.0 | 307.0 |

续表 2 – 3

| 主　　题 | 2003财年 | 2004财年 | 2005财年 | 2006财年 | 2007财年 | 2008财年 |
|---|---|---|---|---|---|---|
| 贸易一体化 | 59.6 | 364.6 | 233.4 | 720.3 | 300.5 | 224.8 |
| 城市发展 | 435.2 | 337.6 | 457.1 | 384.1 | 696.9 | 853.1 |
| 总　　计 | 5820.5 | 5320.9 | 5165.6 | 5910.5 | 4553.3 | 4699.9 |
| 部　　门 | | | | | | |
| 农业、渔业与林业 | 58.4 | 379.6 | 233.4 | 291.0 | 83.4 | 333.5 |
| 教　育 | 785.5 | 218.3 | 680.0 | 712.7 | 369.1 | 525.3 |
| 能源和采矿 | 96.2 | 50.5 | 212.6 | 172.8 | 19.5 | 266.8 |
| 金　融 | 973.0 | 405.1 | 530.0 | 907.3 | 286.4 | 249.5 |
| 卫生和其他社会服务 | 1574.1 | 1558.9 | 443.4 | 821.8 | 649.1 | 436.7 |
| 工业和贸易 | 183.4 | 428.0 | 199.9 | 569.2 | 236.3 | 462.0 |
| 信息和通讯 | 52.4 | 14.0 | 44.7 | 20.8 | 0.0 | 0.0 |
| 法律、司法和公共管理 | 1564.9 | 1521.3 | 1776.0 | 1278.8 | 1187.8 | 851.4 |
| 交通运输 | 146.4 | 675.7 | 556.4 | 785.4 | 1223.9 | 1083.4 |
| 供水、环卫和防洪 | 386.2 | 68.4 | 489.5 | 350.7 | 497.8 | 451.3 |
| 总　　计 | 5820.5 | 5319.8 | 5165.9 | 5910.5 | 4553.3 | 4659.9 |
| 其中　IBRD | 5667.8 | 4981.6 | 4904.4 | 5654.1 | 4353.3 | 4353.5 |
| 其中　IDA | 152.7 | 338.2 | 261.5 | 256.4 | 200.0 | 306.4 |

资料来源:《世界银行 2003 年度报告》。

## 二　协调经济关系，稳定世界经济秩序

经济问题是世界各国发展中的一个最重要的问题之一。在经济全球化的今天，竞争越来越激烈，发达国家凭借其经济、技术和人才优势，在竞争中占据明显的有利地位。在这种情况下，发展中国家所面临的问题将更加严重，亚洲与欧洲、非洲与欧洲、拉丁美洲与欧洲地区之间的经济联系将更加不平衡，各种矛盾存在进一步激化的危险，需要世行协调各种关

系，平衡各国的利益。世界银行除对世界经济的发展作出巨大贡献外，还在其他许多方面发挥着特殊的职能，担任着多种不同的角色，并成功地解决了许多世界经济甚至政治问题，成为世界"政治经济"生活中不可缺少的重要组成部分。

世界银行前行长科纳布尔在世行 1986 年年会上的这段讲话概括地描述了世行集团在协调发展中国家与发达国家的关系中扮演的角色——"世界银行是世界上贫富之间最具影响力的媒介。处在这样的地位上，我们既要斡旋，又要领导。在促进债权人与债务人、捐助国和受助国之间的协调和合作中，我们既是顾问，又是催化剂。"发展中国家之间、发达国家之间、发展中国家与发达国家之间的经济联系与合作是影响全球范围内经济发展的一个重要因素，它关系到世界各国的经济乃至政治利益。世界银行集团贷款资金中有相当一部分来自发达国家的捐赠，在帮助发展中国家发展经济的过程中，涉及各方的利益，它们之间的冲突在所难免。世界银行作为促进开发发展的国际开发机构，它的多边性质使它理所当然地承担起了协调世界多边经济关系的重任。

在一年两度的发展委员会春季会议、秋季（世行与基金）联合年会和世行执行董事会上，发达国家和发展中国家成员国都积极通过世行就国际经济中共同关注的重大问题反映自己的主张和要求，争取和维护自身的利益。从历史情况看，发达国家与发展中国家多年争论的焦点主要包括两方面：

（1）发展中国家要求发达国家增加贷款援助，减免贫困国家的债务，减少贸易保护主义，加大对发展中国家环境方面的支持。

（2）发达国家要求发展中国家加强自身的经济结构调整和政策改革，削减军费，减少腐败，改进政府管理，并通过世行贷款业务为自己争取更多的商业机会，等等。

债务危机是发达与不发达国家经济关系中的主要问题，它的解决必须依靠双方共同的努力。世界银行集团始终与国际货币基金组织密切配合，为寻求问题的早日解决而积极努力。发展中国家从世行、国际债务市场上筹措了大量资金，国内经济得到一定程度的发展，但债务与日俱增——许多贫困国家根本无法偿还所借债务，由此而产生的债务危机日益深重。要在尖锐对立的双方之间重新建立起相互信任、平等互利的合作关系，国际机构的调整和引导是必不可少的。世界银行通过努力提高了发达与不发达国家的共识，促成了双方在债务问题上的合作具有积极的意义。

20世纪80年代后期以来，世界经济政治形势复杂多变，不稳定的因素明显增强，世行集团在稳定国际经济秩序上的作用也显得更加突出。世界银行对国际经济体系中的某些特殊因素做出有力的反应，维护现存的国际经济体系。稳定国际经济秩序是世界银行集团的重要职能，甚至可以说是最根本的职能。

例如，海湾危机爆发后，它对国际经济可能造成的影响引起了人们的普遍担心。特别是一些主要发达国家，它们不仅看到海湾危机对发展中国家可能造成的损害，更意识到海湾危机在石油输出地区引起的后果与它们自身有着直接的利害关系。石油价格上涨将使许多发展中国家受到严重影响——旅游收入、工资侨汇、贸易与劳务输出、伊拉克还本付息等收入的减少和大批劳工回国需要安置，将使一些国家受到最直接的影响。为了支持受害的发展中国家，进而使整个世界经济免受冲击，世行执行董事会于1990年12月通过了《世界银行对受海湾危机影响国家的支持》的政策文件。根据该文件，世行将在两年内对受海湾危机影响的发展中国家采取如下措施：（1）帮助设计应付海湾危机的经济政策。（2）增加结构调整贷款和加快贷款支付速度，将1991年度开发协会快速支付贷款的限额从30%提至35%。

（3）对其中中等偏低收入国提供近 20 亿美元硬贷款，贷款中大部分给予了孟加拉国、印度、巴基斯坦、菲律宾、斯里兰卡、埃及和也门等受影响较严重的国家。这些资金对缓解海湾战争给发展中国家带来的消极影响，阻止其波及全球经济起到了积极的作用。

又如，东亚金融危机对整个世界带来严重影响。它不仅直接导致整个世界的经济增长明显减慢，更严重地影响了发展中国家的经济发展。世行分析了危机对发展中国家影响更大的主要原因有：第一，世界贸易量的变化。发生金融危机的东亚有关国家以及其他受波及的国家和地区经济增长速度放慢和货币贬值的结果，一方面导致了世界市场对进口需求的减少，另一方面促使有关东亚国家出口增加。这将使这些国家贸易关系密切的发展中国家的出口受到这两方面的双重打击。第二，世界金融市场的动荡不安。流入发展中国家的私人资本将会减少，发展中国家的借款成本提高。这将造成对发展中国家货币贬值的压力，迫使一些国家采取从紧的货币政策，如此等等。东亚危机的起因是大量资金的逃离。由于东亚国家未能控制对贷款的大量需求和大规模的放贷，从而导致经常账户出现巨额赤字，并使财产和股票市场出现泡沫。此外，具有刚性的货币制度鼓励向外借债，从而使银行和公司面临着一触即发的外汇风险，金融部门的规则不力，监督松弛，最终使银行贷款组合的质量急剧下降。世行采取紧急措施，帮助东亚国家改革其金融部门和公司部门，改革银行和公司的管理结构，强化监督和增强金融部门的能力，制定规范市场的法律。注重帮助客户解决危机到来的社会后果，建立基金制度，保护和改善面向穷人的社会服务以及公共开支的质量等。

事实表明，世行集团是从战略的高度履行其维护和稳定现存的国际经济体系和秩序的职能的，在这一方面，它的反应十分敏锐。世行的行动往往能收到其他国际经济组织难以达到的效果，

经济杠杆是世行进行干预的最重要的手段，它可能动员的巨额资金是对付各种危机的最有效的手段。但是，世行提供援助常常附加一定的政策条件。不少发展中国家指出，世行集团的应急职能不能被滥用为维护少数发达国家利益的工具。人们有理由要求世行集团恪守其致力于长期发展的业务宗旨，保持作为一个国际开发机构的独立和公正，维护广大发展中国家的利益。

表 2－4　2003～2008 财年世行向中东和北非借款国
按主题和部门划分的贷款

单位：百万美元

| 主　题 | 2003 财年 | 2004 财年 | 2005 财年 | 2006 财年 | 2007 财年 | 2008 财年 |
|---|---|---|---|---|---|---|
| 经济管理 | 0.0 | 0.0 | 45.8 | 0.0 | 0.0 | 0.0 |
| 环境与自然资源管理 | 186.0 | 113.8 | 160.2 | 44.5 | 179.7 | 65.0 |
| 金融与私营部门发展 | 48.3 | 259.3 | 166.6 | 907.8 | 166.7 | 778.0 |
| 人力资源开发 | 140.9 | 192.1 | 95.4 | 128.5 | 14.3 | 17.2 |
| 公共部门治理 | 106.6 | 19.6 | 166.0 | 229.0 | 59.8 | 208.0 |
| 法　治 | 48.0 | 1.7 | 1.8 | 46.9 | 33.0 | 11.2 |
| 农村发展 | 100.6 | 65.1 | 155.3 | 177.9 | 126.6 | 53.3 |
| 社会发展、女性发展与共享成长 | 63.1 | 70.7 | 123.0 | 67.8 | 174.9 | 75.5 |
| 社会保障与风险管理 | 96.1 | 31.6 | 98.5 | 69.7 | 15.4 | 35.7 |
| 贸易一体化 | 3.6 | 158.3 | 0.0 | 0.0 | 16.0 | 17.2 |
| 城市发展 | 262.7 | 178.7 | 271.1 | 28.5 | 121.6 | 208.8 |
| 总　　计 | 1055.9 | 1090.9 | 1283.7 | 1700.6 | 908.0 | 1469.9 |
| 部　　门 | | | | | | |
| 农业、渔业与林业 | 196.7 | 27.2 | 229.2 | 15.3 | 208.5 | 0.0 |
| 教　育 | 154.3 | 154.9 | 124.0 | 146.8 | 14.3 | 32.0 |
| 能源和采矿 | 0.0 | 0.0 | 0.0 | 316.5 | 291.6 | 280.0 |
| 金　融 | 1.9 | 20.8 | 142.5 | 625.0 | 39.2 | 500.3 |
| 卫生和其他社会服务 | 124.2 | 52.0 | 0.3 | 0.0 | 84.3 | 27.3 |
| 工业和贸易 | 74.3 | 23.4 | 277.9 | 14.0 | 10.3 | 29.4 |

续表 2 - 4

| 主　　题 | 2003财年 | 2004财年 | 2005财年 | 2006财年 | 2007财年 | 2008财年 |
|---|---|---|---|---|---|---|
| 信息和通讯 | 2.3 | 0.0 | 18.5 | 0.0 | 0.0 | 9.0 |
| 法律、司法和公共管理 | 213.6 | 93.6 | 232.9 | 249.2 | 61.9 | 189.6 |
| 交通运输 | 107.9 | 409.6 | 29.0 | 237.6 | 27.4 | 104.7 |
| 供水、环卫和防洪 | 180.9 | 309.5 | 229.3 | 96.4 | 170.5 | 297.6 |
| 总　　计 | 1056.1 | 1091.0 | 1283.6 | 1700.8 | 908.0 | 1469.9 |
| 其中　IBRD | 855.6 | 946.0 | 1212.1 | 1333.6 | 691.9 | 1202.5 |
| 其中　IDA | 200.5 | 145.0 | 71.5 | 367.2 | 216.1 | 267.4 |

资料来源:《世界银行 2008 年度报告》。

## 第三节　世界银行集团的局限性

**毋**庸置疑，世界银行集团在促进发展中国家的经济发展、减少贫困、提高人民生活水平等许多方面揭示了世行加强伙伴关系和服务于全人类最贫穷人民的工作主题。但是，世行在履行其职责的进程中，由于受各种条件和因素的制约，它的作用必然是有限的。各个国家之间、各国内部各阶层之间存在的差距和利益冲突等使社会矛盾更加复杂。我们相信，这些问题根深蒂固，谁也没法有效、永久地解决，世行也不例外。

一　现实与目标——可望又可及？

**社**会发展和进步问题是人类面临的最大挑战。世界银行的宗旨是提供贷款资助用于"促进生产性目的的国际资本投资以帮助成员国的经济复兴与发展"。世界银行集团确实为此一直在进行不懈努力。20 世纪 60 年代开始，世行"重新塑造了自我形象"。除原有的职能外，世行又增加了消除贫困这

一职能。世行历任行长都强调，消除贫困是世行的主要目标，特别是在 90 年代以来，更加突出了这一主题。尽管如此，世界上的贫困现象并未得到有效改观，而且发达国家与发展中国家的收入差别有进一步扩大化的趋势。

**（一）贫困与债务问题突出**

尽管世行积极地为减困而努力，投入巨额贷款资金支持穷国的经济发展和改善贫困人口的生活和居住条件，但收效仍然不大。1972 年，全球约有 8 亿人口生活在绝对贫困之中，但在 20 世纪 90 年代，这一数字差不多已经增长了 50%，达到了 12 亿人口。撒哈拉以南非洲贫困人口数量持续增加，城市的贫困人口比例也在大幅增加。世行承认，"许多国家进步缓慢，过去 30 年间，部分国家生活水平甚至出现了下降趋势"。

当然，进入了 21 世纪，这一切似乎有了好转，但贫困问题仍然十分突出。非洲经济的增长仍不尽如人意。1996 年非洲国家经济的平均增长率为 4.8%，1997 年平均增长率为 4.6%，1998 年为 2.9%。1997 年，约有 37 个国家的人均 GDP 实现了正增长，其中 21 个国家增长率在 5% 或以上。最近几年，出口的增长率为 GDP 增长率的 2 倍。较低的财政赤字和通货膨胀率促进了本地区的经济增长。但这一切并未从根本上减少或消除大量的贫困现象，绝大多数人并未在缓慢的经济增长中获得实惠。

制约非洲地区经济发展的主要障碍有如下几点：

• HIV/AIDS（性病、艾滋病）对经济增长构成了威胁；

• 经济规模小且脆弱，对发展援助的过分依赖；

• 沉重的债务负担。如 1998 年非洲的外债总额达 2850 亿美元，占国内生产总值的 65.5%，是该年非洲出口收入的 3 倍；

• 少数非洲国家仍处于严重的社会、政治动荡。

非洲人口约 7 亿，贫困人口基数巨大，要减轻大多数人的贫困，非洲的增长必须加快。为此，世行的贷款和援助活动，着重支持非洲国家努力改善社会服务和基础设施，建设有利于鼓励私人投资和私营部门发展的良好商业环境，人力发展，邮电通讯信息系统。对一些重债穷国将减免债务偿还，使它们所获得的为数不多的援助资金集中用于发展和减贫。

资料显示，发展中国家数十亿人口中，约 10 亿人口没有解决饮水问题，20 亿人口没有卫生设施，1 亿女童失学，每年有数百万儿童死于"空气污染、水源污染以及其他极易预防的疾病"。人口预期寿命的增加变得更加不确定——从 1970 ~ 1997 年，人口平均寿命已从 55 岁上升到 65 岁，但从 1990 年开始有 33 个国家的人口平均寿命又在明显下降，这主要与艾滋病有关。贫困人口的教育变得更加糟糕——各国富人和穷人之间在教育程度上存在着巨大差距。例如在印度，最富有的 20% 家庭中 15 ~ 19 岁的孩子均接受 10 年学校教育，而最穷的 40% 家庭中的孩子根本上不了学。

现在，贫困国家大多已经债台高筑，无力偿还贷款。这些国家凭借出口创汇以及有关富国的捐助，每年获得的外汇收入大多用于偿还债务。这些穷国的 GDP 年均增长速度大约为 4.5% 左右，但是外债的增长速度似乎更快。延长还款期限只能帮助那些处于短期贸易失衡状态的借款国家，对于那些重债国家根本没有什么作用。世行认为，解决目前这个问题的唯一方法就是继续借款，一些特别贫穷国家如果没有获得外来的大量援助，处境将更加困难。但是，令借款方头痛的是，即使大量提供贷款，贫困国家能否还贷也是个不定的未知数。发展中国家的经济增长主要集中在少数几个国家，其他大多数贫穷国家的人均 GDP 增长缓慢，一些国家甚至出现了下降。

尽管如此，世行一直鼓励发达国家向发展中国家继续投资，并努力打消私人机构对债务问题的担心。世行在 1971 年的报告中指出：外债规模并不能说明一个国家的困难状况，也不应成为

外国机构继续贷款的一个障碍。外债本身并不会产生消极后果……发展中国家大多已经学会如何合理使用外来资金。1977年，世行宣称，"我们现在比前一年更有信心解决面临的债务问题。"世行认为，"发展自然能解决债务问题"。与此同时，世行积极推动发达国家减免穷国债务的进程。世行专家曾经警告，沉重的债务负担将使发展中国家今后申请贷款产生严重障碍。事实上，许多贫困国家已经无法清偿全部债务。自从1945年成立以来，世行数次陷入缺乏合适贷款对象的尴尬境地。对于世行这样一个国际援助开发机构来说，这种情况是相当严重的，引起了各国的高度重视，世行也一直积极努力以解决这一问题。

对重债穷国（HIPC）倡议而言，1998年是最活跃的一年。玻利维亚、圭亚那、莫桑比克和乌干达一道，成为达到根据倡议获准债务减免完成点的首批4个国家，布基纳法索、科特迪瓦和马里是另外3个有资格获得援助的国家。根据汇总统计，为这7个国家确定的减债额以名义值计，估计为68亿美元左右。还有3个国家——几内亚比绍、埃塞俄比亚和毛里塔尼亚——已完成了初步评估报告，预计会有资格获得另外24.5亿美元的减免额。这10个国家再加上贝宁和塞内加尔这2个据信在实行传统的减债机制后其外债可以维持的国家，使根据HIPC倡议审议的国家达到12个。

重债贫困国倡议是世行综合发展战略的一个组成部分，它的基本目标是通过将重债穷国的外债削减到可控水平，从而为这些国家提供新的发展起点。目前重债贫国减债倡议执行进展顺利，对重债穷国的债务减免工作在2003财年继续取得了良好进展。26个国家——占符合贫困减债倡议穷国的2/3——正在获得债务减免。各债权国豁免债务的总额最终将超过400亿美元。

重债穷国减债倡议面临的主要挑战包括：（1）在保持框架政策执行标准的同时，鼓励有关国家（其中一些是战乱国家）达

表2-5 重债穷国债务倡议：各国的具体情况

| 情况 | 决定点 | 完成点 | 净现值/债务出口目标（百分比） | 在完成点的援助（按完成点百万美元现值计） | | | 其中 | | 净现值债务的削减幅度 | 名义债务减免总估数 |
|---|---|---|---|---|---|---|---|---|---|---|
| | | | | 总额 | 双边 | 多边 | IMF | 世界银行 | | |
| **已达完成点** | | | | | | | | | | |
| 乌干达 | 1997年4月 | 1998年4月 | 202 | 347 | 73 | 274 | 69 | 160 | 20 | 650 |
| **已达决策点** | | | | | | | | | | |
| 布基纳法索 | 1997年9月 | 2000年4月 | 205 | 115 | 21 | 94 | 9.6 | 44 | 14 | 200 |
| 玻利维亚 | 1997年10月 | 1998年 | 225 | 448 | 157 | 291 | 29 | 54 | 13 | 600 |
| 圭亚那 | 1997年12月 | 1998年12月 | 107 | 252 | 91 | 161 | 35 | 27 | 25 | 500 |
| 科特迪瓦 | 1998年3月 | 2001年3月 | 141 | 345 | 163 | 182 | 23 | 91 | 6 | 800 |
| 莫桑比克 | 1998年4月 | 1999年中 | 200 | 1442 | 916 | 526 | 105 | 324 | 57 | 2900 |
| 批准的债务减免总额 | — | — | | 2950 | 1421 | 1528 | 271 | 700 | | 5650 |
| **已发布的重债国文件初稿** | | | | | | | | | | |
| 马里 | 1998年第二季度 | 1999年第四季度 | 200 | 196 | 63 | 133 | 20 | 65 | 14 | 350 |
| 几内亚比绍 | 1998年第三季度 | 2001年中 | 200 | 301 | 148 | 153 | 8 | 73 | 73 | 500 |
| **已判定债务可以承受的** | | | | | | | | | | |
| 贝宁 | 1997年7月 | — | — | — | — | — | — | — | — | — |
| 塞内加尔 | 1998年4月 | — | — | — | — | — | — | — | — | — |

资料来源：《世界银行1998年年度报告》。

到决策点；（2）鼓励处在临时减贫期的国家尽快达到完成点的要求；（3）高负债国家达到完成点后，在保持长期债务可持续性的同时，根据减贫战略文件框架实现千年发展目标；（4）增强未加入巴黎俱乐部的官方双边债权人、商业债券人和一些小的多边债权人对世行倡议的参与；（5）考虑到世行倡议是推动重债穷国减债的成果。

世行关注减债的重点之一是制定确保低收入国家不再陷入债务困难。世行和其他双边捐款国合作组织研讨会，解决这些倡议可以继续成为世行工作的特色之一。作为这些努力的补充，世行对重债穷国和其他一些低收入国家的国别援助战略现在包含了债务可持续性评估的内容。当然，有资格接受重债减免的国家必须准备临时减贫战略文件以达到完成点。减贫战略文件是指一个国家主导的框架，在这一框架内，从债务减免中节省的资金能够重新投入支持减贫的项目。这些项目反映了在广泛咨询、包含了全国各方面意见的基础上确定的各地优先的增长、长期减贫以及致力于实现千年发展目标，因此覆盖范围超越了重债穷国减债倡议的合格国家，还包括接受 IDA 资金支持的范围更广泛的国家。

20 世纪 60 年代中期以来，世行一直主张减轻穷国的债务负担。但是，世行认为，不发达国家债务日益加重的主要责任在于其他贷款机构，并且认为减少贷款并非解决问题的根本办法。世行建议重新商定现有贷款的偿还期限，从而减少借款国家每月偿还的债务金额。1957～1959 年期间，在世行的协调下，国际贷款援助机构决定推迟 21 国的偿债期限。此外，世行成立了 IDA（International Development Association），专门援助在正常情况下没有资格获得世行贷款资金的借款国家。IDA 的成立使世行得以继续援助贫穷国家，然而，由于这些国家的对外债务迅速增加，严重制约其经济的发展。21 世纪，这一问题将依然存在，而且有不断深化的趋势。

### （二）国际贫富差别进一步分化

从 19 世纪中叶至今，国际贫富差别仍有进一步扩大的趋势。据资料统计，1948 年发展中国家的人均年收入为 100 美元，美国将近 1600 美元；1993 年发展中国家的人均年收入虽然已经有所上升，但也只是 1100 美元，美国此时却高达 2.5 万美元。50 年内，美国与发展中国家的收入比例已经由 16∶1 上升到 23∶1。在 20 世纪 90 年代，这一数字进一步扩大。随着经济的发展和人类的进步，穷人与富人的贫富差距日益扩大。据有关专家估计，全球最富的 20% 人口与最穷的 20% 人口的收入之比约为 150∶1。最新资料显示，世界上最富裕的 20 个国家的平均收入已经是最贫困的 20 个国家的 37 倍。全世界有 13 亿人口生活在已无承受能力的脆弱的土地上（包括干旱地区、坡地、湿地和森林）。富国和穷国之间的差距以及生活在脆弱土地上的人口总数在过去 40 年都增加了 1 倍。

世行承认，"人们并没有完全理解经济发展的整个过程"。但是世行同时也认为，"快速持续的经济发展并非只是痴人说梦，这是一个能够实现的美好的愿望。"可是，实际上穷国根本无望赶上发达国家的生活水平，甚至缩小贫富差别也困难重重。当今世界发达国家的人均收入已经达到 2 万多美元甚至更多，即使经济每年增长 2%，每人每年也可以增加 400 美元的收入。然而，发展中国家的人均收入只有 1000 美元甚至更少，即使经济每年也增长 2%，人均收入只能增加 20 美元。因此，相同速度的经济增长"只会加大贫富差别，根本无法消除贫困"。如果希望缩小差距，发展中国家的经济增长率必须超过发达国家的数倍之多。然而，实际情况却并非如此：1980～1993 年间，发达国家的人均收入每年增长了 2.2%，发展中国家却不到 1%。只有少数几个国家——中国、韩国、印尼、泰国、博茨瓦纳和毛里求斯的人均年收入增长了 4%～10%。

从其他方面看，穷国与富国的差距也已经逐渐拉大。1960～1991 年间，发展中国家的婴儿死亡率降低了一半。但是，发达国家的降低幅度却更为显著。发展中国家的婴儿死亡率以前只是发达国家的 4.25 倍，现在已经上升到 5 倍，南部非洲甚至达到了 7 倍。另外，较之 1980 年，发展中国家的成人教育水平以及儿童入学比例与发达国家的差距也越来越大。

更引人注意的是，贫穷国家内部的贫富差别悬殊也更加显著。在美国，富人和穷人的收入比是 5∶1。然而，在发展中国家，富人和穷人的收入之比却高达 25∶1，甚至 50∶1。专家预测，未来的数字比例更加令人担忧。

除了收入分配不均，发展中国家的健康、教育、粮食、供水及卫生等方面也存在分配不均的现象。而且，妇女往往差于男子，农村往往差于城市。总体看来，88% 的城市居民能够获得干净的饮用水、69% 拥有卫生设施。但是，在农村居民中，上述两项比例分别只能达到 60% 和 18%。另外，农村儿童的营养水平也明显低于城市儿童。

值得特别指出的是，人们常说的 GDP、粮食供应以及其他所有指标只是人均水平。在现实生活中，任何国家的粮食、收入以及其他财富都无法实现平均分配。1973 年麦克纳马拉行长在理事会上着重强调了这一事实：我们必须明白一点，贫富差距不仅存在于发展中国家与发达国家之间，而且存在于发展中国家内部……发展中国家最穷的 40% 人口仍然只能获得国民收入的 15% 或者更少。麦克纳马拉当时确定的最低目标是：保证这些发展中国家的收入分配不均现象到 1975 年至少不再继续恶化……

虽然在某些方面，穷国与富国的差距可能正在逐步缩小，但发展中国家的进步仍然略显缓慢，而且发展有快有慢，有的甚至出现倒退。较之 1970 年，多数国家的人均粮食供应水平已经有所上升，但是尼加拉瓜、肯尼亚、布隆迪、阿富汗等国的粮食供应水平却低于 30 年前。此外，有据可查的国家之中，半数以上难以保证所有公民的粮食供应都能够达到最低标准。非洲 2003 财年按部门划分的 IBRD 和 IDA 贷款情况如表 2 - 6。

表 2 - 6    非洲 2003 财年按部门划分的 IBRD 和 IDA
贷款情况（占总金额 37 亿美元的份额）

单位：%

| 分　　类 | 资金比例 | 分　　类 | 资金比例 |
|---|---|---|---|
| 供水、环卫和防洪 | 8 | 农业、渔业和林业 | 8 |
| 交通运输 | 18 | 法律、司法和公共管理 | 19 |
| 能源和采矿 | 9 | 信息和通信 | 1 |
| 工业和贸易 | 2 | 教　育 | 11 |
| 卫生和其他社会服务 | 22 | 金　融 | 2 |

资料来源：《世界银行 2003 年度报告》。

## 二　主权与贷款——鱼与熊掌可兼得？

**不**同国家利益关系使得贸易顺逆差矛盾日益尖锐，不发达国家与发达国家之间似乎存在着难解难分的"缘"。世行贷款多以外汇形式发给借款国家，同时要求他们使用相同的货币偿还贷款。为了获得维护资金偿还所借的世行贷款，借款国家必须发展与发达国家的贸易往来，并努力实现顺差。然而，发达国家也非常希望在贸易活动中实现顺差，在"公平、自由"的贸易中，谁也不是白痴。

为了发展穷国经济，帮助其实现贸易顺差并保持其长期性，结论当然是值得怀疑的。可是，世行坚持认为，市场机制能够解决借款国家的主要问题——通货膨胀、失业、投资不足、债务过重、公共服务设施落后、官僚机构效率极其低下以及缺少个人自由等。人们都看到，世行已经确定了一个固定的经济模式，并努力迫使借款国家接受他们的这一模式，甚至无视国情——从某种意义上说，这是一种冷漠、苛刻的附加条款。世行指出，如果希望市场机制能够有效地运行下去，借款国家必须改革——削减政府开支、减少贸易限制、取消价格补贴，并创造一个能够保证市场经济正常运转的法律机制和金融环境。这样，如果借款国家接受世行的建议，可能获得贷款；如果不接受，世行则不提供贷款。显然，穷国在贫穷的泥潭中越陷越深——在获得经济援助的同时，似乎必须付出另外的代价。

尽管世行一直强调世行贷款与政治无关，但政治因素体现在贷款中的现象却屡见不鲜。世行顾问、经济学家麦克塞尔曾经指出：作为开发援助机构，世界银行的一个重要职能就是影响借款国家的政治和战略。1965 年，世行提醒借款国：不要对国外建议过分敏感……借款国家应该明白，援助开发活动需要提供者与接受者相互合作。世行宣称，世行协定明文规定，是否决定提供贷款只能依据经济因素，对此我们非常清楚。但是，借款国家政治上的紧张局势和动荡因素对这些国家的经济、金融及债信水平将可能产生直接影响。

西方发达国家在世行的投票权较多，特别是美国的投票权最多。因此，西方发达国家对世行贷款的影响力是十分明显的。美国作为世行的主要股东，认缴的股金一直远远超过其他国家，而且曾是世行发行筹资债券的唯一市场。尽管 20 世纪 90 年代后，美国在世行的股份大大减少，但美国的股金仍然大大超出其他国家，美国仍然可以决定行长的人选。因此，美国一直关注世行的一举一动，对世行的计划都进行仔细的审查，并与世行的美国执行董事及其他世行官员保持密切联系，世行的决策常受到美国政府和国会的干扰，这种政治趋势对借款国家能否获得世行贷款往往产生决定性影响。实际上，如果借款国家与世行的主要股东

（特别是美国）发生某种冲突，世行往往支持后者并中断贷款进行干预。从 1970 年对智利国内政治形势的干预，1989 年、2000 年对中国的政治干预以及 1999 年对俄罗斯车臣问题的干涉等，即是最明显的例子。

当然，许多个人及相关团体——从商界精英到经济学家、从政府官员到环保人士都认为世行对经济问题的适当干预是十分必要的，只要其目的是为了促进发展中国家的经济开发，有助于借款国家实现脱贫走向富裕。虽然世行的援助使许多发展中国家的经济在一定程度上获得了新的生命力，但有识之士认为，过量的贷款将可能导致一批国家丧失自信、自尊及自强精神。他们认为，丧失一个民族的灵魂才是一个国家落后的重要原因。墨西哥前执董阿德林·拉杰斯恳求世行：请不要再向我们贷款，即使我们陷入困境也不要答应提供贷款。1991 年，一手创办孟加拉国 GRMEEN 银行的朱诺也谴责世行贷款严重损害了国家尊严及一个国家独立解决本国问题的信心和决心，并且呼吁孟加拉国放弃申请世行贷款。

贷款不容易还款也难，由此产生的结果是：借款国家债台高筑，国家主权也逐渐丧失。没有一个债权人或债权国自愿白白追加贷款，他们当然不会放弃控制一个借款国家经济运作的大好机会。从过去到现在甚至将来，强权大国采用军事、经济手段压制那些不唯命是从的借款国家已不是什么新鲜事。美国著名的经济学家亨利·C. 亚当斯在其 1887 年出版的经典著作《政府债务》中写道：对外开展贷款业务是一国实行强权外交的第一步。在某些情况下，这将导致入侵或强占。如果贷款的结果导致一个国家丧失主权，沦为新的"经济援助"下的殖民地，这与世界银行的宗旨是背道而驰的。

当然，世行的目的是良善的，它的宗旨和行动表明，世行所做的每个项目都是为了减少贫困，尽管不可能事事如意。即使经

表 2 - 7 2000 ~ 2003 财年世行调整贷款总额

| | 2000 财年 | | 2001 财年 | | 2002 财年 | | 2003 财年 | |
|---|---|---|---|---|---|---|---|---|
| | 百万美元 | 百分比 | 百万美元 | 百分比 | 百万美元 | 百分比 | 百万美元 | 百分比 |
| **按地区分布的调整贷款** | | | | | | | | |
| 非 洲 | 495 | 10 | 908 | 16 | 1437 | 15 | 789 | 13 |
| 东亚和太平洋地区 | 552 | 11 | 250 | 4 | 17 | 0 | 100 | 2 |
| 南 亚 | 251 | 5 | 500 | 9 | 850 | 9 | 615 | 10 |
| 欧洲和中亚 | 950 | 19 | 1132 | 20 | 4743 | 48 | 710 | 12 |
| 拉丁美洲和加勒比 | 2860 | 56 | 2788 | 48 | 2517 | 26 | 3639 | 60 |
| 中东和北非 | 0 | 0 | 185 | 3 | 263 | 3 | 165 | |
| **IBRD 和 IDA 调整贷款总额** | | | | | | | | |
| IBRD | 4426 | 87 | 3937 | 68 | 7383 | 75 | 4187 | 70 |
| IDA | 682 | 13 | 1826 | 32 | 2443 | 25 | 1831 | 30 |
| 调整贷款合计 | 5108 | 100 | 5763 | 100 | 9826 | 100 | 6018 | 100 |
| **世行贷款总额** | | | | | | | | |
| IBRD | 10919 | | 10487 | | 11452 | | 11231 | |
| IDA | 4358 | | 6764 | | 8068 | | 7283 | |
| IBRD + IDA 合计 | 15277 | | 17251 | | 19520 | | 18514 | |
| 调整贷款的份额 | | 33 | | 33 | | 50 | | 33 |

资料来源:《世界银行 2003 年度报告》。

常发生事与愿违的结果,世行也总是尽量予以弥补。但是,世行对借款国的财务管理、法制建设、社会服务以及如何参与国际市场等问题提供建议,不管这些建议是否妥当,借款国在最终还是服从世行的每一项工作安排。事实上,没有任何借款国违抗世行而又能获得贷款,如果世行决定排斥一个主权国家,其他主要的国内、国际组织也会紧随其后。专家预测,这种情况在 21 世纪有扩大化的趋势。

三 发展与环境——难以割舍的矛盾？

**在** 20世纪50~70年代，世行援助的一些项目导致发展中国家的环境遭到一定程度的破坏，特别是水利设施项目造成大量移民问题。世行50年代的贷款大多用以建立电站，从某种意义上来说，这是一种"飞地式"的项目。它由外国顾问设计和监督，由外国承包商和供应厂商来执行并由移居该国的外国人帮助管理。项目在技术上及财务上的可行性会得到分析，对项目的组织与管理也会进行研究，但是，对项目在能源部门内应占的地位、电力如何分配、电的收费标准与结构对电力消费会产生什么影响等问题，则很少考虑。

20世纪60年代初期的事实已经充分证明，经济增长并非一定能够提高生活水平。其实，只有社会的富裕阶层和上层人物从经济增长中获得了好处，下层民众却越来越穷，这些在21世纪仍将是一个严重的问题。世行通过发放健康贷款、教育贷款、小型农业贷款及城区改造贷款直接帮助下层民众，帮助穷人改善生活，但穷人在其中受益极其微小，贫富差别反而越来越大。世行的一些项目严重影响了许多穷人的幸福生活，并造成了森林、土壤及河流等资源的大量浪费。这些穷人为了获得一点好处，他们付出了沉重的代价，这些穷人的子孙后代也将为此付出惨重的代价。比如，印度纳巴达河上大坝的修建，毁掉了大量的良田和村庄，许多移民非但没有享有发展的好处，却蒙受了巨大的灾难——农民得到的补偿微不足道，却不得不背井离乡，最后无处容身。但世行认为，如果没有世行的参与，人文及生态的破坏可能更加严重，人们将更加贫穷，经济持续发展的问题只是一场梦话。

尽管世行提供了大量援助，对贫困面极大的穷人来说只不过是杯水车薪，无济于事，相对来说，如今穷人的队伍仍在进一步扩大。在发展中国家，穷人的生活环境明显恶化，经济发展

与环境的矛盾日益尖锐——发展中国家在经济发展过程中，由于管理水平和技术水平低下，对资源管理存在很大的问题，造成水土流失、河流污染、空气污染等现象十分严重，由此而引发的疾病、人口寿命、生育质量、妇女儿童保障、教育、人口素质等一系列问题，与发达国家的差距也将进一步扩大。这些问题谁能解决？

从20世纪70年代开始，世行设立了环保机构，力图解决因项目开发带来的环境问题。世行强调，世行的环保机构认真研究了每个世行援助的项目，对于问题比较严重的援助项目，他们甚至亲临现场进行评估。另外，每项工程不仅注意了环境保护及健康问题，而且强调了文化因素，并相应采取了保护措施。尽管如此，受援国的环境问题越来越严重，相当一部分国家的人民的日常饮用水都不能得到保障。世行承认部分项目确实造成了环境破坏和社会危害，但世行一直认为，世行资助的项目的确可能遇到失败，但是世行的积极参与至少减轻了危害程度。

在80年代，环境保护基金组织批评世行项目破坏了大量的自然环境和社会生活。但世行认为，数十年以来，世行通过宗教团体和慈善机构的直接参与，努力帮助第三世界的贫困阶层改善生活，并且一直进展顺利。实际情况怎么样呢？那些亲临一线的慈善机构的工作人员最清楚。但是，这些工作人员对环境遭受破坏情况的陈述能阻止项目的开展吗？这显然是值得怀疑的。

目前，世行正在积极推行新的"森林经营政策和战略"。世行认为，它将更好地保护发展中国家的森林。在世行的全部贷款业务中，约13%（130亿美元）的贷款建立了环境和自然资源管理目标。世行继续改善其环境和社会保障政策的应用。在全部新投资贷款中，约有83%的投资贷款取决于环境评估（EA）。这反映出世行要更严格地应用保障政策。除了IDA/IBRD项目之外，世行还通过"全球环境基金"（GEF）帮助借款国实现地区性和全球性环境目标。

不管怎样，在保护森林生物多样性方面，世界银行仍然是世界上最大的独立资金来源。自 1991 年以来，它为一系列森林保护活动（从森林联合管理到建立保护区）提供了 40 亿美元的贷款。为了帮助借款国更好地迎接更有效的保护和管理森林生态系统的挑战，新的"森林经营政策"包括以下内容：

● 新政策适用于世行所有对森林有潜在影响的投资业务，无论它们是否是具体的林业部门投资。以前的政策侧重于世行在具体的林业部门投资中应该和不应该做什么。

● 新政策明确覆盖所有森林类型，而不是仅特别强调热带湿润森林。

● 新政策用更全面、目标更明确的保护规定取代了严格禁止世行在任何情况下资助在原始热带湿润森林中进行商业性采伐作业的规定。

● 新政策不允许资助在未开垦的森林地区进行商业性采伐。该战略将通过以下方法改善管理，即改革不合理的木材采伐特许权和补贴政策，以及鼓励多家风险承担者参与建立和执行林业政策和实践。它还将非常重视通过改进林业法、规章制度和执行情况来帮助政府遏制非法活动和腐败。

世行认为，通过重新参与处于严格保护区范围之外的林区活动，新战略将改善 5 亿人口的生活状况。他们大部分是靠森林和林木资源生活的贫困人口。主要方法是建立社区林业管理和农业林，同时通过可持续性的采伐活动保护环境。新战略将特别注意 6000 万左右生活在西部非洲、拉丁美洲和东南亚雨林中的土著部落人口的福利，因为他们对林木资源有很强的依赖性。

总之，不管人们如何评价世界银行集团，世行仍将继续发挥其应有的作用，而且这种作用始终是善意和卓有成效的。世行不能包办一切，它不是万能的方剂，包治百病。尽管一些发展中国

家在经济发展过程中出现这样或那样的问题，人们有理由相信，这不是世行的错误。

## 第四节　世界银行集团与其他
## 国际组织的关系

界银行集团是联合国系统下的多边开发机构和世界三大国际经济组织之一，它与其他国际组织有着广泛的合作关系。与世行集团发生联系的既有官方机构，又有民间组织；既有经济组织，也有非经济组织。这些合作体现了世行集团在国际社会中的重要地位和影响。

　　一　世界银行集团与联合国机构的关系

界银行集团与联合国系统其他组织之间的合作是世行集团与其他机构合作中最活跃的部分。世界银行于1947 年 11 月同联合国正式签订建立相互关系的协议，成为联合国的一个专门机构。协议承认世界银行在经营上对联合国的政治机构享有独立地位，联合国无权干预世界银行的业务活动。世界银行行长同其他专门机构的负责人都是以联合国秘书长为主席的协调行政委员会的成员。世界银行的年报都要报送联合国经济及社会理事会，行长每年要向该理事会报告工作，同联合国就有关事务进行协商和交换情况。世行在纽约联合国总部设立办事处，由负责专门同联合国联络的世行工作人员出席与世界银行业务有关的联合国会议。在减少贫困方面，世行集团会同联合国机构进行的工作主要有：

　　（1）与联合国开发计划署、联合国儿童基金会和国际农业发展基金等组织合作共同进行对贫困的评估，制定减困宏观战略；

（2）对扶贫的政策分析工作与联合国有关机构进行协调；

（3）与联合国其他机构合作制定减贫的社会行动计划和社会基金规划。世界银行、联合国开发计划署、世界卫生组织、国际劳工组织、联合国粮农组织、世界粮食计划署、联合国儿童基金会等组织共同合作，制定发展中国家的经济管理与社会行动计划。

世界银行与世界卫生组织、联合国开发计划署、联合国人口活动基金会、联合国儿童基金会、人口委员会等机构联合为保障母亲安全问题的分析改组提供资金；与世界卫生组织一道共同参与全球反艾滋病计划；与联合国开发计划署、联合国教科文组织及联合国儿童基金委员会合作开展发展基础教育的工作，等等。总之，世行集团一直在教育、人口、卫生与营养、妇女发展等人力资源开发方面积极地与联合国其他机构进行卓有成效的合作，取得了可喜的成果。

在保护环境领域，世界银行与联合国机构进行了富有创造性的合作。除此以外，世行还与联合国开发计划署合作开展了"能源部门管理援助计划"，该计划的资助重点是，提高能源使用效率，加强环境的管理以及长期投资计划，能源投资技术转让等。

二　世界银行集团与国际货币基金组织的关系

世界银行集团与国际货币基金组织在促进成员国经济持续增长和发展方面有着共同的目标，但前者侧重于长期发展，后者侧重于短期平衡。二者在政策和业务上密切配合，互为补充，并在1996年制定了《合作指南》。世行和国际货币基金组织每年春季和秋季联合举行两次会议，具体进行政策与业务协调。二者合作的主要领域有：

（1）对涉及双方利益的某些基本政策问题和国别政策问题

保持广泛的接触；

（2）共同制定国别战略，在采取重大行动前协商一致；

（3）在支持成员国的经济调整方面进行广泛的合作；

（4）为解决发展中国家的债务问题共同努力；

（5）双方工作人员在日常工作中交换观点和情报，促进双方密切合作；

（6）对双方共同承担的项目进行合作。

### 三　世界银行集团与亚洲、非洲、拉美开发银行的关系

**自**20 世纪 80 年代以来，世行加强了与非洲各国的关系，世行与非洲开发银行已实施了许多联合计划。世行与非行已确定了双方将予以重视的几个重点领域，如妇女与发展、私营部门发展和区域经济一体化等。世行与亚洲开发银行的关系也十分密切。除了进行联合融资以外，世行还向亚行提供其实施贷款的经验和信息，帮助亚行开展这项新业务。

自 1961 年美洲开发银行成立以来，世界银行与该行一直保持着密切的关系。90 年代以来，双方工作人员共同参与了若干项目筹备和实施过程，并联合进行经济调研。目前美洲开发银行是世行最大项目的多边联合融资者之一。

### 四　世行集团与欧共体和经合发组织的关系

**世**界银行积极寻求同经济合作与发展组织及其发展委员会就双方共同关心的有关双边援助和多边援助的政策和实践问题进行对话。由于欧洲经济共同体和经济合作与发展组织的成员国同时也是世界银行的主要捐款国，因此，加强与欧共体和经合发组织的合作对世行而言是非常重要的。随着主要捐款国对世行的政策影响进一步加强，世行与上述两个组织的合作与协调也更加密切。

世界银行积极参加发展援助委员会有关改善借款国项目的协调、评价和实施工作，并参与财务和统计报告的工作组织。在一些重大问题上，世行与经合发组织进行充分的政策协调，例如环境问题、促进私营部门发展以及对官方援助的多元参与和管理等。

五　世行集团与非政府组织的关系

**非**政府组织主要是泛指独立于政府之外的非营利性的并为某一特定的社会群体或公众利益服务的组织或机构，如社区协会、私人志愿组织、宗教团体和环境组织等。世界银行集团一向与非政府组织保持着密切合作关系，并十分强调发挥非政府组织在发展进程中的重要作用。

**（一）非政府组织是不可忽视的一股力量**

非政府组织从地域上划分，有国际性和地方性的非政府组织；从职能上划分，有游说性和务实性的非政府组织；从动机上划分，有政治性和非政治性的非政府组织。要说明的是，与世行密切合作的非政府组织主要是以促进经济发展或环境保护为目标、立足当地、非政治性且务实的非政府组织。

世行前行长沃尔芬森（1995～2005年任职）是发展非政府组织关系的热心推动者。他认为世行应成为非政府组织与政府沟通的桥梁，世行制定的"国家援助战略"应反映非政府组织的呼声，非政府组织的抱怨应通过某种渠道及时传达到世行并通过某种机制得到处理。非政府组织与世行合作的地位应大幅度提高，逐步形成"世行—政府—非政府组织"的三边关系。

20世纪80年代中期以来，非政府组织作为一股强大的势力逐渐参与到世行的各项业务领域。非政府组织作为一种引人注目的势力开始于70年代的西方国家，它们以环保、扶贫和维护人权为己任，其声音不仅能引导公众舆论，而且能通过立法机构和

政府的影响左右对世行等国际机构的捐资规模。近年来，在西方非政府组织的大力扶持下，发展中国家的非政府组织也以各种形式不断发展起来。随着世行的改革进程，非政府组织对世行项目的参与更加全面和深化，所产生的后果直接影响到世行贷款和非贷款业务今后的走向，这种现象越来越引起借款国的密切关注。

**（二）世行与非政府组织之间非同寻常的业务关系**

世行与非政府组织的业务关系主要包括有关项目的咨询和信息服务，非政府组织对世行项目的直接和间接的参与，建立抱怨机制，听取非政府组织的意见，向非政府组织提供活动资金等。

（1）咨询服务与信息。世行极力支持非政府组织参与"国家援助战略"和宏观经济政策的讨论。在世行进行的环境保护、教育、卫生、农业等部门的调研报告中，听取非政府组织的意见已成为不可缺少的程序。世行还热衷于作为中介组织各种形式的研讨会，将政府和非政府组织的代表集中在一起讨论共同关心的各种问题。

为了满足非政府组织的需要，世行特别强调增加借款国宏观信息和世行项目信息的透明度。目前世行已将各借款国的国家援助战略报告、经济调研报告、项目评估报告、移民和环境报告等信息都公开对外披露。许多专家认为，信息的披露是个敏感问题，应充分考虑各国政府对某些信息的保密要求。此外，"国家援助战略"和项目有关报告的公布应征求当事国政府的同意，否则，在世行项目进行的过程中会产生许多消极因素。

（2）参与世行项目。非政府组织对世行项目的参与主要体现在项目的执行阶段。近年来，非政府组织对项目前期设计、环境和移民计划也施加广泛的影响。

（3）建立抱怨机制。长期以来，非政府组织一直抱怨没有固定的渠道对世行职员的违规行为进行申诉。1993 年 9 月，在发

表 2 – 8　1987 ~ 1999 财政年度世界银行与非政府
组织业务合作的格局

单位：%

| 按地区划分 | 1987 ~ 1996 年合计 | | 1997 年 | | 1998 年 | | 1999 年 | |
|---|---|---|---|---|---|---|---|---|
| | 项目数 | 百分比 | 项目数 | 百分比 | 项目数 | 百分比 | 项目数 | 百分比 |
| 非　洲 | 733 | 36 | 49 | 61 | 59 | 54 | 62 | 61 |
| 东亚和太平洋 | 424 | 22 | 37 | 32 | 45 | 51 | 54 | 43 |
| 南　亚 | 260 | 37 | 19 | 84 | 25 | 73 | 23 | 76 |
| 欧洲和中亚 | 286 | 18 | 67 | 24 | 69 | 37 | 79 | 34 |
| 拉丁美洲和加勒比地区 | 497 | 26 | 52 | 60 | 68 | 51 | 56 | 59 |
| 中东和北非 | 201 | 15 | 17 | 41 | 20 | 52 | 25 | 64 |
| 合　计 | 2401 | 28 | 241 | 47 | 286 | 50 | 299 | 52 |
| 按部门划分 | | | | | | | | |
| 农　业 | 476 | 46 | 45 | 82 | 47 | 74 | 39 | 72 |
| 教　育 | 219 | 31 | 18 | 56 | 36 | 63 | 26 | 77 |
| 电力和能源 | 184 | 7 | 17 | 18 | 15 | 40 | 6 | 50 |
| 环　境 | 87 | 45 | 9 | 100 | 18 | 78 | 11 | 82 |
| 金　融 | 126 | 3 | 13 | 23 | 17 | 6 | 18 | 39 |
| 卫生、营养和人口 | 157 | 65 | 15 | 60 | 24 | 79 | 22 | 82 |
| 工　业 | 90 | 27 | 5 | 40 | 2 | 33 | 7 | 14 |
| 采矿业 | 24 | 17 | 2 | 50 | 4 | 100 | 2 | 50 |
| 多部门 | 209 | 7 | 21 | 10 | 19 | 30 | 34 | 26 |
| 石油和天然气 | 56 | 27 | 5 | 20 | 2 | 0 | 1 | 0 |
| 公共部门管理 | 168 | 8 | 20 | 5 | 28 | 24 | 36 | 19 |
| 社会部门 | 77 | 91 | 17 | 65 | 12 | 80 | 36 | 74 |
| 电　信 | 38 | 0 | 0 | 0 | 3 | 0 | 1 | 100 |
| 交　通 | 257 | 8 | 28 | 29 | 27 | 71 | 28 | 46 |
| 城市发展 | 123 | 40 | 13 | 46 | 19 | 55 | 21 | 66 |
| 供水和卫生 | 110 | 21 | 13 | 69 | 13 | 62 | 11 | 55 |
| 合　计 | 2401 | 28 | 241 | 47 | 286 | 50 | 299 | 52 |

资料来源：《世界银行 1999 年度报告》。

达国家执行董事和世行行长的倡导下，世行在国际组织中率先成立了主要为非政府组织设立的抱怨机制——"项目稽查小组"，该小组的职能是：经执行董事会授权后受理有关"世行违反章程和程序而对项目所在地居民和环境造成损害"的申诉。但是，在确定"项目稽查小组"的具体的稽查范围和方式时，发达国家与发展中国家存在严重的分歧。这些分歧主要体现在：

第一，发展中国家认为，非政府组织与世行的合作应置于政府与世行合作的框架之内。世行是政府间的组织，世行与非政府组织的合作关系应当不超越世行与会员国政府的合作关系。而发达国家则认为，非政府组织作为对人类高度负责的组织机构，应当赋予其某种超越政府监督职能之上的功能，以充分保障其对世行和会员国的监督权利。

第二，发展中国家认为，非政府组织作为会员国的民间机构，是会员国与世行合作关系的参加者而不是主导者，所谓"世行—会员国—非政府组织"的三边关系是不存在的。而发达国家则积极主张建立和加强这种"三角关系"，加强世行项目的透明度，提高非政府组织对项目实施情况的发言权。

第三，发展中国家认为，世行与非政府组织不应插手借款国的内部事务，世行与非政府组织的合作必须符合世行的宗旨，恪守世行章程，世行与世行合作的非政府组织应是非政治性的，以发展为目标，并以本国或当地的非政府组织为主。发展中国家还认为，不能将非政府组织参与作为教条强加给一切国家和一切部门。西方发达的资本主义国家则认为，人权高于主权，非政府组织应当有权利干预某些国家在世行项目上的腐败行为。等等。

种种迹象表明，非政府组织"政治化"的倾向有进一步加强的趋势。许多专家对非政府组织"政治化"持怀疑态度，认为"项目稽查"应严格控制范围和程序，稽查的对象只能是世行职员和管理层，不能针对借款国政府，对非政府组织投诉的所谓"重大损害"也要全面分析，有些非政府组织别有用心，试图通过世行的这一机制向当地政府要高价，或受反对党操纵向执政党发难。因此，建议世行在处理有关非政府组织的抱怨的同时，也要听取项目所在地大多数人和当地政府的意见，将项目的负面影响降到最小。

第四，提供资金支持。世行提高了对非政府组织活动资金的支持力度，为非政府组织顺利开展各项工作提供便利。世行向非政府组织提供资金的主要形式有三种：第一，借款国政府将贷款项目中的资金转给参与项目执行的非政府组织；第二，世行从预算中向承担咨询工作的非政府组织支出经费；第三，世行直接向非政府组织提供加强能力建设的少量赠款。目前世行执行董事会还在讨论是否今后开辟更多的渠道增加对非政府组织的机构的建设赠款，以提高非政府组织的活动能力。

总之，非政府组织在影响世行政策方面是一支十分活跃的力量，它们本身是许多新政策的积极倡导者。世行集团高度重视在发展政策问题上与它们进行协调。非政府组织世界银行委员会是世界银行与非政府组织磋商的重要讲坛。非政府组织的参与是对世行和借款国政府的监督制约，这对借款国政府与世行的政策水平、项目管理和协调能力提出了更高的要求。近年来，非政府组织活动的范围和对世行项目干预力度大大增强，借款国政府在未来将面临更多来自非政府组织的挑战。

# 第三章

# 世界银行集团的资金运筹

世界银行的资金来源渠道比较广泛，如会员国提供股金、通过发行债券向国际资本市场借款等。国际复兴开发银行、国际开发协会、国际金融公司的资金来源渠道并非完全相同。世界银行作为特殊的银行，其贷款过程具有严格的业务程序，并对贷款计划、货币政策、总库制、贷款发放及监督等做了特别规定。与一般商业银行不同，世行的项目和贷款具有它自身的特点，除向借款国提供贷款援助外，世行还开展向借款国提供技术援助、联合经济调研、大量培训人才等其他业务。

## 第一节　世界银行集团的资金来源

世界各国的捐款认购是世行资金的来源之一。此外，世行利用国际资本市场，以尽可能低的成本、通过发行债券筹集资金。一些较富裕的成员国政府的捐款是国际开发协会资金的主要来源。国际金融公司则完全按照市场原则进行筹资。它们在财务上是完全独立的，在业务上又是紧密相关的。

一　国际复兴开发银行的资金来源

**国**际复兴开发银行贷款占世行集团贷款的主要部分——约占贷款总额的3/4左右，其资金大部分从金融市场上筹集。国际复兴开发银行大约5%的资金来源于成员国加入世行时的认缴股金，认购股份的多少反映了成员国政府的经济实力。成员国并非缴纳全部所有认购的股份，而只是缴纳认购份额的一小部分，未缴纳的余额为待缴金——留待世行严重亏损时无力兑付债券时缴纳。国际复兴开发银行对借款国的贷款利率比其筹资成本高0.75个百分点，贷款的还款期为15~20年，在开始偿还本金之前还有3~5年的宽限期。按照国际复兴开发银行的规定，未偿还和已支付的贷款余额不得超过资本金和储备总额。国际复兴开发银行的贷款从未出现过拖欠现象，这是世行项目资金运作成功的重要原因之一。国际复兴开发银行资金的主要来源：

**（一）成员国缴纳的股金**

参加国际复兴开发银行的成员国必须缴纳银行的股金。成员国认缴的银行股金分为实际缴纳和待缴两部分。根据国际复兴开发银行协定的有关规定，各国实缴股金占其认缴总额的20%。其中2%必须用黄金或美元支付，这一部分股金银行有权自由使用。其余18%用成员国本国货币支付，银行只有征得成员国同意，才能将这笔资金用于贷款。

各成员国认缴总额的80%是待缴股金，只有在国际复兴开发银行出现亏损、需要偿付债务时才向会员国征集。从世行成立到现在，从未发生过征集成员国待缴股金的情况。庞大的待缴资金是世界银行在国际资本市场上筹资的信用保证。这种信用保证对银行在资本市场上的资金筹集、业务的开展具有不可忽视的重要影响。

表3-1 截至1999年6月30日，国际复兴开发银行
认缴股本与投票权最多的国家（前10名）

单位：百万美元

| 名次 | 成员国 | 认　　缴 | | | | | 投票权 | |
|---|---|---|---|---|---|---|---|---|
| | | 股数 | 占总股数的百分比 | 总金额 | 实缴金额 | 待催缴金额 | 票数 | 占总票数的百分比 |
| 1 | 美　国 | 264969 | 16.98 | 31964.5 | 1998.4 | 29966.1 | 265219 | 16.52 |
| 2 | 日　本 | 127000 | 8.14 | 15320.6 | 944.0 | 14376.6 | 127250 | 7.93 |
| 3 | 德　国 | 72399 | 4.64 | 8733.9 | 542.9 | 8191.0 | 72649 | 4.34 |
| 4 | 法　国 | 69397 | 4.45 | 8371.7 | 520.4 | 7851.3 | 69647 | 3.38 |
| 5 | 英　国 | 69397 | 4,45 | 8371.7 | 539.5 | 7832.2 | 69674 | 4.43 |
| 6 | 中　国 | 44799 | 2.87 | 5404.3 | 335.0 | 5069.3 | 45049 | 2.81 |
| 7 | 加拿大 | 44795 | 2.87 | 5403.8 | 334.9 | 5068.9 | 45045 | 2.81 |
| 7 | 印　度 | 44795 | 2.87 | 5403.8 | 333.7 | 5070.1 | 45045 | 2.81 |
| 7 | 意大利 | 44795 | 2.87 | 5403.8 | 334.8 | 5069.0 | 45045 | 2.81 |
| 7 | 俄罗斯 | 44795 | 2.87 | 5403.8 | 333.9 | 5069.9 | 45045 | 2.81 |
| 7 | 沙特阿拉伯 | 44795 | 2.87 | 5403.8 | 335.0 | 5068.8 | 45045 | 2.81 |
| 7 | 荷　兰 | 35503 | 2.28 | 4282.9 | 264.8 | 4018.1 | 35753 | 2.23 |
| 8 | 巴　西 | 33287 | 2.13 | 4015.6 | 245.5 | 3770.1 | 33573 | 2.09 |
| 9 | 瑞　士 | 26606 | 1.71 | 3209.6 | 197.2 | 3012.4 | 26856 | 1.67 |
| 10 | 澳大利亚 | 24464 | 1.57 | 2951.2 | 181.8 | 2769.4 | 24714 | 1.54 |

资料来源：根据《世界银行1999年度报告》统计。

### （二）国际金融市场上融资

国际复兴开发银行主要通过在国际金融市场发行证券来筹集资金。世行从国际市场上借款的年度数额没有限定，从历史的情况看，1973～1980年总额约300亿美元，年均借款40亿美元左右；而1990～1998年，年度借款额最高达到300多亿美元，最

97

少也近 200 亿美元左右。可见，在 20 世纪 90 年代，世行向国际市场的借款额大幅度增加。据世界银行 1998 年度报告，截止到 1998 财政年度末，未偿还的借款为 1055.77 亿美元，掉期后的平均期限为 5 年，所有掉期后的平均成本为 6.1%。

（1）借款方式。世界银行主要通过出售债券取得借款。中短期债券的发行方式是向各国政府或中央银行直接推销。这种债券期限较短，一般是 2～3 年，到期后并不偿还——换为新的证券。银行把这种借自各成员国政府、利率定期进行调整的短期资金作为一种经常性的资金来源。国际复兴开发银行发行中长期债券（期限在 1 年以上）的主要方式是公募，即通过投资银行、商业银行等中间包销商向私人投资者公开发售。这种债券的期限较长，一般为 5～10 年，更长的有 20 或 30 年。

美国从 1947 年开始到整个 20 世纪 50 年代，一直是世界银行的主要借款市场。随着欧洲经济力量的增长和美国国际收支不平衡，借款来源就比较分散。从 1950 年起，世界银行开始在其他国家开拓发行债券的市场——如在比利时、加拿大、荷兰、瑞士和英国等国筹措资金。世界银行 60 年代后期资金主要来源于联邦德国，70 年代初是日本和一些石油输出国，80 年代末和 90 年代初，受世界经济发展不平衡及海湾战争的影响，主要借款市场又发生了一些变化，主要为日本、美国、瑞士、英国和联邦德国等国家。从目前的情况看，主要借款市场是美国、日本、西欧等一些发达国家。

（2）程序要求。世行的借款手续十分严格，必须按照一定的程序办理。在财政年度之初，执行董事会考虑审查行长提出的有关该年度借款额的建议，财务局负责情报资料分析。在借款问题上，世行认为必须要掌握的情况包括：国际不同资本市场的利率、货币政策和国际收支动态等。

（3）借款政策。世界银行面向非洲、亚洲、大洋洲、欧洲、

北美洲和拉丁美洲的 100 多个国家（地区）的金融机构和私人筹集资金，与此同时，世界银行向世界上 100 多国家发放贷款。因此，世行既是世界上最大的非居民债务人，又是世界上最大的债权人。

世界银行在借款方面的基本政策是：灵活机动，降低成本。如果某一市场的国内储蓄下降，利率过高，或者发生国际收支不平衡的期间，世行便会不在该市场借款，以避免借款成本的增加。世界银行除努力做到使借款市场分散化，防止借款市场的"垄断"行为外，世界银行还从最有利的借款条件和防止对某一市场过分依赖等前提出发，选择所用的货币。尽管美元一直是世界银行借款使用的最主要的货币，但近几年来，用德国马克、瑞士法郎、日元、欧元借款的比重迅速增加。

世界银行借款遵循的另一种方针是：借款国自己承担币值变化的风险。世行采用的办法是，在发放贷款时用哪种货币支付给借款国，借款国必须用同样的货币归还和支付利息。世界银行一般要用几年时间才能将贷款发放完毕，在此期间，世行用自己现时所有的货币支付，因此，支付一个借款国的货币可能有多种。同样，借款国也必须用同样的多种货币归还。尽管币值的变化风险由借款国承担，世界银行在筹措资金时仍然从借款国利益出发，尽量减少这方面的风险，充分预测某种货币在未来的升值或贬值趋势，努力降低借款国的借款成本。

（4）信用保障。世界银行的债券在国际市场上享有最高的信誉，这是因为银行为这些债券提供了良好的信用保证。这种保证来自以下几方面：第一，会员国实际缴纳的股金以及随时可以征集的大量待缴股本。第二，按照银行规定，银行已支付的贷款余额不得超过其认缴资本额（包括待缴和实缴部分）与储备金额的总和，即贷款与自有资本的比例最多只能达到 1∶1。这一规定保证银行有充分担保债务的能力。第三，世界银行开业以来，贷款从未发生过呆账。世行对贷款实施了严格的管理——坚决反对借款国推迟偿还债务期限。更重要的是，对提出贷款申请的会员国，世行不惜花费大量时间和精力进行投资前的可行性研究，对所资助的项目进行严格的审查和监督。第四，银行经营绩效良好，盈余收入额比较稳定。尽管世行每年的利润有所波动，或某一时期内有所下降，但其赢利情况总体还是令人满意的。20 世纪 90 年代以来，世界银行每年的盈余收益为 10 亿美元左右。从世行的发展规划和实际运作情况看，今后赢利能力还有进一步增强的趋势。

### （三）留存的业务净收益

世行的业务收益主要包括投资收益和贷款收益（利息和承诺费）两部分，收益扣除支出即为业务净收益。业务净收益扣除一些借款，留下部分即为留存净收益。国际复兴开发银行自 1947 年开始全年营业以来，除第一年有小亏损外，每年都有盈余，而且有逐年增长的趋势。70 年代末每一年的净收益在 4 亿~5 亿美元，80 年代净收益额增长较快。进入 90 年代都在 10 亿美元以上。国际复兴开发银行的净收益不分配给股东。在历年的业务净收益中，除一部分无偿拨给国际开发协会、南部非洲地区特别基金外，大部分留作银行的储备金。国际复兴开发银行的业务收益主要来自贷款利息，其次是投资收益。

### （四）辅助资金来源

国际复兴开发银行除了上述三种主要资金来源外，还有两种辅助资金来源：

（1）回收的贷款。即成员国偿还银行的到期贷款；

（2）银行转让部分贷款的债权。指世行转让债权给私人投资者所收回的资金。

### 表 3-2　世界银行最近几年的业务情况

单位：百万美元

| | 2008 财年 | 2007 财年 | 2006 财年 | 2005 财年 |
|---|---|---|---|---|
| **IBRD** | | | | |
| 贷款承诺额 | 13468 | 12829 | 14135 | 13611 |
| 　其中:发展政策贷款额 | 3967 | 3635 | 4906 | 4264 |
| 贷款项目数 | 99 | 112 | 113 | 118 |
| 　其中:发展政策贷款项目数 | 16 | 22 | 21 | 23 |
| 支付总额 | 10490 | 11055 | 11833 | 9722 |
| 　其中:发展政策贷款额 | 3485 | 4096 | 5406 | 3605 |
| 本金偿还额(包括预付款) | 12610 | 17231 | 13600 | 14809 |
| 净支付额 | 2120 | 6176 | 1767 | 5087 |
| 贷款余额 | 99050 | 97805 | 103004 | 104401 |
| 未支付贷款 | 38176 | 35440 | 34938 | 33744 |
| 业务收入 | 2271 | 1659 | 1740 | 1320 |
| 可利用的资本储备 | 36888 | 33754 | 33339 | 32072 |
| 股本/贷款比率 | 38 | 35 | 33 | 31 |
| **IDA** | | | | |
| 贷款承诺额 | 11235 | 11867 | 9506 | 8696 |
| 　其中:发展政策贷款额 | 2672 | 2645 | 2425 | 2331 |
| 贷款项目数 | 199 | 188 | 173 | 165 |
| 　其中:发展政策贷款项目数 | 29 | 35 | 30 | 33 |
| 支付总额 | 9160 | 8579 | 8910 | 8950 |
| 　其中:发展政策贷款额 | 2813 | 2399 | 2425 | 2666 |
| 本金偿还额 | 2182 | 1753 | 1680 | 1620 |
| 净支付额 | 6978 | 6826 | 7230 | 7330 |
| 贷款余额 | 113542 | 102457 | 127028 | 120907 |
| 未支付信贷 | 27539 | 24517 | 22026 | 22330 |
| 未支付赠款 | 552 | 4642 | 3630 | 3021 |
| 发展赠款费用 | 3151 | 2195 | 1939 | 2035 |

资料来源:《世界银行 2008 年度报告》。

## 二　国际开发协会的资金来源

国际开发协会成立于 1960 年。国际开发协会与国际复兴开发银行的根本宗旨相同，都是为了促进发展中国家的经济增长和减少贫困。国际开发协会的贷款特别优惠——贷款不收利息。获得信贷借款国只需支付不到贷款额百分之一的手续费用于行政支出。但是，获得世行无息贷款的借款国是受到严格限制的，并非所有发展中国家都能获得国际开发协会的信贷。国际开发协会的规定还款期为 35~40 年，宽限期为 10 年。国际开发协会除向一些特别贫困的借款国提供信贷外，还向它们提供技术援助。

国际开发协会的资金主要来自包括发展中国家在内的较富裕的成员国的捐款。国际开发协会信贷占世行贷款总额呈递减趋势，主要原因是赠款数量下降。国际开发协会每三年补充一次资金。从国际开发协会资金来源总的情况看，包括三个方面：会员国认缴的股金、成员国和其他资助国提供的补充资金和特别补充捐款、世界银行从其业务净收益中拨来的赠款。

### （一）会员国认缴的股金

国际开发协会 1960 年 9 月 24 日成立时，第一类成员国（发达国家）只有 8 个，第二类成员国（发展中国家）只有 7 个。法定资本是 10 亿美元，会员国的首期认缴股金为 6.862 亿美元。其中，第一类会员国认缴的股金为 597404 万美元，第二类会员国认缴的股金为 8800 万美元。随着成员国的增加，迄 1999 年 6 月 30 日为止，成员国认缴股金总额为 95.0552 亿美元。

国际开发协会的资金主要来自第一类成员国，个别第二类成员国，如韩国、西班牙、土耳其等，也提供过补充资金。国际开发协会的两类成员国按照不同的方式提供资金：第一类会员国认缴的股金，必须全部以黄金或自由外汇缴纳，协会可在其业务中

自由使用或兑换这些货币；第二类会员国只需用可兑换货币缴付其首期认缴股金的 10%，其余 90% 和以后所有追加的认股股金及捐款都可以用本国货币缴付。

表 3 - 3　截至 1999 年 6 月 30 日，在国际开发协会认缴、捐赠和拥有投票权数量最多的 10 个第一类国家和第二类国家

单位：亿美元

| 第一类国家 | 票　数 | 占总票数的百分比 | 已承诺的认缴及捐赠款项 |
|---|---|---|---|
| 美　　国 | 1745962 | 14. 96 | 23431. 5 |
| 日　　本 | 1252764 | 10. 73 | 20722. 7 |
| 德　　国 | 820259 | 7. 03 | 11006. 9 |
| 英　　国 | 582514 | 4. 99 | 7056. 9 |
| 法　　国 | 497297 | 4. 26 | 6633. 5 |
| 加 拿 大 | 355926 | 3. 05 | 4222. 9 |
| 意 大 利 | 355274 | 3. 04 | 3925. 9 |
| 荷　　兰 | 258398 | 2. 21 | 3577. 1 |
| 瑞　　典 | 234233 | 2. 01 | 2743. 1 |
| 比 利 时 | 138249 | 1. 18 | 1585. 9 |
| 第二类国家 | 票　数 | 占总票数的百分比 | 已承诺的认缴和捐赠款项 |
| 沙特阿拉伯 | 412982 | 3. 54 | 2083. 2 |
| 印　　度 | 367195 | 3. 15 | 55. 0 |
| 波　　兰 | 270192 | 2. 31 | 53. 9 |
| 中　　国 | 219696 | 1. 88 | 40. 1 |
| 巴　　西 | 191652 | 1. 64 | 192. 0 |
| 阿 根 廷 | 127638 | 1. 09 | 65. 7 |
| 巴基斯坦 | 105624 | 0. 90 | 13. 4 |
| 印度尼西亚 | 105397 | 0. 90 | 14. 3 |
| 匈 牙 利 | 87931 | 0. 75 | 36. 4 |
| 墨 西 哥 | 87783 | 0. 75 | 127. 0 |

资料来源：根据《世界银行 1999 年度报告》统计。

### （二）补充资金和特别捐赠

国际开发协会成员国认缴的股金额极其有限，远远不能满足借款国的实际需要，因而必须依靠各成员国政府——主要是第一类成员国（澳大利亚、奥地利、比利时、加拿大、丹麦、芬兰、法国、德国、冰岛、爱尔兰、美国等）国家定期提供补充资金。到 1999 年 6 月 30 日，捐赠款达到 96261.7 亿美元。

1980 年中国恢复在世界银行的席位时，接收了台湾当局在国际开发协会的 3026 万美元的认股。其中实际缴付外汇只有 150 万美元，中国又补交了 184 万美元。另外以人民币交纳了原始认股的 90％，相当于 3300 万美元，又以人民币补缴协会数次补充资金期间的股金 300 万美元。共计缴纳了相当于 3600 万美元的人民币。

### （三）国际复兴开发银行的赠款

1964 年世界银行理事会通过了迄今仍然有效的如下政策声明："任何转拨给协会的款项只能从净收益中拨出，而且(1)是在进行转拨的财政年度中所取得的净收益；（2）是无须拨入储备账户或无须留作世界银行业务之用而本来可作为股息分配的净收益"。根据这一政策声明，从 1964 年度开始，世行每年将净收益的一部分以赠款的形式转拨给国际开发协会。

表 3 - 4　2008 财年排名前 10 位的信托基金捐款机构

单位：百万美元

| 捐款机构 | 2007 财年 | 2008 财年 | 捐款机构 | 2007 财年 | 2008 财年 |
|---|---|---|---|---|---|
| 英　　国 | 1190 | 1075 | 加拿大 | 533 | 516 |
| 美　　国 | 747 | 760 | 德　　国 | 332 | 505 |
| 意大利 | 79 | 749 | 挪　　威 | 209 | 443 |
| 法　　国 | 288 | 736 | 日　　本 | 412 | 402 |
| 欧　　盟 | 652 | 685 | 其　　他 | 2126 | 2215 |
| 荷　　兰 | 766 | 677 | 总　　额 | 7334 | 8763 |

### 三 国际金融公司的资金来源

国际金融公司通过向私营部门提供支持，促进发展中国家的经济增长。国际金融公司的筹款主要来自以下四个方面。

#### （一）成员国认缴的股金

按国际金融公司协定的规定，该公司资本总额为 1 亿美元，分为 10 万个股份，每股面值 1000 美元。每个成员国有基本投票权 250 票。此外，每增加 1000 美元，就再增加 1 个投票权。认缴股金必须以黄金或美元交纳。

20 世纪 80 年代，全球私人部门发展迅速，公司的业务规模也相应扩大，每年增长速度超过 20%。90 年代，国际金融公司业务增长较快。21 世纪，在国际复兴开发银行和国际开发协会资金有限的情况下，国际金融公司将迎来更大的发展。

#### （二）从世界银行和其他金融市场借入的资金

除自身资本外，公司还在国际金融市场积极筹措资金。国际金融公司主要在欧洲货币市场发行多种债券，同时也在其他市场发行，以便降低筹资成本，分散风险。国际金融机构具有的较高的政治地位及一流资信，能以非常有利的条件在较短的时间内筹集大量资金。美国市场是国际金融公司的主要筹资场所。

#### （三）公司留存的收益

国际金融公司逐年累计的收益也是公司的一大资金来源。收益主要用于支付该公司行政管理费用，促进资助私人企业建设项目投资，以及技术援助计划所需要的费用。

#### （四）银行贷款

根据国际金融公司与国际复兴开发银行签订的《贷款总协定》，公司每年可从世行以比较优惠的条件取得一定数量的贷款。

## 第二节　世界银行的贷款业务

**向**发展中国家提供长期生产性贷款、促进其经济发展和人民生活水平的提高是国际复兴开发银行和国际开发协会的根本任务。除贷款条件和方式外，二者在贷款业务的许多方面是基本相同的，如业务政策和程序、评估和批准项目的标准、贷款和经济研究等。国际金融公司的所有业务都围绕着支持发展中国家成员国生产性私人企业，从而促进成员国经济发展这一宗旨而展开的，其业务经营有其独特的原则和方式。

### 一　贷款原则

**世**界银行的贷款原则是根据《国际复兴开发银行协定》、《国际开发协会协定》、《国际开发协会信贷通则》、《国际金融公司协定》制定的，遵循下列原则发放贷款。

#### （一）非政治化贷款原则

世界银行只向成员国提供贷款，而且所有贷款一般只考虑经济因素，不管申请国的政治条件和政治制度。世界银行协定规定，世界银行不能仅仅因该国的政治制度而拒绝提供贷款或附加某种政治条件提供贷款。新独立的国家，即使预期不久就会成为会员国，也只有在正式成为成员国之后才能申请贷款。特殊情况下，世界银行也向某些成员国管辖之下的地区承诺贷款。例如，在1975年9月巴布亚新几内亚独立之前，银行共提供过5笔贷款，都由澳大利亚政府担保。由于世界银行的贷款条件比较优惠，各国都希望争取这些贷款资金，因此在上述原则下，绝大部分联合国的成员国都加入了世界银行。

#### （二）特定项目使用原则

世界银行承诺贷款的90%以上都是项目贷款。世界银行贷款一般必须用于借款国的特定项目，而不是交给成员国政府，由其自己自由安排使用和挪作他用。世行对项目贷款的使用有严格的规定。在特殊情况下，银行也发放非项目贷款，但项目贷款的比例仍达到75%以上。非项目贷款通常是提供进口物资、设备所需的外汇，以支持借款国已有的生产性措施。有少数非项目贷款用于资助借款国实现其发展经济的投资总规划。如近几年发展很快的部门调整贷款和结构调整贷款计划，以及用于帮助借款国在自然灾害后继续维持其经济发展的少数贷款计划。

实际上，几乎所有的贷款项目必须经世界银行审定为在技术上和经济上是可行的，并认定确属经济发展应最优先考虑的对象。为此，借款国必须向世界银行提供有关经济、财政和贷款项目有关的情况和资料。经过项目单位评估、世界银行评估团评估、执行董事会批准后，贷款项目才能成立。世界银行在以下情况下，会拒绝向会员国提供贷款：

（1）世行认为申请国提出的项目对于该国的经济发展并非最优先的项目，或者不够妥善，准备工作不充分。但是，如果世行认为该项目有一定的吸引力，可以帮助该国修改项目，使其切实可行。

（2）世行认为申请国能以合理的条件从其他来源获得该项目的资金。

（3）世行认为申请国偿还贷款的能力太差，提供贷款的风险将不可避免。

（4）世行认为申请国提出的项目不属于世界银行经营的贷款范围。

（三）贷款总额限制原则

按照有关规定，国际复兴开发银行每年的贷款总额不得超过足额认缴股本和准备金之和，国际开发协会每年信贷总额不得超过捐助国缴付的总额。

### （四）没有资金来源原则

世界银行规定，只有成员国在当时的市场情况下，该国不能以合理的条件从其他来源得到资金时，才考虑给予贷款。

### （五）有偿还能力原则

国际复兴开发银行的贷款功能是双重的，必须严格依照市场规则进行操作，市场原则和世行宗旨是并不矛盾的统一体。一方面，作为世界最大的金融开发机构，为会员国的经济发展提供贷款；另一方面，世界银行又是一个金融机构，它主要依靠在国际市场上借入资金向会员国提供贷款。世行的贷款不是无偿的赠款，这种贷款必须偿付本息。因而它只把贷款给予有能力偿还的成员国。同样，国际开发协会的资金也需要偿还本金。这样，银行在决定承诺贷款之前，审查申请国的偿还能力显然是十分必要的。

世界银行对借款国的偿债能力的审查范围包括：申请国的管理能力、宏观经济政策、部门经济政策、金融政策、财政基础、货币制度、预算制定制度、开支管理制度等。此外，还要具体了解该国的技术水平、出口、国际收支、外债、创汇能力、对进口依赖程度、资源分配结构以及可能从其他来源取得外援等方面的情况。世界银行有相当一部分工作人员专门从事对借款国偿债能力的审查工作。

世界银行贷款一般只提供项目建设所需外汇资金，借款国偿还时也要以外汇支付，因而银行特别关心申请国是否有能力获得还本付息所需要的外汇。外债偿还率是考虑一国偿债能力的重要指标。如果审查结果对申请国的偿债能力有所怀疑，世界银行就不向其提供贷款。世行规定，特别落后的穷国可由国际开发协会提供较优惠的信贷，或由世界银行和国际开发协会联合贷款。

特别要注意的是，国际开发协会主要对贫穷的国家提供优惠

贷款。因此，协会的信贷分配标准、受援国之间的分配比例既是重大问题，又是筹集补充资金过程中发生争议的焦点之一。确定各国贫困程度的具体标准随通货膨胀率而每年加以调整，目前世界银行实行的标准是，人均国民生产总值以 1991 年美元计算，在 635 美元以下的国家为低收入国家。一般来说，国际开发协会信贷的分配审查标准有：

（1）受援国的贫困程度。主要以人均国民生产总值衡量，只有最贫困国家才能得到国际开发协会信贷；

（2）借款信誉；

（3）受援国的经济成就、人口规模、自然环境等。

总之，世界银行在贷款业务中将不遵循市场竞争原则，而是以减困和发展为目标，向发展中国家提供贷款和其他帮助。世界银行鼓励借款国随着经济实力的增强从依赖世界银行贷款转向常规的资本渠道寻求资金。在世界银行的鼓励和帮助下，很多过去从国际开发协会借款的穷国中，已有许多转向常规筹资，其中有的国家还对国际开发协会提供了捐助。

## 二　贷款特点

**世**界银行的宗旨是向发展中国家提供贷款，以促进其经济的发展和生产率的提高，减少贫困人口。世界银行的贷款，不同于一般商业银行，大体上有如下特点。

### （一）贷款期限较长

国际复兴开发银行的贷款的偿付期限一般是 15～20 年（包括宽限期 3～5 年在内）。国际复兴开发银行提供的贷款是要计息的，因其贷款条件不如国际开发协会的贷款优惠，故俗称"硬贷款"。国际开发协会提供的贷款，年限一般长达 35～40 年（包括宽限期 5～10 年在内），是无息贷款。因其贷款条件比国际复兴开发银行优惠，故俗称"软贷款"。为了与国际复兴开发

单位：百万美元

表3-5 2003~2008财年按领域与部门划分的世行贷款

| 部 门 | 2003 财年 | 2004 财年 | 2005 财年 | 2006 财年 | 2007 财年 | 2008 财年 |
|---|---|---|---|---|---|---|
| 经济管理 | 777.7 | 428.8 | 594.6 | 213.8 | 248.3 | 396.6 |
| 环境与自然资源管理 | 1102.6 | 1304.6 | 2493.8 | 1387.3 | 2017.0 | 2661.8 |
| 金融与私营部门发展 | 2882.9 | 4176.6 | 3862.0 | 6137.8 | 4260.8 | 6156.2 |
| 人力资源开发 | 3374.0 | 3079.5 | 2951.0 | 2600.1 | 4089.4 | 2280.9 |
| 公共部门治理 | 2464.1 | 3373.9 | 2636.4 | 3820.9 | 3389.7 | 4346.6 |
| 法 治 | 530.9 | 503.4 | 303.8 | 757.6 | 424.5 | 304.2 |
| 农村发展 | 1910.9 | 1507.8 | 2802.2 | 2215.8 | 3175.7 | 2276.8 |
| 社会发展,女性发展与共享成长 | 1003.1 | 1557.8 | 1285.8 | 1094.1 | 1250.3 | 1002.9 |
| 社会保障风险管理 | 2324.5 | 1577.0 | 2437.6 | 1891.7 | 1647.6 | 881.9 |
| 贸易一体化 | 566.3 | 1212.7 | 1079.9 | 1610.9 | 1569.9 | 1393.2 |
| 城市发展 | 1576.3 | 1358.1 | 1860.0 | 1911.2 | 2622.7 | 3001.2 |
| 总 计 | 18513.3 | 20080.2 | 22307.1 | 23641.2 | 24695.9 | 24702.3 |

续表 3 - 5

| 部　　门 | | 2003 财年 | 2004 财年 | 2005 财年 | 2006 财年 | 2007 财年 | 2008 财年 |
|---|---|---|---|---|---|---|---|
| 农业、渔业与林业 | | 1213. 2 | 1386. 1 | 1933. 6 | 1751. 9 | 1717. 4 | 1360. 6 |
| 教　育 | | 2348. 7 | 1684. 5 | 1951. 1 | 1990. 6 | 2021. 8 | 1926. 6 |
| 能源和采矿 | | 1088. 4 | 966. 5 | 1822. 7 | 3030. 3 | 1784. 0 | 4180. 3 |
| 金　融 | | 1446. 3 | 1808. 9 | 1675. 1 | 2319. 7 | 1613. 6 | 1540. 7 |
| 卫生和其他社会服务 | | 3442. 6 | 2997. 1 | 2216. 4 | 2132. 3 | 2752. 5 | 1607. 9 |
| 工业和贸易 | | 796. 7 | 797. 9 | 1629. 4 | 1542. 2 | 1181. 3 | 1543. 5 |
| 信息和通信 | | 115. 3 | 90. 9 | 190. 9 | 81. 0 | 148. 8 | 56. 5 |
| 法律、司法和公共管理 | | 3956. 5 | 4978. 8 | 5569. 3 | 5857. 6 | 5468. 2 | 5296. 4 |
| 交通运输 | | 2727. 3 | 37778. 8 | 3138. 2 | 3214. 6 | 4949. 0 | 4829. 9 |
| 供水、环卫和防洪 | | 1378. 3 | 1591. 6 | 2180. 3 | 1721. 0 | 3059. 4 | 2359. 9 |
| 总　　计 | | 18513. 3 | 54081. 1 | 22307. 0 | 23641. 2 | 24696. 0 | 24702. 3 |
| 其中 | IBRD | 11230. 7 | 11045. 4 | 13610. 8 | 14135. 0 | 12828. 8 | 13476. 6 |
| | IDA | 7282. 6 | 43035. 7 | 8696. 2 | 9506. 2 | 11867. 2 | 11225. 7 |

资料来源：《世界银行 2008 年度报告》。

银行的贷款相区别，国际开发协会提供的资金称为"信贷"。国际金融公司主要向会员国的私人企业提供贷款或参与共同投资，利率比一般市场资本的融资利率略低，期限较一般资本市场要长。

**（二）贷款利率比较优惠**

国际开发协会的信贷免收利息，只对已经支付的余额每年征收 0.75% 的手续费。国际复兴开发银行不能提供无息贷款，其贷款利率与资本市场的利率有关。由于世界银行贷出的款额中约有 70% 依靠发行债券借入，因而它的贷款利率必须参照市场利率。尽管如此，世行贷款利率一般低于市场利率，由于世行拥有300 多亿美元不需支付红利的净资产（包括会员国实际交纳的股金和储备金）等有利条件，对借款国收取低于市场利率的利率是现实的。

在 1982 年以前，国际复兴开发银行的贷款实行固定利率制，即贷款协议一经签订，从签约日到贷款全部偿还为止，利率保持不变。由于市场利率波动频繁，利率风险加大，在国际金融市场利率剧烈波动的时候，采取固定利率对银行和借款人都很不利，因此国际复兴开发银行自 1982 年开始采取浮动利率制，即根据借入资金的平均成本加上 0.5% 作为贷款利率，每半年调整一次。

此外，世界银行规定，对已生效尚未支取的贷款，要收取一定的承诺费。收取承诺费的目的是督促借款人加快工程建设，提高资金的使用效率。国际复兴开发银行与国际开发协会的承诺费率是不一样的，而且都不是固定的。由执行董事会根据两者每年的财务状况分别加以调整。国际复兴开发银行的硬贷款的承诺费率一般在 0% ~0.75% 之间，国际开发协会的软贷款的承诺费率在 0% ~0.5% 之间。

要说明的是，借款人从世界银行提取贷款的方式有几种，其中一种是特别承诺申请。即借款人在与供货商签订合同时，向世界银行提出申请，由世界银行以信用证的方式做出不可撤销的特别承诺，允诺在交货时保证付款。这种保证是无条件的，不管将来贷款协议有何更改，世界银行都负有货到付款的责任。为此，世界银行将向借款人收取申请额 0.5% 的特别承诺费。1985 年 9 月 1 日起，世界银行规定免收特别承诺费。

### （三）借款国承担汇价风险

世界银行规定，借款国自己承担汇率变动的风险。世界银行贷款一般以美元为计算单位。世行的这一政策常使借款者在支付贷款利息之外，还要负担一笔汇率变动的费用。为改变借款国利息负担、汇率风险负担过重的情况，世界银行于 1980 年以后采取了一种新的货币制度，即货币总库制。在这一制度下，借款者虽然仍将承担汇率风险，但这种风险由所有借款者共同承担。

### （四）贷款与配套资金相适应

世界银行的贷款项目必须经世界银行精心挑选，认真审核，严密监督和系统分析。为此，借款国必须向银行提供有关经济、财政以及与贷款项目有关的情况和统计资料。世界银行的贷款，一般只能提供项目所需的外汇资金，约占项目总投资额的 30% ~ 40%，个别项目也可提高到 50%。因此，借款国项目单位必须筹足其余的 50% ~70% 的国内配套资金。没有配套资金，世行一般不予贷款。从提出项目，经过选定、评定等阶段，到取得贷款，一般要一年半到两年。

### （五）贷款必须如期归还

世行自成立以来，从未出现贷款清偿拖欠或改变还款日期的情况。世界银行与借款国签订贷款协定后，不是把贷款金额全部提供给借款国，而是作为承诺记入借款国的名下，随着项目工程建设进度逐笔由借款国申请提款，由世界银行审核后直接支付给供应商或承包商，直至工程结束。所以一般项目贷款的提款支付，

表 3 – 6　1996 ~ 1998 财政年度 IBRD 和 IDA 的贷款趋势

单位：百万美元

| 部　门 | 1996 年 | | | 1997 年 | | | 1998 年 | | |
| --- | --- | --- | --- | --- | --- | --- | --- | --- | --- |
| | IBRD | IDA | 合计 | IBRD | IDA | 合计 | IBRD | IDA | 合计 |
| 农　业 | 973.8 | 1105.1 | 2078.9 | 2810.6 | 735.9 | 3546.5 | 1480.5 | 1236.9 | 2717.4 |
| 教　育 | 920.8 | 784.9 | 1705.7 | 762.3 | 255.1 | 1017.4 | 1927.8 | 1201.5 | 3129.3 |
| 电力和其他能源 | 2899.2 | 347.9 | 3247.1 | 1613.4 | 275.8 | 1889.2 | 1115.0 | 889.0 | 2004.0 |
| 环　境 | 534.6 | 348.1 | 882.7 | 22.5 | 224.2 | 246.7 | 753.8 | 148.3 | 902.1 |
| 金　融 | 1199.2 | 231.2 | 1430.4 | 993.7 | 201.1 | 1194.8 | 6103.0 | 141.5 | 6244.5 |
| 卫生、营养和人口 | 1495.2 | 858.2 | 2353.4 | 245.8 | 694.1 | 939.9 | 911.5 | 1079.4 | 1990.9 |
| 工　业 | 217.0 | 31.7 | 248.7 | 145.0 | 50.5 | 195.5 | — | 73.0 | 73.0 |
| 采矿业 | 570.8 | 121.2 | 692.0 | 300.0 | 21.4 | 321.4 | 1369.5 | 7.0 | 1376.5 |
| 多部门 | 906.3 | 759.2 | 1665.5 | 1373.0 | 813.0 | 2186.0 | 1187.7 | 669.4 | 1857.1 |
| 石油和天然气 | 30.0 | 25.6 | 55.6 | 114.0 | 21.6 | 135.6 | 130.0 | 10.0 | 140.0 |
| 公共管理部门 | 1036.0 | 840.2 | 1876.2 | 729.7 | 190.8 | 920.5 | 1638.5 | 351.7 | 1990.2 |
| 社会部门 | 440.0 | 554.5 | 994.5 | 1303.7 | 66.5 | 1370.2 | 933.9 | 381.6 | 1315.5 |
| 电　信 | 35.0 | — | 35.0 | — | — | — | 68.1 | 2.4 | 70.5 |
| 交通运输 | 2236.9 | 535.7 | 2772.6 | 3224.8 | 607.0 | 3831.8 | 2134.7 | 977.8 | 3112.5 |
| 城市发展 | 632.0 | 236.5 | 868.5 | 506.0 | 162.3 | 668.3 | 893.6 | 223.9 | 1117.5 |
| 供水和卫生 | 529.1 | 80.7 | 609.8 | 380.4 | 302.4 | 682.8 | 438.2 | 114.3 | 552.5 |
| 合　计 | 14655.9 | 6860.7 | 21516.6 | 14524.9 | 4621.7 | 19146.6 | 21086.2 | 7507.7 | 28593.5 |

资料来源：《世界银行1998年度报告》。

要持续 5~7 年时间。在这漫长的过程中，贷款项目将部分或全部产生效益，为贷款单位还贷提供了可能性。

### 三　贷款种类

世界银行执行董事会在 1984 年讨论世行未来的作用时，按照贷款的用途及其与投资和组织机构的联系，将贷款分为以下几种：特定投资贷款、部门贷款、技术援助贷款、结构调整贷款、紧急复兴贷款、联合融资、"第三窗口"贷款。现分述如下。

**（一）特定投资贷款**

特定投资贷款即项目贷款，这是世界银行贷款业务的主要组成部分，通常占贷款总额的 75% 以上。世界银行对农业和农村发展、教育、能源、工业、交通、城市发展和供水等方面的大部分贷款都属于这一类。这类贷款的主要目的是根据借款国的迫切需要，建设新的资产，培育人才，增加投资效率，改善和提高借款国人民的生活居住条件。这类贷款有营利性的，也有非营利性的；有些是有形的，有些是无形的。

**（二）部门贷款**

这是按行业所分的贷款种类，部门贷款的范围主要有以下两种：

（1）部门投资及维护贷款。这类贷款主要针对部门政策和投资重点，目的是加强借款国制定和执行投资计划的能力。世行认为，借款国业务机构较强的中等收入国家，由有关部门按照该国与世界银行商定的标准，申请部门投资和维护贷款是比较适宜的。这类贷款的执行期一般为 3~7 年。

（2）部门调整贷款。部门调整贷款的主要目的是支持某一具体部门的全面政策和体制改革。世行认为，如果借款国执行世行贷款项目的能力不强，总的经济管理和政策改革水平或国民经济的规模尚不允许进行结构调整时，可以选用部门调整贷款。部门调整贷款的执行期一般为 1~4 年。

**（三）技术援助贷款**

世界银行为帮助借款国有关机构制定发展政策、提高特定投资项目的能力，加大技术援助的力度而提供的贷款。技术援助贷款的执行期一般为 3~6 年。技术援助分两种：

（1）对准备投资的某些项目提供技术咨询和经济咨询，这种援助的目的是为投资项目提供全方位的技术支持，提高借款国对项目的技术控制能力和经济核算能力；

（2）对机构或政策问题的分析和解决提供资助，这种援助的目的是加强对借款国对项目的管理协调能力，建设行之有效的工作机构，提高项目实施的工作效率。

**（四）结构调整贷款**

这是世界银行为帮助借款国在宏观经济、部门经济和结构体制方面进行全面的调整和改革而提供的一种贷款。这类贷款目的有三个方面：

（1）帮助借款国改革经济政策和体制改革，提高资金和资源的使用效益和效率，从经济结构上减少国际收支的逆差，实现国际收支平衡；

（2）帮助借款国调整经济结构和发展格局，以适应不断变化的世界经济形势；

（3）向借款国提供自由外汇，用于购买必需的原材料和半成品，维持和恢复经济增长，帮助吸收外来资金，解决资金短缺的问题。

世界银行对使用结构调整贷款有比较苛刻的条件。首先，借款国必须是由于经济结构等原因陷入或面临庞大的国际收支逆差，财政赤字剧增，且一时难以扭转。其次，借款国政府必须与世界银行进行"对话"，承诺并制定结构调整计划，修改国家投

资政策，并要说明长期目标和短期措施，以及可能取得的积极成果等。结构调整贷款的拨款迅速，最快的可在一年内分两期支付完毕。但是，自拨款开始后半年内，借款国仍没有按预定的条件执行，世行的第二期拨款就会停止支付。因此，对借款国而言，如何正确有效地使用世行的结构调整贷款便显得十分重要了。

**（五）紧急复兴贷款**

世行在成员国发生自然灾害或其他灾难的情况下，为重建而提供的贷款。如对森林火灾、自然水灾、大地震后提供的紧急贷款，即属于此种性质。这类贷款的执行期一般少于 4 年。

**（六）联合融资**

所谓联合融资，即世界银行与借款国以外的其他金融机构、私人资金的贷款者联合起来，对世界银行贷款资助的项目共同筹资，提供贷款。世界银行的贷款规模虽然自成立以来发生了巨大的变化，但与各成员国经济发展的需要相比，它提供的资金远远不能满足各成员国的实际需要。因此，世界银行鼓励并协助借款者从其他渠道筹集资金。联合融资贷款是比较好的一种方式。其运作方式是十分灵活，具体业务由世界银行处理，由世行对项目执行情况进行评估和监督。

**（七）"第三窗口"贷款**

世界银行原有的两种贷款，一种是世界银行发放的一般性贷款，利率低于市场利率，而且附加条件；另一种是国际开发协会发放的优惠贷款，条件较宽，免收利息（只收 0.75% 的手续费），贷款期限可长达 50 年。所谓"第三窗口"贷款，指在世界银行上述已有的两种贷款外，另增设第三种贷款。

这种新设的"第三窗口"贷款的贷款条件介于上述两种贷款之间。世界银行为提供此项低利贷款，设立"利息补贴基金"，由较富裕国家（包括工业国和产油国）自愿捐献。由该基金付给世界银行 4% 的利息，基金所付利息（4%）与世界银行一般贷款利息（8.5%）之差额由借款国负担。所以，借款国实际支付"第三窗口"贷款利率只有4.5%，贷款期限可达25年。可见，这种贷款比世界银行的一般贷款条件宽，但不如国际开发协会的贷款条件那样优厚。"第三窗口"贷款仍要收取利息，但比世界银行一般贷款低。

四　贷款实务

**熟**悉有关世界银行的提款知识是十分重要的，它有助于借款国正确了解世行的有关规定，协调本国与世行在工作中的分歧，加强与世行在各方面的磋商与合作，对顺利有效地使用世行贷款有重要的意义。

**（一）提款程序**

提款程序是世界银行对提款人提取货款时所用的有关规定。《国际复兴开发银行贷款协定和担保协定通则》、《国际开发协会开发信贷协定通则》（以下简称《通则》）和《世界银行贷款和国际开发协会信贷提款指南》（以下简称《提款指南》）规定了相应的提款程序，以确保其所提供的资金款项只用于世行提供贷款资金的目的，并提高资金使用效率。世行规定，提取的资金仅用于偿付与项目有关的实际支出，而这些支出必须是合理的。目前世界银行所使用的提款程序主要有两种：表格1903——提款申请和表格193——特别承诺申请。这两种程序使用时的区别在于：借款人是否在信用证方式下要求世界银行做出担保并支付。如果是，就采用"特别承诺申请"；否则，则采取"提款申请"。

（1）提款计划。世行规定，在进行贷款或信用协议谈判时或在谈判后的合理时间内，世行与借款人应协商一致拟定一份贷款（或信贷）提款计划。提款计划一旦确定，项目运行必须按计划提款。当发生特殊情况，贷款金额明显不足时，世界银行可根据实际情况进行调整。如果借款人没有按照协定规定的程序进

行货物或劳务采购，世行有权对贷款的使用加以严格的限制，甚至取消项目的贷款。所有提款计划的任何更改，都必须征得世行项目管理官员的同意，并修改贷款协议书。

（2）提款申请。《通则》第五条第一节规定，在贷款协定生效后，借款人就有权按照贷款协定和《通则》的规定，经世行同意，随时从贷款账户中提取项目所需要的金额或将要支付的金额。每次从贷款账户中提取款项之前，借款人必须根据提款的用途、付款方式的不同采用不同的提款程序，填写相应的提款申请书及摘要表，并经审查批准，由被授权的代表签字。该程序主要包括以下内容。

● 直接付款申请。直接付款申请指借款人要求世界银行以合同及有关单据为依据，直接将款项付给供货商或合同承包商，或首次将款项存入专用账户内。申请直接付款方式可用于支付项目执行过程中所发生的、任何即将支付的费用。这些费用包括因采购货物而将要支付的货款、土木工程价款、咨询或技术援助服务费等。但是，在多数情况下，除非是借款人所在国国内厂商中标，否则支付购货款不宜采用直接付款方式。

提款申请书的要求：提款申请书是借款人向世界银行提出提款申请的书面文件，如果必要，它可以附有世界银行支付处的信，以及有关摘要表。每份申请书可附一张或几张摘要表，摘要表内所列的款项金额，必须是将要付给申请书所指定的银行、账号和收款人，且数额要求相等。提款申请书必须用英文填写，报送世行一式三份，其中必有一份是原件，每份申请书必须有已授权的提款人签字。一份申请书中申请的只能是同一种货币，要求偿付的每一项，都应详细说明提款计划中的相应的费用类别，在申请书的付款指示上，应写明收款人的详细地址、名称、银行账户，必要时还要附上有关发票、合同及发货单的号码。

提款申请书主要包括以下内容。

a. 申请书顺序号：某一特定贷款下的提款申请书应按照顺序连续编号。如果有重复的编号，应在编号后续"A"、"B"；如果有两个和两个以上的机构同意贷款项目的提款手续，每一机构提交的申请，其编号前应加上不超过三个字母的前标予以辨认。

b. 日期：一般情况下，不能在贷款协定生效前向世界银行提交申请书，除非是要求在协定生效后很短的时间内付款。

c. 费用类别：由于在贷款协定中对本贷款资金预先做了分配计划，提款时，在每份申请书上都应标明发生费用支出的类别或开发金融公司贷款的分项目号。

d. 货币种类和金额：申请书要求世界银行付款的货币种类和金额，必须是提款人已支付或将要支付给供货商或承包商的货币种类和金额。

e. 偿付的金额和百分比：要求世界银行偿付的货币和金额必须是借款人已支付的合理开支，或是根据贷款协定的规定，将由世界银行贷款资金提供总费用中某一百分比的金额。

f. 贷款号：每份申请书都应有确切的贷款号。如果某项目既有硬贷款又有软贷款，通常是先支付软贷款，后支付硬贷款。

g. 借款人的付款指示：借款人付款指示的内容，必须与合同及其他文件上所规定的相同。

h. 申请书所需证明的文件：如《提款指南》中所规定的各种能够证明这些费用开支合理性的文件。

对提款申请书进行审查的主要内容：

a. 费用的合理性；

b. 文件单据是否齐全；

c. 付款证明是否提交有关银行，证明已经支付的款项数额；

d. 摘要表格式是否正确；

e. 贷款号是否有效；

f. 申请日期是否符合协议规定；

g. 申请书顺序号是否连续不重复；

h. 申请支付的货币或将要支付的货币种类是否相符、单据是否真实；

i. 申请的金额是否与摘要表上的金额一致；

j. 申请的金额是否超过该合同、该类别、该贷款的限额；

k. 信用证金额是否与申请书中申请的金额相符；

l. 申请书的格式是否与付款方式一致；

m. 付款指示项目单位申请的货币与存款银行的所在国家是否一致，存款银行的地址、账户是否正确；

n. 提款签字人与备查式样是否一致；

o. 通信地址是否有误。

对摘要表的基本要求：

a. 摘要表必须用英文写清楚；

b. 每份摘要表最多只能列示 12 个类目的费用资料，而且这些类目的费用总额中都要求世行按相同的百分比支付；

c. "摘要表号"根据每一份申请书所附加的摘要表张数从第一号起连续编号；

d. 所有摘要表所列示的、要求世行支付的净金额合计数必须与申请书中所要求的金额数相同；

e. 摘要表表头上的"日期"、"申请书号"等应与申请书上相一致；

f. 每份摘要表只能列示一种费用类别或一个分项目下的费用开支；

g. 每份摘要表中所要求的货币，必须与申请书中所提及的货币种类相同。

此外，提交的文件单据也应符合规定的要求，应将一些重要的单据随同提款申请书一并寄交银行，这些单据包括：供货商或咨询专家的发票，或工程进度摘要表；付款凭证（一份已收款发票或正式收据；商业银行的付款报告；银行认为满意的任何证明）；装船发运证明（一份提货单的副本或承运人的承运证明）。

●特别承诺申请。特别承诺申请方式和直接付款方式的最大区别是有无特别承诺。此外，二者在是否立即付款、支付依据、对申请书及附件的要求不同等方面也存在一定的差异。所谓特别承诺，即世行向供货商指定的议付行发出书面的特别承诺，同意议付行在根据合同、信用证、供货人的发票、发运证明等文件或单据的证明下，证明供货商确已发货、并已向供货商支付货款、或议付行通知世界银行供货商确已发货，应向供货商支付货款时，世界银行会立即将款项偿还（或支付）给议付行。特别承诺申请适用于国际竞争性招标方式进行的货物采购，而且利用信用证进行核算。在特别承诺下，世界银行不可以撤销自己发出的承诺，特别承诺一旦发出，世界银行的偿还责任即已确定。同时世界银行对其所承诺偿付议付行的金额做出限制，即在特别承诺中规定了支付的最高等值美元金额（如果是 IDA 信贷，则为特别提款权数额）。这种付款不受世界银行与借款人所签订的贷款协定是否被终止、撤销，或贷款总额是否被部分或全部注销的影响。特别承诺申请的程序一是提出申请，二是发出特别承诺。

对特别承诺申请书的基本要求：

a. 申请书必须用英文填写（一式五份）；

b. 应向世界银行提交一式两份，其中必须有一份是原件（即指有被授权的提款签字人签字的原件）；

c. 提交世界银行的申请书应附有合同副本一份及借款人委托其国内的商业银行开具的信用证一式两份；

d. 申请书的金额、货币必须与信用证上的货币金额相符。

世界银行收到借款人的申请书及所附的信用证副本和合同副

本，经审核后，向信用证对方银行（议付行）以 2108 格式发出其特别承诺，同时将特别承诺副本送采购公司和项目单位等。特别承诺发出后，世界银行将于接到议付行的付款请求后，立即拨付款项，无须等到再次收到借款人付款申请书才付款。议付行首次提出付款请求，构成其对特别承诺的认可。不论分几次付款，议付行将收到合同或信用证中规定的货币和总金额，而世界银行支付的款项，其折合等值美元（或特别提款权）金额不变。

对信用证的基本要求：

a. 明确议付行的名称和地址、开证行名称和地址、开具的货币和金额和截止日期。

b. 符合有关发货、付款的一般规定。如果一定要求世行特别承诺，还需注明："只有世界银行发出特别承诺书后，本信用证才有效"。

信用证的下列内容修改必须征得世行的同意：

a. 信用证的金额、货币的任何变动；运货的质量和数量的变动；

b. 议付行、受益人的名称的变动；

c. 信用证上截至日期如超过原截至日期六个月以上，或延长到世界银行贷款项目规定的截止日期以后，有关信用证的任何变动等。在信用证发生变动的情况下，议付行有责任通知世界银行。

（3）货币支付。《提款指南》规定，除借款人与世界银行协商同意外，所有从贷款账户中提取的用于支付贷款项目建设所需的各项支出的金额——所有的货币必须与已经支出的或者是将要支出的各项开支所用的货币相同。如果这种货币是作为借款人或保证人的世界银行或国际开发协会成员国的货币时，世界银行根据借款人的要求付款时可以随时合理选择提供，即：

a. 借款人先用自有资金垫付了的、实际应付给供货人或承包商的货币种类和金额。

b. 议付行根据合同、信用证和世界银行做出的特别承诺书的要求，在付给供货商后向世界银行提出偿还申请时，要求的货币和金额也应是其付给供货人的货币和金额。

c. 根据借款人与供货商或承包商之间签订的合同规定，在供货人提供货物和劳务后，借款人将请求世界银行将货款或劳务费付给受益人。这种申请要求的货币和金额也应是其付给合同中明确规定的用于结算的货币金额。

d. 向世界银行申请付款的货币，如果是世界银行成员国中某一国的货币时，世界银行可以根据其经营需要，随时选择一种或几种成员国的货币或所要求的货币来支付，不一定按照借款人的要求用该种货币支付。

（4）支付信。贷款协定签字后，世界银行支付处将根据协定谈判时与借款人协商同意的有关财务支付事项，以书信形式寄给借款人。世行向借款人发出"支付信"，说明该项目所使用的提款程序、提款的一般准则、专用账户的使用以及提款时应注意的事项等。支付信的主要内容有：

a. 一份英文的提款指南和一套英文的提款程序，帮助借款人了解世界银行的提款政策、原则、程序、格式、费用报表的使用等；

b. 借款人开始提款前应向世界银行提交一份由借款人授权的、有权从贷款账户中提款的提款人名单及签字真迹；

c. 说明专用账户如何开设、如何使用、如何安排限额内的首次存款，并提供世界银行能够接受的偿还申请书附表的格式。

此外，支付信还附有以下文件或说明：

a. 贷款协定附件 I 的副本（复印件）一份，向借款人指出在各类别下世界银行贷款的限额以及在费用支出中的比例，并说明从世行提款时可采用的程序。

b. 指出在贷款协定生效前一段时间内，项目发生的哪些支出可由世界银行贷款提供资金；并说明对申请书的份数和证明文件的要求，以及申请书中付款的指令、币种的要求。

c. 特定的申请书附表 C 格式，即通过费用报表申请偿还的格式说明如何正确使用费用报表等。

**（二）专用账户**

专用账户指世行与项目管理单位为项目贷款在特定银行专门开设的资金账户。世界银行向借款人提供的贷款，原则上不是一次向借款人提供全部承诺的贷款，借款人也不能自由支配项目贷款。世行提供的贷款必须存入规定的银行，只有在发生了符合世界银行贷款项目建设所需要的费用开支时，借款人才能从贷款账户中提取相应的贷款。此外，借款人一旦从贷款账户中提取了周转金金额并存入银行专用账户，不论是否用于项目支出，都将于提款日起计付贷款利息。专用账户的资金可通过偿还申请的提款程序向世界银行要求补充。

（1）设立目的。世界银行设立专用账户的主要目的在于确保世行贷款用于协议项目，提高贷款的使用效率，严格监督贷款的使用方式。

a. 向借款人提供使用世界银行贷款资金的方便，使借款人在需要时能及时提用世行许可的、将支付的部分费用，并避免借款人因实际支付款项的时间与收到世界银行偿还资金的时间上的差距而可能产生本国货币贬值而出现的损失，缩短支付时间。

b. 减少借款国送交世界银行的申请书数目和必要的费用开支；减少世行收到借款人申请书的数量，减轻审核申请书的工作量；有助于借款人能够及时了解贷款的支付情况，加快了贷款的支付，使项目得以顺利进行。

世界银行通过对借款人提供的各种文件进行严格审核，确定合理开支，否决不合理的开支。虽然借款人使用贷款前，事先提交的合同经过世行批准，但由于项目在实施过程中各种关系比较复杂，世界银行很难保证所有预先支付给借款人的贷款资金都是用于项目所需的合理开支，只有在借款人要求世界银行补充专用账户周转金时，通过提交有关单据，才能检验这些资金用得是否合理，是否真正用于世行贷款项目。

（2）货币选择。世行对专用账户中的货币选择有明确规定。专用账户的货币一般是美元或其他在国际贸易中专用的、而且是可以随时兑换的借款人的本国货币或外国货币单位（如日元、欧元、英镑等）。世界银行一般只允许以一种货币开设该账户，借款人可以从国际强势货币中进行选择。如果借款人本国有规定，要求专用账户货币单位为本国货币时，或借款人认为项目执行确有必要时，也可以用本国货币为货币单位开设账户，或增设以本国货币为单位的专用账户。

（3）开户银行。一般而言，专用账户的开户应开设在被授权可以经营外汇或可以用外汇进行交易的商业银行。账户的开设地可以根据项目的性质来决定。一般说来，将开户处设在借款国的中央银行更为适当，因为世界银行一般只与各成员国的中央银行有业务往来并有存款，结算比较稳妥便利。

（4）首次存款。首次存款指在贷款协定中规定的限额内存入专用账户的款项。贷款生效后，借款人有权向世行申请周转金金额，以借款人（项目单位）的名义存入专用账户。借款人（项目单位）必须通知世行该专用账户的开户银行名称、地址和账号。项目单位所申请的周转金应严格按照提款申请程序，经世行批准后使用。

（5）最高限额。存入专用账户资金的最高额，一般是项目四个月平均支出中世行应负担的"份额"，但不包括这四个月内所有的合理开支（如不包括其他规定的特许付款，如采购付款

等）。如果有正当充分的理由，借款人可以要求世行增加限额的要求。

（6）补充资金。在一般情况下，申请补充专用账户资金的申请书应每月或每三个月向世界银行提交一次，或在已支付数额达到专用账户最高存款限额的一定比例，如25%或50%时，送交一次申请书。项目单位专用账户的存款，可用于贷款协定中所规定的支出。项目单位应根据已执行的交易的价值和数量填写偿还申请书，并提供有关证明材料，附上必需的原始单据和文件（包括合同），以及商业银行提供的对账单等，要求世行补充特别账户中已支付的金额。在采用费用报表方式向世界银行申报已从专用账户中支出的费用款时，可以不必附送原始单据和文件，但必须附送专用账户开户银行提供的对账单。

（7）回补手续。贷款项目的资金即将用完时，周转金专用账户的首次金额要逐步回补。回补一般是在贷款未支用余额（不包括世界银行已向议付行发出特别承诺的金额）为首次存款（即限定金额）的二倍时开始执行。

要求世行回补资金必须提供必要的文件证明，履行协议中规定的手续。回补手续或提交文件时，应按2∶1的比例执行，即在项目单位向世界银行申报有文件证明的合理费用时，每3美元中世界银行将付2美元给项目单位，保留1美元作为回补。通过多次回补，专用账户的存款将逐渐减少，没有文件证明的金额也随之减少，以致最后为零。

（8）账户管理。世界银行对项目下的专用账户的控制方法是：

a. 借款人提供的开户银行的月报表，与申请补充的摘要表中列示的所有开支进行核对，保证账户账目的准确性。

b. 在贷款协定中对专用账户进行审计，检查所有发生的账目是否合理，如果有必要，世行将对有关问题进行调查分析。

### （三）货币总库制

货币总库制（Currency Pooling System）是世界银行对贷款的使用、还本付息的一种计价方法，是世界银行在各借款人之间平均分摊汇率风险的制度，或者说是一种计价制度。采用这种制度，所有借款人在使用和偿还世行贷款时因货币不同而产生的汇率损益得以平均分摊，这样可以降低汇率风险。货币总库制一般适用于国际复兴开发银行。由于国际开发协会采用特别提款权的货币制度，故不适用货币总库制。

（1）主要特点。在货币总库制下，世界银行在账户上设置了汇总付款账、贷款账、累计提款账和借款人债务分户账或称为结欠本金账。汇总付款账用来记录所有贷款在支付日所支用的各种货币金额，以及按当日的汇率折算的美元等值。贷款账、累计提款账和借款人债务分户账则按每个借款者、每笔贷款分设明细账，记录某一贷款项目所发生账项的美元等值。核算方法上则采用三个系数，即重估系数、累计重估价系数和分期偿还调整系数，每天开账时对汇总付款账中已支付出去而未偿还的贷款本金进行重新估价，以准确反映由于汇率发生变化，借款人所欠的贷款本金的美元现值，并用由此而产生的当天的重估价系数对每一笔贷款结欠本金账的开账余额进行重新估价，以保证所有参加总库制的每一贷款的结欠本金按其参加总库的份额承担当天汇总付款账所发生的汇率损益。主要特点如下：

a. 设置一个汇总付款账户。将各贷款户每天所用的原货币金额折合美元记录在这个账户中，各贷款户不记录原币数；记录每一贷款支用情况及计算到期应交付贷款利息、承诺费和到期应偿还贷款本金金额时，都以美元进行。

b. 估算本金、利息与风险。在总库制下，天天开账。每天对前一天结账时结欠的本金数进行重新估价，确定一个估价系数，以正确反映未偿还贷款本金美元值的涨跌情况。在未采用总库制的情况下，则保留借款人实际支用的各种货币及金额。每个贷款项目结欠本金余额的调整变化，都与汇总付款账的调整存在密切的关系，并利用重估价系数、累计重估价系数和分期偿还调整系数计算出应偿还的本金和利息的金额。

c. 定期报送项目报表。每半个月向借款人提交一份与项目有关的报表，反映该项目在这半个月的活动情况。

（2）主要账户。货币总库制的主要账户包括：

a. 汇总付款账。当一个贷款户支用了一笔款项，支付的原币数及按当天该种货币与美元的适用汇率折合成美元，记入汇总付款账的借方，原币数加入该种货币在汇总付款账的金额中，折合美元数则加入汇总付款账的美元金额中。当贷款户本金的一部分到期，按世行指定的需要偿还的货币数从汇总付款账户中尚未偿还的该种货币余额中减去，按到期日的汇率计算的折合美元数，从美元余额中减去。每个业务日开始时，根据上一个业务日结转过来的各种货币的余额，对上一个业务日的美元余额重新估价，以求得当天对前一天的重估价系数，反映美元的升值或贬值幅度。

b. 贷款账。贷款账是银行向借款人计收贷款承诺费的基础，世行按每一贷款号设立贷款账户，进行明细核算，该账户总是用美元记录的。根据《通则》规定，贷款协定一生效，世行在规定的期限内将贷款总额记入以借款人名义开设在银行的贷款账户的贷方，借款人有权按照贷款协定的规定，从贷款账户中提取任何款项。

c. 结欠本金账。这是汇总付款账的一个分户账，它记载某一贷款户已支用的或未来将清偿的贷款本金额。根据《通则》规定，贷款户支用了一大笔非美元货币款后，应按当日汇率进行折算成美元。银行收到借款人归还的贷款本金后，即从该账户余额中减去相应的美元金额。由于各种货币对美元的汇率经常发生变化，在每天业务开始前，必须用汇总付款账当天的重估价系数对上一个业务日结账后结转下来的结欠本金数进行调整，以正确反映该贷款项目本金的结欠数——折合成美元的结欠数。在每天的业务结束时，贷款中尚未到期的结欠本金余额的货币构成必须与汇总付款账当天余额中的货币构成联系起来，即把总库中结欠的各种货币按各贷款结欠本金额占总库的份额分配给各贷款户。结欠本金账的余额，是银行向借款人计收贷款利息的依据。

d. 累计提款账。累计提款账是一个辅助账，是按各个贷款项目设置的。该账户按实际发生的美元值记录并反映某一贷款项目截止日累计已使用贷款的情况。当贷款支付的是非美元时，必须进行不同币值之间的换算。当结欠的本金中的一部分到期应偿还时，将到期部分的金额从该账户余额中减去。该账户的余额与贷款账户的余额之和等于贷款金额。如果贷款金额没有被注销或取消，则在贷款金额全部被支付完毕后，累计提款额应等于原贷款协定中规定的贷款总额。

（3）贷款的支付和偿还。贷款的支付和偿还应严格遵循世行与项目单位的协议，主要包括以下内容：

a. 付款的货币和支付。在借款人要求银行从其贷款户中提款用于支付贷款项目的费用支出，银行可以用借款人所要求的货币支付，也可以用其拥有的、可随时用于支付的某一货币（一般为美元），购买付款所需的货币予以支付。世界银行掌握的可随时用于支付的货币来源包括：银行从国际市场上，或向成员国政府借入的款项；成员国缴纳的股本；银行本身赢利收入；借款人偿还和交付的贷款本金、贷款利息和承诺费。

世界银行用何种货币支付借款人所需要的费用款，对借款人来说有一定的关系，它直接涉及汇率和利率风险。世行的原则是，不论借款人或收款人收到的是什么货币，世行只根据其实际支付的货币种类和金额记入汇总付款账的结欠本金余额，并以支

付的货币和金额折算成美元后记入借款人的累计提款账户，即付款所用的货币，决定了某一贷款某一提款账项所发生的损益。

　　b. 贷款本金的偿还。当某一贷款的部分或全部本金到期时，借款人应偿还的贷款本金金额的计算，是以贷款协定的附表（分期偿还表）中规定的借款人每次偿还的美元为基础，用到期日该贷款的分期还款调整系数调整后的美元现值作为借款人在到期日实际应偿还银行的贷款本金。借款人必须以银行指定的货币交付，如果借款人没有银行所指定的货币，可以在到期前45天通知世行，用相应的通用货币交付。在到期日，世行把收到的借款人交来的本金金额（包括指定的货币金额和美元值）从汇总付款账及借款人的债务分户账中的余额减去，借款人的累计提款账也相应减少分期偿还表中规定的到期应偿还的贷款本金金额。

　　c. 承诺费与累计计费积数。根据《通则》和《贷款协定》的规定，从贷款协定签字后60天起，借款人必须向银行交付按年率为0.75%，以贷款中未支用的总额为基础计算的承诺费（不指信贷）。由于承诺费只是在贷款协定中规定的交付日期才需要支付，故平时只是累计应交付承诺费的积数。

　　累计计费积数是从报告期（半年付息期）期初开始逐日累计到规定的还本付息日止计算承诺费的美元数，以便确定在付息日借款人应交付的承诺费总额。累计时，不考虑重估价系数，即不考虑各种货币对美元汇率变化的因素。因为累计时是以贷款总额中未提款的余额为基础，而未提款的余额并未加入汇总付款账中的货币混算，不存在美元升值或贬值的问题（计算方法略）。

　　d. 利息和计息积数。根据《通则》和《贷款协定》的规定，借款人必须对已支付、尚结欠的贷款本金，按照规定的年利息率交付贷款利息。贷款利息是按借款人结欠的本金和实际结欠的天数来计算的，即一年按365天（闰年按366天）计算。由于世行的会计年度是从每年7月1日至次年的6月30日，因此，

当出现闰年2月份时，则根据该2月份是属于哪一个会计年度的范畴，该年计算利息（或承诺费）时，就按366天计算。计算贷款利息时所采用的利息率，根据具体项目而定。

e. 适用汇率。适用汇率是世界银行用于确定某一账项的折合美元值，以及计算某天汇总付款账的重估价系数的基础。适用汇率是各种货币对美元的折算率，是根据国际货币基金组织、中央银行和市场汇率等几个因素来确定的，但世界主要货币（英镑、法国法郎、日元、德国马克和特别提款权）对美元的汇率必须采用国际货币基金组织当天公布的汇率进行计算。

f. 指定货币。指定的货币通常是汇总付款账记录的已支付而未偿还的某一种货币。银行要求借款人在贷款协定规定的还本付息期间用某种货币交付贷款利息、承诺费和偿还贷款本金，即指定借款人以哪种货币还本付息。还本付息时，以世行通知的应交付的费用和本金的美元金额为基础，按到期日指定的货币与美元的汇率（指适用汇率）换算后交付。因此，借款国在偿还贷款时的利率和汇率风险与指定的货币也有一定的关系。

g. 计价日期。计价日期是指提款账项发生后世行记入借款人的累计提款账及计收贷款利息的日期。计价日期对每一贷款来说是非常重要的，一般来说，账项的计价日期，也就是账项发生的日期，或者是银行将贷款资金支付出去的日期。在银行通知借款人款项已支付出去的"付款通知单"上表述为"付款日期"。在付款这一天，银行将实际付出的货币及金额，按付款日的适用汇率折算成美元后记入反映贷款本金的三个账户——贷款账、累计提款账和结欠本金账，并从这天开始计算贷款利息和不再计算承诺费。

（4）存在的问题。货币总库制从诞生至今，已有十多年。它在平均分摊货币风险，加强货币管理方面，起到了不小的作用，但也存在不少问题。

a. 风险难测。货币总库制的货币构成不可预测，因而货币总库制风险不可预测；固定货币贷款的还本币种有很大的随意性，不可预测，这就给借款国和世界银行双方的货币管理带来许多不便。此外，浮动利率是反映所有的借入资金的成本，而不是贷款资金的成本，这就造成了某种程度上的借贷误差，并产生不公平问题。

b. 货币扭曲。在旧的货币总库制中，世界银行借入的资金并没有全部用于贷款，而是有相当大的一部分用于投资，浮动贷款利率是以借入货币资金的成本，而不是以贷款而借入的货币资金的成本为基础。实际上，当投资趋向于高名义利率的货币，如美元时，支付偏向于集中在低名义利率的货币，如瑞士法郎、德国马克和日元上，这就意味着，原始的浮动利率制度——1982年的浮动贷款利率是基于一个高成本的一揽子货币，而不是借款人实际得到的低成本的一揽子货币，这种差别，称为"货币扭曲"。

（5）货币总库制的改革。自1980年以来，世界银行对借款国提供的硬贷款一直实行货币总库制。基于上述问题，世界银行于1989年改进了货币总库制。从1993年2月15日开始，世界银行决定其对借款国提供的硬贷款在继续实行货币总库制的同时，作为一种补充手段，增加以单一币种计值的贷款。世界银行决定试行单一币种贷款，其目的主要是：

a. 世界银行提供单一贷款币种同借款人需求和主要创汇收入的币种相一致，减少汇率风险，并简化计算手续。

b. 在借款国的经济逐步向市场经济过渡，其收入状况同世界市场价格变动开始建立在有机联系的前提下，使世界银行贷款利率同国际资金市场利率变化紧密联系，缩短滞后期，有利于借款国缩小其储备币种与还本付息币种要求之间的差距。

专家认为，实行货币总库制贷款或单一币种贷款各有利弊。由于世界银行提供的货币总库制贷款，基本上是同各国政府的外汇储备结构相一致，各国政府可以通过调整外汇储备的构成，来避免还款时的货币总库制风险；此外，在市场机制尚不完善的发展中国家，对市场利率变化反映相对迟缓，保持较长时间的利率稳定更为适宜。当然，由于发展中国家的具体情况各不相同，对于那些进出口贸易计价和收支以及外汇储备结构以某一币种为主，且对市场利率变化较为敏感的国家，试用单一币种贷款应当是适宜的选择。

那么，究竟是使用货币总库制还是单一币种贷款呢？总的看来，在货币总库制条件下，利率风险较小，而汇率风险较大；单一币种贷款则减少了汇率风险，但利率风险较大。

**（四）转贷与结算**

一般而言，借款国的财政部作为借款代表，对外作为借款人借入资金，负责与世界银行签订（信贷）协议，协调结算，综合管理；并负责把贷款转贷给项目单位的主管部门，与项目单位签订转贷协议书，分别结算。当然，转贷协议书也是世界银行贷款生效的条件之一。

（1）全额转贷。除技术合作信贷项目外，通过借款国财政部转贷的项目贷款，一般都是全额转贷，即把从世界银行借入的资金全额转贷给项目主管单位，包括贷款金额和货币种类。即借入的是美元，转贷的也是美元；借贷的是特别提款权，转贷也是特别提款权。

（2）宽限期间。为减轻项目单位的负担，世行规定，在贷款协定签字生效后一段时间内（一般与项目建设周期相当），项目单位暂时可以不用还本。因此，借款国财政部与项目单位在转贷协议中，将宽限期与有关利息和承诺费的交付联系起来，灵活加以解决。对有收益的项目单位或扩建改建单位，则宽限期内的利息应按规定按时交付。对于某些新建项目，在建设期内没有收益，且项目的配套资金也是由借款国家拨款或其银行贷款解决

的，没有资金来承担利息，因此，在建设期即宽限期内的利息支出，或者由借款国财政负担，或者由借款国家暂垫付。在宽限期过后的一年内，由项目单位用项目收益归还，逾期未归还部分，将转为贷款本金，计收利息。

（3）承诺费。为了促进项目单位加速用款，按照世行的规定，项目单位超过用款期限未使用贷款，则要收取承诺费。因此，对尚未提取的贷款本金，借款国财政部与项目单位的转贷协议书也比照世界银行的办法，向项目单位按年率 0.75%（硬贷款）和 0.5%（软贷款）收取承诺费。承诺费每年结算一次，连同利息支付通知项目单位。

（4）汇率损益。如前所述，世行贷款存在一定的汇率风险，借款国汇率负担的情况一般有以下几种情况：

a. 实行货币总库制而发生的损益。首先，借款国财政部的转贷条件（年限、利率和承诺费）与世界银行的贷款协定完全相同的情况下，项目单位因货币总库制而产生的汇率损益，完全由项目单位承担，借款国财政部门不承担任何责任，特殊情况例外。其次，借款国财政部的转贷条件中，利率与世界银行的贷款协定不相同的情况下，项目单位在提款时提取货币与计价货币之间的汇率损益，以及在偿还贷款本金时，项目单位按贷款总额的历史美元分期偿还额，加上货币总库制重估价因素而调整偿还金额与贷款总额之间的差额，均由项目单位负担。其他损益由借款国财政部门负担，有其他协议规定除外。

b. 特殊汇率损益。在项目评估时，一般都以美元计算，当项目信贷用完时，可能产生所提取的特别提款权的等值美元数与评估时的美元数不等，这种汇率损益均由项目单位承担，有特殊规定除外。要说明的是，国际开发协会的信贷（软贷款）一般实行特别提款权计算，提取款项不管何种货币，均以当时的汇率折合特别提款权入账，偿还信贷本金时，也以特别提款权计算。

（5）转贷年限。借款国财政部根据项目规模的大小、项目周期的长短、经济效益优劣等情况，对不同的项目确定不同的年限。一般而言，对建设周期长、经济效益较低的项目，转贷年限较长，但转贷年限为最长不超过 20 年，其中包括宽限期 3～5 年；对建设周期短、经济效益高的项目，转贷年限相应则短，转贷年限为 10～15 年，其中包括宽限期 3 年。通过中间金融机构转贷给分项目单位的，年限较短，由中间金融机构根据分项目资金的回收率来确定。

（6）转贷利率。借款国财政部代表国家筹集建设资金，转贷给项目单位，实际上负有财政和银行双重职能。一方面，将借入资金转贷给建设单位，酌收利息，体现了银行职能。在转贷利率的调节方面，则充分体现出财政职能的作用。另一方面，向外借款来弥补国内经济建设的不足，既有宏观调控功能，又具有财政控制职能。

转贷利率一般视具体的转贷对象而定。一般说来，转贷对象是社会发展项目，借款国财政部转贷给项目单位时，则根据该项目的经济收益率，有可能收取一定的利息。如果转贷对象是整个国民受益的项目和社会福利事业，由于这些项目单位本身收益率不高或没有收益，转贷利率一般低于借入资金时的利率，由国家贴息。除个别项目外，一般经济建设项目的利率都低于借入成本，社会福利项目仅收取很少的手续费或略收利息。

（7）会计核算。利用世界银行贷款的项目单位，因行业不同，性质不同，各自有各自的会计核算制度。不管项目单位采用何种会计制度，都必须适应世界银行贷款的特殊性，项目单位对贷款的核算，除采用本行业的会计制度外，还应当考虑"贷款协定总额"科目、"已生效未提取的贷款"科目等科目的增设问题。

# 第三节　世界银行的其他业务活动

世界银行除了为借款国提供开发资金外，还提供技术援助、经济调研等多方面的援助，世行的这些活动对确保项目质量和提高管理效率具有重要的作用。

## 一　协调联合贷款

世界银行作为协调援助工作的最合适的机构，它常常充当联合贷款团的发起人或组织者，并参加提供联合贷款。所谓联合贷款指世界银行联合来自借款国以外的其他出资者，在某一部门或地区范围内对世行引导的项目贷款。一般情况下，世界银行资助的项目、为完成其筹措资金计划所需要的其他资助，以及经世界银行积极努力从其他来源筹得投资资金，也都视为联合贷款。世界银行认为，协调援助可以保证将有限的援助资金用于切实需要资金的项目并避免重复建设，以提高多边和双边的援助资金的使用效率。

### （一）联合贷款资金来源

联合贷款的资金主要来自三个方面：

（1）出口信贷。出口信贷在这里是指对从某一国家采购某些货物或劳务所提供的资助。世界银行在与出口信贷机构联合提供贷款的组织、监督方面起着中心的作用。世行与出口信贷机构联合提供贷款，主要投资于工业、公用事业和交通运输部门中的大型项目。这种联合贷款，具有较强的吸引力。出口信贷的资金来源是多方面的，既可能是政府方面的，也可能是商业性的，或二者兼有。

（2）官方援助。主要包括世界银行会员国及其代理机构和多边金融机构的资金援助。

（3）私人金融机构。私人金融机构资金来源主要是私人商业银行，也包括保险公司的资金、抚恤金和其他私人来源的资金。

在实际操作中，通过世行领导或牵头，援助国往往组成联合贷款团，共同向一个发展中国家提供援助。世界银行在主持联合贷款团会议时，邀请国际货币基金组织、联合国开发计划署派代表参加，必要时还邀请地区开发银行和其他有关国际组织参加，共同磋商有关援助问题的细节。作为联合贷款团的主席，世界银行致力于协调援助国和受援国的利益，向援助国提供受援国经济发展状况、未来潜力和存在问题的资料，帮助他们了解援助的性质并提供技术性文件。另一方面，世行协助受援国考虑所需外资和有效利用外资的措施，帮助受援国政府选定项目，进行可行性研究，确定投资前所需的技术援助，制定或修订发展规划，并对规划的实施提供咨询意见。可见，世行作为联合贷款团的领导者，在协调援助国和受援国关系的许多方面起着巨大的作用。

### （二）联合贷款形式

联合贷款有三种主要形式：

（1）联合式贷款。当合伙人是多边金融机构时，多采用这种方式。联合式贷款是指在联合贷款业务中，世界银行与合伙贷款人共同使用一份物资和服务项目清单，清单上所有或部分项目由世界银行与其他合伙贷款人按照已同意的比例分别承担。在联合贷款下，世界银行在项目的监督和贷款的管理阶段都起着重要作用，因为合伙贷款人一般的都同意世界银行对项目实施的日常监督负主要责任，充当项目的"管理人"。一般情况下，世界银行和合伙贷款人之间订有协议，定期进行磋商，双方尽量避免采取不与对方商量就中止贷款等特别行动。

（2）平行式贷款。平行式联合贷款在安排筹资方面有更大的灵活性。当合伙贷款人是官方机构时，较多采用这种方式。平行式贷款是指世界银行与联合贷款人为同一个项目承担不同物资和劳务，或承担同一项目的不同部分，并各自管理项目中其负责的那一部分。如果平行合伙贷款人缺少必要的工作人员来管理他们所提供的贷款时，世界银行则提供协助，包括审查采购和拨款文件。实际上，采用这种贷款方式的多边机构也常常订立"贷款人"协议书或协议备忘录，以便在项目实施阶段可以进行一般性磋商和联合行动。但是在采购问题上，只有平行式合伙贷款人的要求与世界银行的要求基本一致的情况下，世界银行才会同意管理。在其他情况下，世界银行只提供一些技术方面的指导意见，不参与决策管理。

（3）无组织平行式贷款。即由借款人自己负责从出口信贷机构那里获得最理想的价格和条件的贷款。采用这种方式的联合贷款，世界银行的作用主要只限于评估和监督项目等正常程序。

## 二 提供技术援助

世界银行作为一个开发性的国际金融机构，同时也是一个国际援助机构，它向成员国提供经济开发与发展所需要的各种援助，包括资金援助和技术援助。世界银行对会员国的技术援助主要体现在社会经济发展政策、建设项目、投资计划等方面，而且提供技术援助往往与提供贷款相结合。技术援助形式包括对建设项目可行性研究、协助培训人员等。

技术援助是世界银行业务的一个重要组成部分。在20世纪50年代，世界银行开始增加援助金额，并成立了经济发展学院，帮助一些发展中国家培训管理干部。世行认为，世行贷款项目在组织实施过程中，既需要管理人员，又需要技术骨干，在项目建成投产后，也离不开技术管理问题。通过技术援助，可以提高受援国员工的技术水平，保证建设项目的顺利实施，以及项目投产后的企业管理工作。

**（一）技术援助方式与特点**

世界银行要求，所有从事技术援助的世行工作人员，必须具有一定的技术水平和专业基础知识。世界银行在技术援助过程中，特别关注对借款国项目实施人员的技术情况、借款国经济情况进行调查研究，并按照项目贷款协议规定与建设项目程序的安排，聘请顾问人员，加强技术人员的培训。20世纪90年代以来，技术援助对建设项目的作用越来越显著，提高了一些建设项目的经济效益。世界银行提供技术援助的方式与特点，主要有：

（1）全程技术援助。世行的项目技术援助包括项目的准备、执行、经营、工厂的设计，直到项目的组织和管理的全过程。特别在项目周期中的准备阶段，借款国经常需要世界银行提供技术援助。世界银行技术援助的内容，同建设项目实施直接相关。世行技术援助的资金集中使用于项目计划与实施方面，强调技术援助为建设过程服务。此外，世行在提供全程援助的同时，特别注重对会员国在宏观管理方面提供技术援助，如帮助成员国制定社会经济发展政策，研究部门发展，确定项目和其他优先注意事项，建立发展工作机构，拟定投资计划，进行个别项目的可行性研究以及为会员国在经济发展中遇到的某些特殊问题提供解决方案等。

（2）技术管理援助。世界银行在技术管理方面的援助主要包括：由世界银行承担其他援助机构技术援助任务的执行；联合国开发计划署资助建设项目所需的技术援助；负责对资本过剩国家的技术援助计划；在建设项目准备阶段和项目评估阶段聘请技术人员；其他有偿援助计划等。

世界银行于1955年成立了建设项目技术援助筹备机构，并安排资金对该机构进行大力支持。20世纪90年代以来，技术援助资金使用范围扩大，包括项目工作人员的培训和建设项目的可

行性研究，项目机构的组织和管理，项目的财务管理，项目所在地区和部门有关政策的调查研究（如市场、价格、关税和产品销售等方面的调查）等。

（3）加强人员培训。主要包括两方面：其一，经济发展学院举办培训班，培训管理人员；其二，派出技术专家或技术顾问进行技术指导或技术转让，为项目单位提供有关自然资源、社会资源、财务和经济方面的咨询意见等。

（4）有偿技术援助。这种方式主要针对一些较富裕的发展中国家——如石油输出国等。一些石油输出国管理人员和技术人员缺乏，严重阻碍着这些国家的项目建设，世界银行在收费的基础上向其提供技术援助。接受世行技术援助的国家，主要有伊朗、科威特、沙特阿拉伯、阿拉伯联合酋长国、委内瑞拉等石油输出国。有偿技术援助的内容主要包括：

a. 有关人才、劳务市场以及关键技术问题的综合研究；

b. 建设项目的可行性研究以及项目申请和项目招标的审查；

c. 写出项目报告，提出技术解决方案；

d. 培训当地人员，在项目实施过程中举办培训班；

e. 提供技术服务，帮助编写和提出国家经济报告，指导技术调查研究；等等。

（5）无偿技术援助。世界银行自 1982 年开始对比较贫困的撒哈拉以南非洲国家提供无偿技术援助。这些欠发达国家经济比较困难，在项目实施过程中需要援助的范围非常广泛。世界银行指派技术人员，直接向项目有关人员或农民传授技术，担任技术顾问。

世界银行认为，技术援助应做好时间安排与项目实施计划。如会员国在确定项目之前，世行提出考察计划，学习一些国家确定项目的先进经验；建设项目在招标以前，世行派人举办讲习班，介绍招标的基本程序和一些关键性的做法。世行认为，要全面了解受援国家情况比较困难，受援国聘请技术顾问是十分必要的——他们可以为项目单位提供咨询服务，帮助总结经验教训，及时解决技术援助存在的问题。

世界银行同联合国其他机构的合作——主要是与联合国粮农组织、联合国教科文组织、世界卫生组织等合作共同对一些国家提供技术援助，扩大其技术援助的范围，促进和提高受援国农业、供水、工业项目的经济效益。世行还与其他合伙组织，与建设项目所在地方机构联系，帮助地方政府确认项目，做好建设项目前期准备工作，加强对项目实施过程中的监督。世界银行同其他国家共同承担一些双边技术合作项目。

**（二）技术援助基金**

世界银行为技术援助设立了三种基金，即项目准备基金、特别项目准备基金和机构发展基金。其中，最主要的是项目准备基金。

（1）项目准备基金。该基金创立于1975年，其主要目的是为借款人垫付用于项目准备的资金，以解决项目准备资金的不足。世行规定，该项准备基金不是无限制的，每个项目提供的项目准备基金一般不超过150万美元。这种项目准备基金相当于项目贷款通过之前的一种预付款，是需要偿还的——在贷款协定生效后从贷款额中扣除。

（2）特别项目准备基金。该基金创立于1985年，主要用于帮助特别贫困的发展中国家——主要对象是撒哈拉以南非洲的贫困受援国。这些受援国都是有资格接受国际开发协会信贷的国家，在这些国家没有其他资金来源时，为其提供特别项目准备基金。这种资金是赠款，不需要偿还。但这种资金也不是无限制可以获得的，受到世行的严格控制，一般每年批准的额度只有几百万美元。

（3）机构发展基金。该基金创立于1992年，它也是一种赠

款，世行的借款国均可以申请这种赠款。该基金主要任务是支持低收入发展中国家开展与合作经济调研和双方政策对话有关的活动。该基金目前所拥有的金额达数千万美元。该基金的申请额度也是有一定限度的，每项活动的最高额不超过 50 万美元。

总之，世行对发展中国家的技术援助不断发展，产生了很大影响。世行的技术援助，一般都是与它所资助建设项目结合起来进行的。通过技术援助，能够确保世行项目贷款的顺利进行，提高世行项目质量和贷款效率，许多发展中国家对世界银行的技术援助是十分重视的。

### 三　国际性经济研究

世界银行除了提供贷款外，为加强自身和受援国制定业务政策、技术援助的能力，世行积极开展经济和社会研究工作，探讨各国的发展过程和政策趋势，为受援国提供信息分析决策指导。

（1）研究费用。世界银行一年拨出约占其行政预算 3% ~ 5% 的款项（2000 万美元左右），作为调查研究的经费。世行是一个提供开发资金的机构，并负有向会员国政府提供咨询意见的任务，因而非常重视社会经济调查工作。近年来，世界银行在调研工作中着重加强与发展中国家研究机构的合作，注重研究项目与银行业务工作的结合，应用和推广所取得的研究成果。

（2）研究内容。世界银行进行研究的任务主要集中在发展问题上，即当前发展中面临的挑战和长远的发展问题。对当前问题的研究可以指导世行近期的业务，而长远的研究课题则为世界银行未来的活动指明方向和重点。世行认为，当前应当重点研究的问题是贫困、公平、环境分析、人力资源开发、公共部门的改革、私营部门的发展、金融中介、基础设施和城市发展等。

（3）咨询小组。1971 年，世界银行同联合国粮农组织和开

发计划署共同发起组织国际农业研究咨询小组，由援助国、私人基金会、国际开发机构、地区开发机构以及各地区发展中国家的代表团共同组成。成立咨询小组的目的旨在赞助研究和发展有助于提高发展中国家粮食产量的新技术，并对发展中国家在拟定和确立自己的农业研究体制方面提供技术援助。咨询小组成立以来发展迅速，目前已成为国际开发组织中具有显著地位的一个组织。

（4）出版刊物。世界银行通过各种刊物、大型会议或研讨会扩大其研究成果的影响。世行的研究成果直接体现在与借款国的项目合作、技术援助、政策对话等诸多方面。此外，世界银行还出版一些刊物，以宣传自己的研究成果。反映世界银行研究成果的书刊有《世界银行发展报告》、《世界银行工作文件》、《世界银行经济评论》、《世界银行研究观察》、《世界银行研究通讯》等。

四　经济发展学院开展培训活动

经济发展学院是世界银行于 1956 年创办的一所高等培训机构，院址设在华盛顿。经济发展学院的宗旨是总结世界银行和其他地区或国家积累的知识和经验，帮助世界银行成员国加强开发决策，为发展中国家培训高级人员，包括经济管理人才和技术人才。经济发展学院的主要活动包括培训活动、在世界各地发展培训机构、编写和出版培训教材等。经济发展学院培训的对象，是接受世行资助的国家主管财政计划、经济部门的工作人员——这些人员都从事与世界银行业务有关的工作。通过培训，向这些工作人员传授制定开发计划的做法，指导对建设项目的管理和分析研究，以达到改善建设项目的经营管理，提高银行对发展中国家投资效益的目的。培训的内容主要包括如何解决项目选定、准备、审定、执行和管理开发过程中的一些问题。

经济发展学院要求参加培训人员，必须具备的条件是：

第一，懂得讲习班授课所使用的语言；

第二，年龄一般是 30～45 岁，具有大学毕业文化程度；

第三，具有 2～3 年的实际工作经验，对工作有责任心。

世界银行规定，凡是参加培训的项目工作人员，须经会员国政府有关部门同意，而且符合经济发展学院提出的这些条件和要求，并脱产参加培训班。实际上，各有关国家的部门和开发机构，提出要求参加培训的人员，大大超过了经济发展学院的实际条件。世行要求，培训人员在学习期间，不得从事与培训内容无关的工作。经过培训后，工作人员返回原工作部门或开发机构工作，或者从事与国际复兴开发银行业务有关的其他工作。经济发展学院认真审查参加培训人员的条件，审查合格即发通知录取。这项工作的具体内容如下：

（1）入学前的准备工作。世界银行在讲习班正式开学的前 6 个月，经济发展学院向有关会员国发出通知，由会员国的财政计划部门和开发机构提出培训人员名单。然后，由要参加培训人员自己填写申请表，通过官方渠道寄达经济发展学院。世行的高级职员对培训人员进行资格审查。

（2）培训人员的费用。由经济发展学院提供往返华盛顿的旅费，世界银行提供带有设备的公寓，每天发给培训人员生活补贴，并负担培训期间外出参观实习的旅费。

（3）授课教师安排。经济发展学院利用世界银行的资料和经验教学，学院讲授的课程主要结合银行的实际工作经验、政策分析、各种发展方式和其他实践经验等。世界银行集团各有关业务处的工作人员可以在学院兼课。此外，经济发展学院聘请其他国际金融机构的专家、政府工作人员、大学教授讲课。经济发展学院还协助其他机构举办的地区或国家讲习班制定教学计划、鉴定师资和确定教材。经济发展学院提供的培训资料有英语、法语和西班牙语三种文字，内容包括从宏观经济的制定计划、确定价格、制定发展政策，到投资项目的设计、审定、执行和总结等等。

（4）授课方式。经济发展学院培训的方式，是讲授、讨论和参观相结合，其主要目的是提高解决问题的实际工作能力。每期讲习班的学习时间，一般为 7～10 周，其中包括实习参观的时间。每期讲习班的人数，由世界银行根据它的业务发展需要和经济发展学院所达到的目的决定。

经济发展学院还设立了几种奖学金。一种是由日本政府资助的世界银行研究生奖学金，用于支持在发展有关的社会科学方面攻读高学位的研究生课程。第二种是麦克纳马奖学金，每年大约颁发 10 个，以支持经济发展领域内的创造性研究。此外，经济发展学院还与纽约的哥伦比亚大学合作，在发展经济学和管理方面设立了一个新的硕士学位。该学位要求在美国哥伦比亚大学学习 12 个月，并在世界银行或国际货币基金组织实习 6 个月。

总之，经济发展学院为受援国培养了一大批高级专业人才，为确保世界银行项目的顺利进行和项目质量产生了巨大的推动作用。

# 第四章

# 世界银行集团的项目管理

项目管理是世行贷款项目工作的中心环节。项目管理工作的成败，对具体项目的成功与否，乃至对世行的整个未来将产生不可估量的影响。因此，世行对项目的评估与选定、谈判与执行、总结与评价、采购的监督等工作十分重视，并将这些工作纳入法制化轨道，以确保世行宗旨的实现和项目工作的顺利进行。世行项目管理工作的内容广泛，它主要包括项目周期管理、项目监督管理、项目采购管理、项目咨询管理等。

## 第一节　项目周期管理

所谓项目周期是世界银行对于贷款项目计划的制定和项目的执行过程，要求按一定程序来执行，该程序即"项目周期"。世行贷款项目周期分为项目鉴别（立项）、准备、预评估/评估、谈判、实施和后评价六个阶段，从项目鉴别至贷款谈判一般约2年。贷款项目实施一般约4～5年。采购活动从项目准备就开始，一直延续至项目建成。大部分贷款项目的采购活动都要延续四五年或更长的时间，如果采购活动不能在原定的贷款关账期内完成，经世行批准，贷款关账期可以延长。通常项目周期管理要求利益相关方参与项目的设计与计划。具有以下几个特点：

- 参与式：所有利益相关方参与设计和计划；
- 系统性：按进展有序进行；
- 项目计划是周期循环，不断学习和提高；
- 合作各方保持不断的交流和团队工作。

世行贷款项目的每一阶段都有其独特的与发展过程相关的挑战。每个项目阶段应注意的问题有：一是项目认证：项目的认证是为了明确所有利益相关方对未来发展的共识，所有参与者应该对即将形成的项目思路具有拥有意识。二是项目框架设计：明确项目目标和产出，在考虑项目目标的可行性时，也应考虑项目的可持续性。三是项目实施：开始时，一定要对项目设计认识到位，做好充分的准备和动员宣传工作；实施时，要在专家的指导下，不断探索、设计和完善项目模式（产品和服务），并充分交流成果。在项目实施即将结束时，为了将项目模式和成果在大规模的推广实施活动中运用，需要宣传，营造一个有利于机制化和制度化的政策环境。

项目周期管理的目的是为了不断改进项目设计和管理的质量，从而提高项目援助的效益。可以使发展战略条理更加清晰；项目出发点是以有需要解决的问题来决定项目，而不是因为有投入才做项目；也可以使发展的利益相关各方对现状的分析更加充分，从而根据发展目标编制发展计划，而不是根据活动编制发展计划；它更加注重可持续的长期目标，而不仅是短期目标。

世行在项目的管理方面，要求借款国必须做好以下工作：第一，建立一个高效率、高水平的项目管理机构，以充分发挥其力量；第二，配备一支有各方面专家组成的项目工作人员队伍，使其在项目实施的各个阶段充分发挥其管理作用；第三，在项目的准备阶段，必须对有关的财务、经济、技术、社会等方面进行可行性研究和成本效益分析，有可靠的预测和最优的决策方案。还有，世界银行在确定贷款项目时，要优先考虑申请借款国提出的项目在该国经济发展中是否具有某种重要因素——必须有利于经济和技术的发展，并具有能成功实施和管理的良好前景。此外，世行要求所申请的项目必须在经济、技术和财务上经过一定的可行性研究，项目申请的前期工作准备充分，以保证世行贷款项目的申请能够顺利进行。

一　项目选定

项目的选定是项目周期的第一个阶段，也是决定项目能否得到世行认可立项的重要阶段。在此阶段，世界银行会员国可以根据发展本国经济的实际需要，向世行提出建设项目所需的贷款，找到技术上和体制上的解决办法并采用适当的政策——使成本与预计效益相适应，这是进行项目选定的最基本的理由。

项目的选定来自多方面。在部门战略的发展过程中，潜在的项目可能已鉴别出来并按大体上的优先做了排列。实际上，项目意向往往是对以下各项情况进行鉴别的结果：

（1）满足的需求或需要以及满足它们的可能手段；

（2）缺乏必要的设施、服务以及材料或人力资源，或由于机构上或其他障碍而造成发展过程中的问题；

（3）未经使用或使用不足的材料或人力资源以及更有利的使用途径，有关企业希望社会和政府予以鼓励并有可能变成现实；

（4）补充其他投资的需要，或追求国家的目标，或遭遇自然灾害，或企图创造本国进行开发活动的永久性能力的愿望；

（5）多国公司的投资建议，双边或多边援助机构的规划活动以及这些机构在某国继续进行的项目；

（6）国际社会在人口、环境以及减轻贫困等领域内的专业见解或公共舆论；等等。

在项目的第一阶段，项目申请者必须根据本国的实际情况收集有关项目的详细数据，向世行提供充分可信的翔实资料，如自然资源数据、人口资源数据等。世行组织工作人员对数据的正确性进行充分的估计、核算和分析，以确定该申请项目是否可行。从项目申请的历史情况看，会员国呈报的项目一般较多，竞争也比较激烈，世行不可能全部满足申请者的要求。因此，贷款申请要获得成功，第一阶段工作的好坏就显得十分重要。世行除对借款国申请的项目进行充分的研究，还经常派出工作人员到借款国进行综合考察，最后研究和制定对借款国资助的总体规划。总而言之，当一个项目做到以下几点时，可以认为已经通过了项目选定阶段：

（1）主要的选择和方案已经通过鉴别，并已做好了初步选定；

（2）影响项目结果的主要政策问题已经过鉴别，并且看来会得到解决；

（3）选出的项目方案看来是合理的，是根据对预计的成本和效益做出的粗略的估算；

（4）有关项目能取得政治当局和预期的受益人双方的充分支持；

（5）最好存在这种情况：能从国内取得足够的资金供应，如果需要的话，还能从国外取得资金支持；

（6）项目准备的专门计划已经确定。

在世行投资项目的选定过程中，收集准确与完善的数据是非常重要的，也是项目计划工作的一个重要前提。从各国历年申请的情况看，大多数发展中国家，往往不重视自然资源、人力资源和社会经济数据的收集工作，缺乏以低成本、高效率的方法研究、综合和分析这些数据的经验。世界银行在选定项目时，对申请借款国所提供的数据的正确性将进行充分的估计——主要分析借款国提供的数据是否充分，基本数据是否有错误，有些假设是否切实，有无考虑到市场、社会经济、技术、工艺和经济关系的变化等。这种"超前评估"，有利于集中力量选定优化项目，节省选定项目的时间和资金。总之，确定一个建设项目是一个复杂的过程，涉及各方面的问题——既有技术问题，也有经济分析问题，这些问题经过双方努力加以解决，才能选择出一个建设项目。

因此，并非任何建议均可以成为世行的项目，排除某一项目的基本理由是：

（1）不适合于项目目标或本国接受能力的工艺；

（2）风险过大；

（3）拟议中的产品需求不足或缺少比较利益；

（4）原料或技术力量供应不足；

（5）在机构或管理能力方面的规划雄心过大；

（6）有关可动用资金来源的业务经常性成本过高；

（7）有关预计效益，在经济上、社会上或环境上的成本过多；

（8）缺少计划受益人的承诺或缺少主要政府部门政治上的支持等。

二　项目准备

项目准备阶段是项目周期的第二阶段，该阶段一般需要1～2年时间。项目准备工作的第一步就是对选定的项目进行可行性分析研究——主要对建设项目的技术应用、组织管理、经济效益、财务计划进行分析研究。由于世行项目是一项具有长期经济生命力的重大投资，为了取得最佳方案，必须花费大量资金和时间对项目进行可行性分析研究。

**（一）可行性分析**

可行性分析研究是项目准备阶段的主要任务，这是一项政策性、技术性很强的工作，一般须由具备一定经验和水平的专家（如经济学家、市场分析专家、机械工程师、土木工程师、工业管理人员和财会专家等）来承担。如果借款国缺乏这方面的人才，可以在世行的协助下聘请咨询专家提供帮助。在特殊情况下，世界银行本身也可以为选定的项目做准备工作，并向借款国提供资金和技术援助。

在项目准备分析中应主要考虑：

（1）产品或服务的需要与市场、计划或预期受益人集团或目标地区的规模大小和性质；

（2）可取得的不同代用技术解决方案或成套方案以及对产品的相应估计，包括已在本国使用的技术及其改进潜力的建议；

（3）主要物质、人力资源以及所需要的技能是否可以取得；

（4）初期投资及后续生产经营成本的大小顺序；

（5）财务和经济收益率的大小顺序；

（6）对拟议中的项目可能有重大影响的任何机构方面的不利状态或政策问题；等等。

可行性研究是投资项目决策前进行技术经济论证的科学方法，它是随国外近20年来技术、经济和管理科学的发展而产生的，项目前期的可行性研究对保证项目质量和项目实施具有重大的影响。项目可行性研究的目的是提出技术方面和组织方面可供选择的最佳方案——选定的项目在技术上是先进可行的，在经济上是有利可图的。在完成可行性研究之后，项目工作小组编制一

份详细的项目报告，把技术分析、组织体制、财务分析和社会分析综合在一起，并做出全面的成本和效益评价，这种评价对借款国和世界银行同等重要。

**（二）项目分析的内容**

项目的可行性分析主要从技术、组织、财务、经济、社会五个方面进行。

（1）技术分析。即将拟建项目的各种技术问题进行系统分析。通过分析，应当明确该贷款项目在技术上是否可行，是否具备项目实施的条件，在技术上还存在哪些缺陷，引进专家是否能解决这些技术问题，等等。从实际情况看，技术方案和经济方案可能存在一定的矛盾或冲突，有时在技术上是最好的方案，不一定就是经济上最好的方案；在技术上费用最少的方案，也不一定是经济效益最好的方案。因此，采用优选比较的方法，把达到项目目标的几个可供挑选的技术方案的成本加以比较后，才能决定哪个方案是最佳方案。比较优选的方法是项目分析的一个最重要的方法。

（2）组织分析。项目组织建设是项目顺利实施的一个关键因素。世界银行认为，"组织建设"已经成为银行贷款的最重要的目的之一，一个有力、高效、充满活力的管理机构对项目的成功实施是十分重要的。实践表明，借款国世行贷款项目的组织机构、人事制度、工资待遇、管理体制等对项目计划的制定和执行具有非常重要的关系。要建立高效、强有力的项目机构，就必须配备业务水平较高、有一定经验和创新能力的工作人员或专家。比较理想的组织因素包括以下几个方面：第一，机构设置适当、合理。第二，组织管理人员、监督工作人员、技术工作人员水平较高，能够胜任工作。第三，设置必要的培训设施并定期展开培训工作。第四，拥有有效的信息交流渠道，并能与科研机构、著名管理专家以及有关国家机关保持良好的协作关系。第五，运用科学方法（如网络分析法、计划评审法等）使计划的执行具有现实性和科学性。

（3）财务分析。从财务方面论证项目的可行性，即是研究分析拟建项目的财务效果，估计其财务效益。主要从两方面来考虑：首先，对项目单位方面而言，能否获得赢利、赢利的水平、资金回收的时期以及如果某些情况发生变化，项目单位能够负担的程度等是财务分析的主要对象。其次，对政府财政方面而言，主要考虑项目对借款国财政的影响，项目的产出能否给政府带来税收收入，国家对贷款项目的国内配套设备投资对国家财政是否有影响，有些项目如需巨额的国家配套资金，那么国家财政是否能够支持等。

（4）经济分析。经济可行性分析是从宏观出发，从整个国民经济角度衡量项目投资的经济价值，包括实施该项目所耗用的经济资源，以及实施项目后对提高国民经济增长率和增加国民收入所起的作用等。值得注意的是，经济可行性必须从有效使用稀缺资源的角度来研究项目的净效益，充分考虑税收和补贴的关系，准确反映所耗用的实际资源。在进行这种分析时，必须对用于财务分析的市场价格做出调整。在经济可行性研究中，主要考虑国民生产总值、国民收入、偿债能力、预计的投资回收期、未来赢利状况等。

（5）社会分析。社会分析是研究项目对人民的影响。项目的社会性分析要考虑的因素较多——包括借款国的政策与经济结构、政治法律、宗教信仰、传统习俗、社会稳定状况等。它的任务主要考虑拟议中的项目设计对它意欲服务的人民是否合适，提出建议并改进这二者之间的"适应性"；制定有望既能赢得又能保持人民支持、并促使社会态度和行为变化以实现项目目标的战略。总之，社会分析应注意以下几个问题：第一，项目面向的人民在社会文化、人口统计方面的特征；第二，项目面向的人民组

织起来进行生产性活动的方法；第三，项目在文化方面被接受的能力，包括它适应人民的行为和预见到的需要的能力，以及给他们带来变化的能力；第四，促使项目面向的人民做出承诺，并保证他们持续地参与整个项目周期所必需的战略。由于预报社会行为非常困难，它的不确定因素较多，因此，世行的项目建成后是否创造较多的就业机会，是否由于项目引进了先进的自动化设备而裁减人员或导致职员工种的改变，项目建设是否对环境发生污染或产生其他不利影响（诸如农业灌溉与渔业生产、工业废水排放与饮用水、环境污染与风景区的保存、野生动物的保护）等等，显得更具有现实的意义。

三　项目评估

**在**项目的准备阶段完成后，世界银行还要进行详细的审查，这就是项目的评估阶段。借款国在提出项目报告后，由世界银行的专家组成评估团，对拟建项目的必要性、报告中的各种数据和项目的可行性分析报告等进行周密的调查研究，以评定各项建设是否恰当、完善，并写出评估报告。项目评估阶段是项目周期中的一个重要阶段，一般需要 3～4 周的时间。项目评估通常也是对项目的技术、组织、经济、财务四个方面做出评价。

（一）技术评估

技术评估的主要方面是项目的规模、布局和位置，使用的工序形式和设备，所采用的技术是否适合当地条件，技术执行的进度是否切实可行，达到预计产量水平是否可靠等。技术评估的关键是审查费用估算及这种估算所依据的工程技术和其他数据。

世界银行在评估项目的技术时，要求项目设计合理，在工程技术上处理得当，符合一般公认的有关标准，同时也符合借款国项目工程方面的技术标准和要求。此外，技术评估还要检查采购工作的安排是否满足世界银行的要求，测算经营项目的设施和劳务的费用，了解原材料或其他投入的供应情况，以及检查项目对人体和自然环境可能产生的影响。

**（二）组织评估**

组织方面评估的目的在于保证该项目的建设能够顺利和有效地进行，促使借款国家建立一个由项目工作人员组成的精干高效的管理机构。对项目组织工作的审查不仅包括借款单位本身的组织机构、管理人员，还要考虑政府对这些机构所实行的政策。通过对贷款项目组织工作的评价，世界银行对有关的问题提出建议，供借款国制定政策参考，并帮助借款国建立组织机构，有利于建设项目实施，并能使项目组织工作达到协议规定的目标和要求。具体而言，组织机构检查主要包括以下内容：

（1）项目执行机构的组织机构、计划与管理能力、人员素质及享有的权利与义务，政府对该机构所实行的经营政策，项目执行机构内部及同其他部门的协调关系。

（2）项目执行机构所面临的政策环境。

（3）与项目相关的单位之间的协作关系。对一些含有大量土建工程内容的项目，分析其业主单位、工程师单位和施工单位三者的责、权、利关系，尤其要审查前二者之间的职权分工和组织建设方面的独立性问题，等等。

**（三）经济评估**

项目的经济评估是从整个经济角度分析项目提供的效益的可观程度，是世界银行进行投资决策的基础。经济项目评估报告是最终审查、衡量项目投资价值的主要参考标准。经济上的可行性分析首先要估计项目能否对国家的开发目标作出贡献，这始终是选择、评估项目的一个基本标准。如果在经济评估中不能证明某个项目对借款国的经济发展开发有利，世界银行将否决项目贷款。因此，世界银行在审定每一个项目时，始终坚持贷款项目必

须产生令人满意的经济效益这一标准。这种标准既符合借款国的利益，也符合作为金融机构的世界银行的利益。

（四）财务评估

财务评估是项目评估的重要环节。财务评估的主要任务是检查项目是否有充足的资金以及保证项目实施和购买设备所需要费用。世界银行并不对项目建设的全部费用承担完全责任，它通常只对项目全部费用中的全部或部分外汇需要提供贷款，建设项目的当地费用，一般由借款国政府或部门自己筹借资金解决。当然，世行项目也可能得到其他合作机构的资助，如欧洲发展基金、阿拉伯国家基金和其他区域性银行等的赞助。如果规定由借款国家政府提供部分资金，而该国政府在筹措时发生困难，往往需要做出特殊安排。财务评估的内容还包括：

（1）还款能力。主要考虑衡量项目和项目受益人偿还所有贷款的能力，包括世行贷款本息以及项目从内部资金中为其资产提供相应收益的能力。

（2）赢利能力。主要考虑衡量项目本身的财务赢利能力，包括受益人能否收回项目投资和经营费用以及受益人的总体赢利水平等。

（3）风险因素。主要考虑项目在风险较大的情况下的赢利能力，包括项目收益率、收益稳定程度、影响收益的外在和内在因素等。

（4）价格因素。主要考虑项目产出物价格及投入物价格的水平和结构对项目受益人的财务的影响，要求借款国对不合理的价格水平及结构进行调整。

世界银行在对申请借款国选定的准备并不充分的项目进行深入调查和详细评估以后，如果认为该项目确实适合银行的贷款标准，就提出两份报告书：先提出一份可行性研究的报告书，随后再提出一份同意贷款的通知书。

总之，经过对许多世行项目情况进行可行性研究可以发现，由于世界各国情况不同，项目实施条件、内容、过程等存在巨大的差别，因此，不可能存在一个所谓标准的可行性模式。但是，无论项目的复杂性或具体性的程度如何，一些必须解决的基本问题有以下几方面：

（1）项目是否符合国家的发展目标和优先顺序；

（2）有关政策的基本结构是否与项目目标的完成情况相适应；

（3）项目在技术上是否健全，是否是可采用的技术方案中最好的一种；

（4）项目在管理上是否切实可行；

（5）对项目产品可否有充分的需求；

（6）项目在经济上是否合理，在财务上是否可行；

（7）项目与受益人的习惯和传统是否相适应；

（8）项目在环境方面是否妥善。

四　项目谈判

**世**界银行在同意成立贷款项目以后，就邀请借款国派出代表到世行总部（华盛顿）就贷款协议进行谈判。世界银行与申请贷款国就上述问题达成协议，即形成"谈判纪要"，并草拟或草签"贷款协定"和"项目限定"。有关谈判文件经世界银行执行董事会议审议批准后，借贷双方将授权各自的代表正式签署协议。至此，世行项目就可以正式进入实施阶段。

**（一）项目谈判的主要内容**

世行项目的谈判是很重要的一个问题，谈判事关项目申请的成败。申请借款国应当派出知识面广、富有谈判经验的专家参加谈判。在世界银行与借款国的谈判协商过程中，双方往往既坚持

原则，又保持一定的灵活性，这有利于缩小分歧，达成共识。对借款国而言，平等互利、不损害国家的尊严和主权完整是达成世行项目的基础。对世界银行而言，既要保证贷款符合其贷款政策和要求，又必须使贷款适应申请国提出的预期目标。因此，世行对项目前期工作的要求是很严格的，对借款国政府代表的信诺是十分重视的。项目谈判涉及的主要内容包括：

（1）贷款的条件和有关的转贷条件（包括贷款和转贷款的偿还期、宽限期、利率或手续费以及承诺费率）以及贷款的偿还方式。

（2）项目执行过程中世行、借款国政府和项目受益人各自享有的权利和应承担的义务。

（3）有关项目的研究和行动计划。

此外，在谈判阶段，世界银行与借款国还必须订立一份财务合约，合约要载明所有的财务目标，规定必要的收益率及其增长幅度。如果有必要建立一个新的项目机构来管理项目或者协调有关各部门的活动，贷款文件还需规定建立这个机构的时间和方式，以及人员的配备等等。

**（二）项目贷款协议的主要内容**

经过谈判，双方就项目实施安排进度和活动日程，达成一致意见。世界银行的项目贷款协议的内容主要有：

（1）一般条件，定义，借款人；

（2）项目名称，投资规模，以及缔约双方应接受的有关规定和其他协定；

（3）项目贷款金额，币种，支付方式，贷款利率，贷款专用账户，贷款截止日期；

（4）偿还项目贷款的时间、方式以及执行；

（5）协议生效日期、终止日期；

（6）借款人的代表、地址；

（7）其他约文。

## 五　项目执行

谈判结束后，借款国和项目受益人要对谈判达成的贷款协定和项目协定进行正式确认。在此基础上，世行有关管理部门根据贷款计划，将谈判项目提交世行执行董事会批准。项目获得批准后，由世行和借款国方面的代表在协议上签字，项目协议正式生效。项目生效后，借款国即可提取使用世行贷款资金，项目也就进入执行阶段。

### （一）项目执行阶段的主要工作

在项目的执行阶段，借款国负责项目的执行和经营，世界银行负责对项目的监督。除按协议规定执行外，还必须制定切实可行的项目执行计划和时间安排方案，借款国在做好项目执行的准备工作之后，即可组织国际投标。在项目执行的计划阶段，工作任务较多，主要应做好以下工作：

（1）建立项目执行管理机构，招聘和培训项目工作人员；

（2）制定土建工程计划、投标办法、投标的评价和合同的签订；

（3）技术措施的安排，物资和设备的采购，设备的安装和调试；

（4）产品或劳务的销售；

（5）营业许可证的取得和合同的批准。

### （二）项目进度报告的主要内容

世界银行一般是根据借款国报送的项目进度报告，分析项目进展情况以及借款国对贷款协议中各项保证的履行情况，了解项目的实际执行有无违反协议的情况及其原因，以便与借款国商讨解决的办法。在项目执行过程中，世界银行不断派遣各种高级专家到借款国考察，以监督项目的执行或施工情况，并逐年提出《监督项目执行情况报告书》。世界银行通过其派出的代表，随时向借款国提出有

关施工、调整贷款数额和付款方法的意见，同时根据协议给予借款国一定范围的帮助。项目进度报告一般应包括以下内容：

（1）借款国的财务、管理情况；

（2）从设计到基建、投产各个阶段的进度；

（3）项目的成本、开支以及世界银行贷款的支付情况；

（4）借款国对项目的经营管理情况以及项目预期收益情况；

（5）贷款协议中借款国承诺的保证的执行情况；

（6）经验与教训。

## 六　事后评价

世行的业务评议局对项目成果的评价总结在项目贷款全部发放后一年左右进行。该业务评议局的任务是对银行项目工作人员、对银行派遣的高级专家在视察和监督项目施工中提出的报告和"项目完成报告"进行审查。必要时，该局还派员进行实地调查，然后提出自己的"审核报告"。

### （一）评价的目的

世行对项目进行总结的最重要目的是查明项目明显成功或失败的各种原因，以确定在未来项目中明显应避免的隐患。一般说来，评价是对一系列的问题寻求答案，这些问题主要有：项目原来的目标是否能解释清楚而且可行？项目的指标小组是否准确？是否有效地服务？是否向加强项目机构方面取得了适当的进展？是否存在有相当大的成本超支？如果有，原因何在？……通过把许多项目的评价综合起来，针对某部门内部或所有项目，就能获得将来有用的线索和教训。

### （二）评价的要素

世行项目的评价过程没有一个单纯的模式。世行认为，经营人员应参与评价的过程，评价应该是客观的而且应使人看到的确如此。评价结果应完全公布，而且应尽可能使多数项目得到评价。因此，世行在项目评价中应充分体现客观性、全面性并公布评价结果。

世行通过对许多项目进行分析总结评价发现，虽然不同项目的问题不一，但不同项目存在许多相同的问题。因此，确定什么因素对长期维持项目效益起关键作用，对后来的项目实施有重大的意义。世行认为，这些关键的因素主要包括下列几项。

（1）机构：机构的性质、力量、自主权以及灵活性是确定项目维持能力的首要因素。保持成功的项目，就是那些提高了项目机构能力的项目。

（2）工艺：采用经过改进的适当的工艺（具有更新的趋势）是取得维持能力的强有力的因素，反之，不能使用适当的工艺是导致丧失项目效益的主要因素。

（3）社会文化因素：社会文化对机构发展和成功的技术转让都有很大的影响。试图用不符合本国习惯或价值观念的外来的方法完成这些工作，在项目一旦开始经营时，就冒着很大的失败的风险。当项目使它的受益人之间收入分配恶化或不能改进时，社会力量也影响长期的维持能力。

（4）政府政策：如果政府的政策与项目的目标不相适应或与项目开始活动的目标相反时，这些政策就逐渐地损害了长期的维持能力。

（5）项目成本：足够的经常发生的成本筹资，对长期维持能力，也有很重要的关系。

世界银行已有一套评价已完成项目的完善的程序，这个程序根据的原则是，业务人员紧密参加、态度客观、充分揭露后果和进行全面评价。采用这套程序的结果已产生一个数据资料库。由于缺乏一些训练有素的工作人员以及需要把优先重点放在项目工作的经营阶段，各发展中国家在仿照世界银行的做法方面进展很慢。当然，很多已经建立事后评价制度的国家已经发现，从经验

中学到的有系统的活动，对提高项目工作在促进发展方面的影响是无法估量的。

**（三）项目完成报告**

世界银行通过对项目进行系统科学的评估，提出自己的项目完成报告。其内容主要包括以下几点。

（1）在物质、财务、管理方面存在的问题，其发生的原因、造成的影响、采取的解决办法与措施；

（2）项目实施费用和进度发生的偏差以及发生偏差的原因，或者对项目做出的重大修改及修改的原因，以及项目制度的建立和修改情况；

（3）项目经营财务效果以及实际财务情况与原定财务计划的偏差，项目评估时的预测与实际情况有重大出入的原因；

（4）社会、政治和环境的影响及组织体制的变更情况；

（5）借款国政府、项目工作人员、咨询人员及世界银行业务人员的工作成绩；

（6）有否违约事件，采取了何种措施；

（7）项目实施过程中的经验教训的总结；

（8）对项目的建议与前景展望，等等。

除世行提出"项目完成报告"外，世行还要求借款国自己也应编制一份"项目完成报告"，其内容主要包括：分析项目是否达到预期的效果及差距，项目选定和准备时预计错误或没有预计的因素产生的原因，投资项目是否达到增产增收目标，是否给受益者带来了预期利益，在项目实施过程中的经验教训等。

# 第二节　项目监督管理

项目监督是保证项目顺利执行的一个重要环节，是世界银行为了保证其所资助的项目顺利执行和经营，保证贷款文件中关于项目的契约条款和任务的贯彻落实而进行的各种活动。世界银行对项目实施过程中的困难和问题进行监督的范围比较广泛，包括项目的进度和成本的变化、施工过程与环节存在的问题、经营情况和财务情况是否正常等许多方面。世行的监督体现在项目实施过程中的各个阶段，各阶段的监督管理的任务、重点不尽相同。

一　项目监督目的

**在**贷款协议批准生效后，世界银行为了确保发放的贷款用于协议所规定的范围，对借款国在项目执行和经营阶段的一切活动，进行全面、有效的监督是十分必要的。这种监督是世界银行与借款国双方为了保证实现项目预期的目的所采取的重要措施。如果借款国违反协议的基本要求，世行有权停止对项目拨款的支付。世界银行进行项目监督的目的主要有以下几方面：

（1）帮助借款国按计划实现项目在准备和评估时预期的效果，保证项目的建设有利于借款国的经济发展。将多年的项目管理经验直接运用到项目的实施过程中，使新项目的选定、准备和评估工作更加出色。

（2）世界银行向借款国传授技术和先进的管理手段，以提高援助的综合效能；及时处理借款国在项目实施过程中可能出现的困难及问题。

（3）实现世界银行贷款的根本任务和宗旨。

世行认为，项目执行中出现许多困难在所难免，但这些困难或难题并非不可克服。根据项目管理经验，这些问题具体表现在这些方面：第一，项目机构组织建设和工作人员的招聘与雇佣、咨询专家的聘请与选择问题；第二，当地政府的办事效率和官僚主义、违反协议的规定使用贷款资金问题；第三，项目管理人员违反管理运作的基本原则问题；第四，违反世行贷款的基本原则

和宗旨问题；第五，项目无正当理由拖延或停止、费用大量超支、发生意外事故等可控风险和不可预见的风险问题等等。一般而言，对于可以预见的或不可预见的风险，世界银行和借款国尽量避免或事后尽一切努力解决和补救，协调一致，以缩小不利影响。世界银行为了保证自己有合法权利去监督项目的执行，通常要求借款国在以下方面做出保证。

（1）记录项目执行的进度以及项目实施的成本。允许世界银行的代表参观项目区，检查正在施工的工程或其他设施，以及检查有关的记录。

（2）向世界银行提供项目进度、经营情况和财务情况等有关资料；建立收集数据的制度，并保证数据的准确性和真实性。

世界银行在项目监督方面虽然十分严格，但并非一意孤行，而是根据实际情况进行弹性处理。如果项目在实际施工中出现一些特殊问题，世行往往不以"硬性指标"的完成情况来判断项目实施过程是否符合协议要求，或根据"指标"来判断项目实施过程的好坏。因此，一般说来，世行对项目实施过程中的一些问题的处理是客观而又理性的，对一些问题的处理建议是十分正确的。

二  项目监督范围

世界银行对项目监督的范围比较宽泛，主要包括技术、组织、经济、财务、社会等方面。此外，世行还通过审查借款国拟定的投标文件、送交的进度报告等事项，对项目实施过程中的问题进行综合评价并及时处理。

（一）项目监督的制度

世界银行工作人员有丰富的管理和监督经验，他们对借款国在项目实施过程中提供各种咨询意见、服务和援助。世行禁止工作人员对借款国或项目有关问题发号施令，更不能干预借款国国内的政治和经济事务。世界银行鼓励参与监督的工作人员，与借款国的工作人员建立并保持坦率和密切的合作关系，及时、迅速地解决项目中存在的问题。为了保证借款国提供资料和报表的及时性、准确性和完整性，世界银行在项目执行阶段采取的监督制度，一般包括以下内容：

（1）项目执行进度报告制度。世界银行要求借款国按时报送项目执行进度报告，主要是为了审核项目发展情况和贷款协议中双方所作保证的履行情况。报告内容应使实际进度能够与协议所规定的计划进度做出比较，分析实际进度与计划进度之间发生的差异。世界银行根据发生差异的原因，与借款国协商采取必要的措施，以纠正这种差异，或更改协议中的某些不符合客观实际的条款。

（2）工作指标制度。世界银行的项目有几项关键性的工作指标，通过考核这些指标的完成情况，对借款国项目的执行进度或业务经营进行监督。世行贷款项目的有关指标简单明确，能够反映项目执行的某些实际情况。世界银行和借款国可以根据项目进度中需要监督的内容，协商决定考核的指标和考核的时间。

（3）实地调查制度。世界银行认为借款国报送的项目执行进度报告内容不够详细或具体，或者需要与借款国项目工作人员直接讨论项目执行中产生的问题，就派遣工作组或高级专家到借款国项目所在地进行实地考察，监督项目的执行情况。通过视察提出监督项目执行情况报告书，并可能随时向借款国提出有关施工意见，解决施工中产生的困难，或提出调整贷款数量、支付贷款办法，建议修改贷款协议条款，以促使项目更顺利地完成。

**（二）项目各阶段的监督内容**

借款国在项目执行过程中报送世界银行的项目执行进度报告和银行监督工作组提出的报告，都应包括借款国完成贷款协议规定任务的情况，使世界银行主管项目部门能及时了解借款国完成

任务情况，与贷款协议进行比较，找出差距，并分析差距产生的原因。世界银行的项目监督业务是在贷款协议签字后即开始进行的。因此，在项目的准备、评估和谈判阶段，就要为监督做出安排，并将有关监督的内容列入贷款协议。有关监督工作的主要内容包括：项目主要工作人员的任命，有关人员的培训；各种必要制度的建立，项目管理的组织安排；咨询人员的聘用及其职权范围的确定，有关审计人员的聘用；世界银行以外其他来源资金的偿还；税收、收费标准等的规定，项目财产保险的选择以及项目完成后的经营与维护。

从实际情况看，世界银行的监督一般体现在三个阶段。

（1）贷款协议生效前阶段。世界银行对项目的实际监督工作，在贷款协议生效后就开始实施。借款国在贷款生效之前，应充分、快速地做好项目的前期准备工作。世界银行可以派一个负有监督任务的工作组到借款国，协助该国做好准备工作，争取贷款提前生效，并与借款国的项目工作人员建立良好的合作关系。

在贷款协议生效以前，世界银行的监督工作主要表现在：第一，派遣工作组检查项目实施的计划；第二，了解有关工作人员对项目实施中所应遵循的各种程序、贷款文件中的有关问题的熟知情况；第三，复查项目所用物资与劳务获得的程序，咨询人员及其职权范围的计划；第四，考察使用和训练工作人员的计划等。通过这一阶段的检查监督，世界银行工作人员将帮助借款国解决有关问题，与借款国双方应就项目执行进度报告制度和进度报告内容进行讨论，提出修改意见。

（2）贷款项目的实施阶段。指贷款协议生效后，项目开始实施至竣工阶段。在此阶段，世界银行进行大量的具体的监督工作，并且不断派出监督工作团进行实地检查。因此，世行与借款国应对监督的次数、间隔和时间达成一致，并纳入监督计划，一般说来，检查工作一年两次。这一阶段的监督范围包括：

a. 咨询工作。对于咨询工作，世行的监督任务是：对借款方聘用的人员资格、职权范围和聘雇条件进行审查，考察他们的工作并提出建议。当借款方有关工作人员被判定为不能胜任工作，世界银行可以要求借款方聘用咨询专家或咨询公司。世界银行对咨询公司和有关咨询专家的挑选十分严格。为了便于对咨询公司的资格做出审查，世界银行积累了一大批有关咨询公司和咨询专家的资料，这些资料可供各国共享。世界银行根据自己掌握的有关信息资料向借款人推荐咨询公司。项目单位根据需要，应尽快办理聘用手续和订立合同，并负责监督咨询工作人员的工作。

b. 采购工作。世行在项目有关采购中的监督任务是：检查借款方在采购各阶段上的业务活动或建议进行的业务活动，主要包括借款方是否公开面向世界银行全体会员国（包括瑞士）进行国际竞争性招标，在中标的会员国中采购物品和劳务（咨询人员除外）的程序是否合理，采购物品与劳务的过程中是否始终按照贷款特定的要求进行等。世界银行在采购中的监督内容具体包括：第一，审查借款方对投标者资格预先审查所建议的方法以及建议预审的名单，并特别注意借款方或咨询人员提出的理由；第二，审查建议采取的招标广告程序，以确保其符合世界银行的政策；第三，审查文件的程序，以确保投标文件符合准则要求，合同文件的内容和以前批准的草案有无具体的变动；第四，审查采购计划是否按时实行，以及项目工程是否按合同规则实施；第五，审查借款方从贷款账户提款的申请书是否与合同相符，提供的文件是否齐全。

c. 支付情况。贷款协定生效后，贷款金额不是直接付给借款方，而是记入贷款账户上，借款方按照贷款协定的条款，提出正式申请并经世界银行同意后，才能从账户中提取资金。世界银行审计局的支付处负责监督支付程序，具体任务是：其一，根据借款国留存的印鉴、签章，核对借款国申请书上的印鉴和签章；其二，确定商品和劳务符合有关合同和订货单；其三，从提供的文件中，核实商品是否从会员国或瑞士购进。

d. 机构、制度建设。监督的内容包括：机构的建立、人员的配备、各项制度的制定以及人员的培训和培训进度等。

e. 阶段性经营效益。一般情况下，世界银行在项目实施的初期阶段就开始监督项目的财务、经济效益。一些分批建设的项目如公用事业、农业信贷银行、工业企业、金融发展公司或铁路交通等，虽然整个项目仍处于投资阶段，但一部分已经建成应投入运营，世行将对阶段性经营成果进行监督。

世界银行对经营效益的监督表现在：根据借款国提供有关经营效果的资料，分析经营效果与预期效果之间存在的偏差，督促借款国采取措施改善经营。一般说来，为改善经营效果，世行往往建议缩减人员编制、调整组织机构、改进管理体制、收回过期的应收款项、提高劳务收费标准等。

（3）贷款项目的经营阶段。在项目发展的经营阶段，世界银行的监督仍然是一项重要的工作。世界银行在这一阶段的监督任务是：收集和整理关于项目对借款国经济上贡献的利差情报资料，比较这些利差与评估时的效益，以便对项目做出全面、符合实际的评价。因此，在经营阶段开始前，世界银行和借款国的项目工作人员，就应该拟定、收集、整理项目受益资料的计划，并将经营阶段收集到的有关资料列为项目执行进度报告的内容，以提高项目监督工作力度。

## 第三节　项目采购管理

项目采购管理是指世界银行对项目单位购买商品与劳务活动所进行的各种监督管理活动。采购是项目执行中的一个关键环节，对项目的经济效果和贷款的有效使用产生重大影响。在项目总投资中，对于商品和劳务的采购一般占 60% 左右。除了建筑材料、机器设备等有形商品和工业产权等无形商品外，还包括运输、保险、安装、培训、维护等服务（不包括咨询服务）。此外，土建工程也属于采购管理的范围之内。为了保证贷款的合理使用效率，世界银行制定了《国际复兴开发银行贷款和国际开发协会信贷采购指南》（简称《采购指南》），明确要求世界银行贷款中有关物资采购应严格按照指南的规定执行。

世行对采购的监督和管理分为三个层次。最高层为跨地区的中心服务部门（OCSPR），负责制定世行贷款项目的采购政策和程序，包括起草和修订《采购指南》和标准招标文件。中间层在 6 大地区有采购顾问 RPA 办公室，负责管理本地区的采购人员和采购审查活动，批准对大合同的审查。最低层为各国家局/办公室或专业处的采购人员或采购组，负责具体的采购文件审查工作和其他采购监督活动。经过地区采购顾问的批准，有资格的贷款项目的项目经理可以自己审查或批准借款人的采购文件。由于项目经理工作较多，大部分项目经理均委托世行的专职采购人员或外部咨询人审查借款人的采购文件。

## 一 一般采购管理

世界银行贷款项目采购工作的依据是世行《采购指南》和《聘请咨询专家指南》中规定的政策和程序，这两份指南为实施世行贷款项目的机构在安排项目所需土建工程、货物和咨询服务采购时提供指导。贷款协议决定了借款方和世行之间的法定关系，《采购指南》适用于贷款协议中规定的采购，而借款方和提供土建工程、货物和咨询服务的供货方的权利和义务则受制于招标文件或建议书邀请函以及借款方和供货方之间签订的合同。

**（一）采购原则**

世界银行规定，所有世行贷款项目开支的设备和劳务供应，都必须按照《采购指南》进行。《采购指南》规定了采购的基本要求、国际竞争性指标及其他采购方法等。世界银行为了对各成员国保持公平的观点，并证明世行对贷款项目的物资采购和劳务供应是通过公正而合理的方式进行的，在进行世行贷款项目采购时，世行主要遵循以下五个方面的要求：

（1）有经济性和效率性；

（2）需要高质量的服务；

（3）需要给所有符合条件的投标人以公平的机会；

（4）发展国内承包、制造和咨询业；

（5）确保采购过程的透明度。

**（二）采购准备**

项目采购是一项很复杂的工作，必须遵循世行的采购程序。更重要的是，项目单位及其采购代理人，必须对采购内容有详尽的了解，必须在确保商品和服务质量的前提下用最经济的手段来实现采购目的。

（1）做好采购计划。全面掌握所需货物及劳务在国际和国内市场上的供求情况和各厂商产品的性能规格及其价格等信息，是项目单位、项目设计单位、采购机构的重要任务，需要三者之间的通力协作。世界银行有关工作人员和专家可以提供一定的帮助，必要时聘用咨询专家来帮助制定采购计划。一般来说，采购前制定计划至少需要考虑以下几个方面：

a. 采购设备、货物或工程的数量、技术规格、参数和要求；

b. 每一单项工程、工厂设施、设备应在整个项目实施过程的哪一个阶段投入使用，所采购的每项设备和工程彼此间的联系、整个采购工作的协调管理问题；

c. 全部工程和设备采购如何分别捆包，每个捆包中应包括哪些类目。确定每个捆包从开始采购到工程完工或设备到货所需时间，制定出每个捆包采购时间表，并根据每个捆包采购时间表制定出全部采购的时间表。

（2）掌握市场信息。运用可靠的物资采购信息，可以防止错误的判断和编制预算时做出错误的估算。因此，必须建立重要的物资、设备来源的记录和不同的供应商所能供应的物资和设备的规格性能等有关信息，并建立同一类目货物的价格目录，以便世行项目采购者能获得最低的竞争性价格。

**（三）竞争招标**

国际竞争招标最适用于采购大型设备项目（如汽轮机、机车及电讯硬件等）、大型土木工程施工（如水坝和公路干线）。由于项目采购工作涉及巨额资金和复杂的横向关系，没有严密的程序和制度，难免会出现贪污、浪费现象。世界银行认为，实行公开招标、公平竞争的采购招标程序和严谨的支付办法，可以从制度上最大限度地防止贪污浪费等腐败现象的发生。对投标者的资格应考虑以下基本条件：一是履行类似合同的以往经验和完工情况；二是投标者的财务运筹能力；三是投标者人力、设备、规模和技术保障能力等。

一般来说，世行贷款项目土建工程国际招标的大合同和部分复杂的大型设备采购与安装合同需要对承包商进行资格预审。国内招标和绝大部分货物招标则不采用资格预审而采用资格后审的方式进行。世行贷款项目的资格预审和资格后审均采用通过或不通过的方法。资格审查主要从申请人的经验、财务、设备和人员等方面进行。世行要求的土建工程承包商资格的财务标准有年收入和流动资金。承包商在最近 5 年内的平均年收入一般应该为本合同年支付额的 2 倍（2 亿美元以上的合同可以为 1.5 倍），流动资金应能满足合同施工 3~4 个月的需要，即 3~4 个月的合同支付额。其他财务指标有流动比、净资产和资产回收率。满足经

验和财务标准，部分不满足设备和（或）人员标准的申请人可以有条件地通过资格预审，在投标时补足即可以中标。如果几个类似合同同时招标，不限制投标人投标的合同数。只有能力承包一个合同的承包商，可以同时投多个合同，但只能中标一个合同。资格预审最好与施工图设计同时平行进行，以节省招标时间。对于不进行资格预审的招标，招标方需要对最低评标价的投标人进行资格后审，不需要对全部投标人进行资格后审。资格后审在评出最低评标价的投标人以后进行。

世行有关项目的采购审查权限有一定的规定。如，世行东亚和太平洋地区内部的审查批准程序为 1500 万美元以下的土建工程合同、750 万美元以下的货物合同和 200 万美元以下的咨询服务合同由项目经理和（或）世行采购人员审查和批准。1500 万美元以上的土建工程合同、750 万美元以上的货物合同和 200 万美元以上的咨询服务合同由项目经理组织审查，报世行地区采购顾问（RPA）批准，其中 2500 万美元以上的土建工程和货物合同和 1000 万美元以上的咨询服务合同的评标报告要报世行贷款采购评审委员会（OPRC）批准。世行的采购评审委员会是一非常设机构，由中心采购组的负责人、法律顾问和 6 大地区的地区采购顾问组成，根据需要随时开会审查。

世行从 1997 年起逐步加强了世行驻借款国的代表处或办公室的力量和权力，大的国家局的局长都已到借款国办公，采购审查的权力也逐步下放到世行设在借款国的办公室。目前中国世行贷款项目国内招标采购文件已全部下放到世行驻中国代表处审查，国际招标则由项目经理决定，一部分在北京审查，一部分在世行总部（华盛顿）或其他地方审查。特别是项目经理在北京的项目，大部分国际招标均在北京审查。中国世行贷款项目事前审查的采购文件一般先报国内有关机构审查同意后，最后才报世行审查。

实践证明，竞争性招标是最公开、最有效、最透明的方式。世界银行几十年的采购经验证明，竞争性招标是保证项目获得预期经济效益及高效率的最佳手段。此外，在国际竞争性招标中给予国内投标人适度优惠，则体现了世界银行在向成员国贷款的同时大力扶植该国民族工业的基本政策。

国际竞争性招标有很多具体的特点，但有三点是最根本的。

（1）广泛地通告投标机会，使所有合格的、不分国籍的投标商都可以参与投标。通告可以用各种方式进行，经常是多种形式结合使用：在一种官方杂志上公布；在国内报纸上刊登广告；通知该国首都的各大使馆等等。除了使用期刊或报纸以外，世界银行、美洲开发银行、亚洲开发银行和联合开发计划署现在要求必须通过《联合国发展论坛》的《一般采购通知》一栏公布采购机会。

（2）必须公正地表述准备购买的货物或要进行的工程的技术说明书，以保证不同国籍的合格企业能够尽可能广泛地参与投标。如果引用的设备、材料必须符合国家标准，在说明书中也必须陈述可以接受其他相等的标准。同样，说明书必须以实施的要求为依据，并且避免提到商标名称或类似的东西。

（3）必须根据招标书中具体说明的评标标准将投标价格最低的合格投标者定为得标人。虽然这一规则对于保证竞争程序得到公平地进行是重要的，但却给评标者带来许多问题，一些投标者采用不正当手段获胜的情况十分复杂，招标可能出现令人失望的结果。

除了上述三个最基本的特点外，国际竞争性招标还有下列特点：

（1）程序严谨。世行招标程序是正式而严谨的，如投标必须经书面确认；投标都应密封，迟交的标书必须原封退回，除非迟交标书不会有损其他投标人的利益；开标必须按原定时间如期

进行（世界银行和其他国际开发机构以及很多国家要求开标公开进行，有些政府同意开标可以在审计机构代表在场的情况下进行）；对有关招标文件的问题做出任何答复或澄清必须将答复或澄清送达所有已购买招标文件的可能投标人等。还应注意的是，开标后在审查标书过程中，应检查标书是否有计算错误，签字是否符合规定等。

（2）严格保密。世行规定，开标前必须检查确认标书密封完好，标书必须安全保存；标书在开标并记录后不得复制；标书的内容不应让与招标工作无关的人员知道；负责评比标书的人员必须注意严格保密等。

（3）捆包合适。不论是项目采购或是为已建成的工厂运转所必需的反复性的投入进行采购，都要力求吸引国内外大小投标商的竞争。大而复杂的合同能吸引国内外大投标商的兴趣，但可能使小企业望而却步。较小的合同能吸引更多的小企业，特别是本国企业来参加竞争。因此，"捆包"问题显得十分重要，"捆包"适度，更有利于项目采购权的分散化和提高相互制约能力。

（4）不容谈判。由于合同的授予是公平竞争、客观评标的结果，所以在正式授予合同之前，对合同的实质性内容及合同价格不容谈判，投标商也不得改变投标的实质性内容及报价。实际上，投标人的投标报价一般均留出可削减的余地，如当投标报价可能低到不现实的程度时，在谈判中可通过这种或那种方式得到补偿。一般情况下，授予合同前不恰当的谈判，对借款人并无好处。当然，在一些具体的细节上，如合同供应量或工程量的大小可以有所变动，某些技术规范也可以调整，支付的具体条件也可以进一步澄清、讨论。

中国原来的招标文件规定与世界银行《采购指南》之间存在一定的差异。如建设部颁布的 23 号令及交通部的 8 号令

（《公路工程施工招标投标管理办法》1989 年 8 月 26 日发布）分别对建筑市场土建工程招标及高速公路土建工程招标规定了有关程序。该程序与《采购指南》中所规定的程序及做法有以下不同：

（1）建设部 23 号令中要求投标人在购买标书时缴纳投标保证金，如不参加投标，则该保证金自动罚没；而世界银行程序规定，投标保证金在投标时缴纳。

（2）建设部 23 号令及交通部 8 号令都规定投标人必须参加开标仪式，否则被废标；而世行《采购指南》允许投标人选择是否参加开标仪式。

（3）建设部及交通部的文件中都规定评标采用事先确定标底的办法，包括规定在标底上下浮动的范围外即予废标。规定中还涉及是否需要在开标时公开标底。而世行评标程序是评出最低评估标。

（4）建设部及交通部的文件中规定投标人应具有国家授予的甲级施工企业资格，才能购买标书；而世行程序规定任何来自成员国的投标人均可参与投标，其资格通过资格预审或资格后审确定。

　　……

从 1989 年初，财政部即组织专门力量编写第一批招标采购范本，共九种。该文本于 1990 年 6 月得到世行正式批准，财政部于 1991 年正式发文要求世行在中国的全部贷款项目必须按该范本编写标书。财政部同时与世行达成一致意见，该套范本经 2 年试用后进行修改。新修改的招标范本与修改后的《采购指南》精神保持一致。1993 年 5 月，财政部决定修改现有 9 个招标范本，并增加 4 个新范本使其成为完整的一套。第一批修改完毕的 4 个范本及 1 个新增范本于 1997 年 4～5 月正式出版发行。

### （四）采购招标程序

世行项目的招标程序必须严格按照规定的程序进行。项目单位（招标人）必须为某项建设或某项业务按照公开的条件进行招标，邀请若干投标者当场开标，选择其中价格合理、信誉较好的投标者为得标人。根据《采购指南》，国际竞争性招标是指邀请所有世界银行成员国合格厂家参加投标，经过开标、评标，将合同授予最低评标价的投标商的整个程序和过程。

国际竞争性采购招标的基本程序包括以下七项。

（1）准备标书。标书应该对未来的投标者提供他为准备要供应的货物与工程的投标所需要的一切资料。招标文件是评标及合同的依据，是由招标人为投标人所提供的有关采购货物和劳务的必要资料的文件，其细节及复杂程度要依据招标形式和合同的规模、性质的不同而有所区别。标书一般应包括以下内容：

a. 投标邀请信、投标须知、标单的格式、合同的格式、合同的一般及特殊条款、技术说明、货单或工程量清单及图纸；

b. 标书应清楚地说明工程范围、所需货物、采购机构的权利与义务、承包商与供货商的权利与义务；

c. 标书应清楚、准确地提出应建的工程、该工程的地址、应提供的货物、交货或安装的地点、发货或完工的时间安排、对担保及维修的要求以及其他有关条款。

（2）刊登广告。刊登广告的目的是使所有投标者都能对招标做出反应，从而引发竞争。采购总公告须刊登在《联合国发展商业报》上，对于具体合同的招标通告以及关于资格预审的通告须刊登在地方报刊上，还应发给那些对采购总公告做出反应并愿意参加投标的厂商。登广告的时间一般在发出招标文件前的60天。

（3）资格预审、发出标书。对于大型或复杂的成套设备、工程需要在招标前对投标商进行资格预审。

（4）投标准备。给予投标商准备标书的时间，根据项目的具体特点和合同规模及复杂程度确定。一般来说，对于国际竞争性招标，其标书准备时间应不少于招标通告刊登之日起或招标文件发布之日起45天时间。如果是大型工程或复杂设备的采购项目，不得少于90～120天。事实证明，那种企图减少时间节省费用的做法是错误的，其结果只会是成本的提高。

对于较大的合同，一般要求有投标保证金或担保。在这种情况下，标书应事先说明。这种保证或担保应足以提供合理的保护措施，以防止胡乱投标。为保证真诚投标者的积极性，保证金的金额也不应太高，一般取预计合同值的1%～2%是合适的。完成任务的担保有两种形式：一是银行担保，担保金额为合同值的10%～15%，这笔金额在采购单位确认承包商违约时随时可以收取；二是保证金，通常是担保工程的全部价值，由担保公司发行。如果第三方发现承包商未完成该工程，则由该公司按保证金的价值完成。

（5）开标、评标。一般评标分为三个步骤：第一步是商务评估，检查投标书是否满足招标书要求，分合格、基本合格和不合格三档。不合格的就不予进一步评估。第二步是技术评估，检查投标书在技术上是否符合技术规格书的要求，也分三档。不合格的就不予进一步评估。第三步是最终评估，凡在商务和技术上合格和基本合格的投标书都进入终评，终评一般用打分法或价格评估法。终评时应考虑的因素除投标报价（包括调整后的报价）外，其他因素有内陆运费、支付偏差、交货期偏差、设备效率或性能差别，还有国内优惠等。这些因素折成货币或分数，最后以评估价最低投标者中标；如用打分法，则以得分最高者中标。

具体评标的过程包括初评和再评两个步骤。

初评是对投标书的内容进行一般性的审查。包括：投标文件是否完整；是否正式签字；是否提交了投标保证金；有无计算错误；是否在实质上响应了招标文件的要求；总体上是否符合要求。如果一个投标书与招标文件中所列条款、条件及规格有实质性的偏离或保留，则不再对该投标做进一步的考虑。

再评是指经过初评以后，凡是与招标文件规定的条款和规格要求基本相符的投标都应作进一步评比，评比时应重点考虑投标者的价格因素和价格外因素，将二者结合起来考虑比较适当，仅仅考虑价格因素是错误的。

价格因素主要考虑：第一，评标中的货币转换。为了便于比较价格，应按照招标文件的规定，将投标价换算成借款人选定的一种货币（当地货币或完全自由兑换的外国货币），并按照借款人在招标文件中事先选定的汇率来源和具体日期进行。第二，价格比较基础。借款国国内提供的货物以出厂价为基础；借款国国外提供的货物以 CIF 价或 CIP 价为基础，并应考虑所需的安装、培训、调试和其他类似服务的价格。

非价格因素主要考虑：①内陆运输费、保险费以及其他发生的费用；②交货时间或完工期；③合同的商务条款、经营及维修成本；④付款条件；⑤零备件和售后服务的供应情况；⑥设备性能、生产能力以及配套性；⑦技术服务和培训情况等。

根据上述评定标准，对每个投标进行详细的审核，然后按照评标价的高低，由低到高排列次序，最后确定最低评标价的投标。评标中应注意的事项有：①加强评标的管理，成立精干的评标小组，吸收各方面的专家参加，坚持评标的公正性和科学性；②严格按照招标文件中规定的评标方法和投标文件进行客观、公正的评价和比较；③正确处理评标中的国内优惠规定，严格按照《采购指南》执行；④加强评标工作的保密性，除必要的技术澄清外，任何与评标有关的内容都不得向外透露；⑤正确掌握和处理废标的原则和标准，不可毫无根据地废标或轻率从事，授标和签订合同也要严格按照招标文件中的有关规定进行。

（6）授予合同。合同应该授予符合要求的投标者。其标单已经通过适当的权力机构的评价，其总成本最低，并且通过事先或事后的资格审查，在能力、经验和财务清偿能力等多方面符合标准。在确定了最低标价的投标后，借款人应在投标有效期内将合同授予通过了资格后审的投标者。

应当注意的是，招标单位不应该与投标者进行谈判，迫使他们降价，改变其他合同条件，承担标书中没有说明的额外工作，作为授予合同的条件。虽然在合同最终确定之前，对于一个复杂项目的得标者，往往可能有很多公开的问题需要解决，但用将合同转授另一投标者来威胁，迫使得标者修改标单或承担许多额外的工作，会使整个采购程序失败。

（7）其他问题。主要有以下两个。

第一，关于废弃所有投标书问题。世界银行规定下述三种情况可以废标：a. 缺乏竞争性；b. 所有投标在主要方面均未满足标书要求；c. 所有投标价大大超过估算成本。是否废标，应报世界银行批准。世界银行一般在这时要考虑废标后重新招标是否经济和有效益，常采取协调的折中办法，如压价或选择一更接近标书的投标人授标，实在不行或对工程进展影响不大时，允许废标重招或改用别的采购方式。

第二，关于反欺诈和反腐败问题。世界银行总结各借款国在招标过程中发生的腐败和欺诈行为，特在新版"指南"中增加第1.15条款加以防范，同时还规定了相应的处罚办法，这是招标事业的进步之举。现把这个新条款全文录下：

> 银行的政策是要求借款人（包括银行贷款的受益人），以及银行资助合同下的投标人/供货人/承包人在采购和执行这些合同时遵守道德的最高标准。在执行各项政策时，银行将：

（A）为本款的目的确定以下术语：

（1）"腐败活动"意指以提供、给予、收受或要求任何有价财物来影响公务人员在采购或合同执行过程中的行为；

（2）"欺诈活动"指通过歪曲事实来影响采购或合同的执行，使之有损于借款人，并且包括投标人之间的共谋串通（在递交投标之前或之后），以谋划使投标价设定在人为制造的、非竞争性的水平上，并剥夺借款人从自由和公开的竞争中可获取的利益。

（B）拒绝授标建议，如果银行确定被推荐授予合同的投标人在为该合同进行的竞争中参与了腐败和欺诈活动的话。

（C）取消已分配给某个货物或土建合同的贷款，如果银行在任何时候确定借款人的代表或贷款的某个受益人的代表在采购和执行该合同的过程中参与了腐败和欺诈活动，而借款人又没有及时采取适当的、令银行满意的行动来进行补救的话。

（D）宣布某公司无限期地，或在规定的期限内没有资格被授予银行资助的合同，如果银行在任何时候确定该公司在竞争中获得，或执行某项银行资助的合同的过程中参与了腐败和欺诈活动的话。

（E）有权要求在银行资助的合同中包含一个条款，要求供货人和承包人允许银行检查其与履行合同有关的账簿和记录，并把这些账簿和记录交由银行指定的审计师进行审计。

以上是世行贷款项目国际招标的一般程序，除上述程序外，对于一些特殊项目的招标则采用"简单易行"的招标方式。这种方式即所谓改良的国际竞争性招标采购程序——如对于快速支付业务，如果贷款资金是用于支付进口计划的，贷款的性质属于调整贷款和其他快速支付贷款，以及对于商品的采购，则使用"改良的程序"——即所谓的"特殊采购招标程序"。

## 二 特殊采购管理

般来说，凡属世界银行贷款支付的项目采购部分，世界银行通常要求使用国际竞争性招标的"标准"采购程序进行，通过这种"标准"采购方式进行的采购，其采购金额通常占贷款采购总额的 80% 左右。但在有些情况下，如果采购的合同金额较小，或供货商数目有限，或预计国外投标商不感兴趣，或土建工程小而分散，采用"特殊"方式招标比国际竞争性招标更为经济、有效，则采用"特殊"的招标方式进行。

### （一）有限的国际性招标

有限国际招标是一种通过直接邀请投标商参加投标而不公开刊登广告的一种国际竞争性招标。这种采购方式与国际竞争性招标的主要区别在于，不公开刊登广告而直接邀请一些投标者单价投标。这种方式适用于采购数目不大或所需要的货物、劳务有限等情况。为了获得竞争性价格，在采用有限国际招标时，借款人应从足够广泛的潜在供货商名单中寻求投标，该供货商名单应报送世界银行进行审核确认。除了广告以及优惠待遇这两点不同外，国际竞争性招标的其他一切程序都适用于这种采购方式。

（1）有限国际招标的特点：无须刊登招标通告；评标时没有国内优惠政策；招标程序与国际竞争性招标相同。

（2）有限国际招标的适用范围：采购合同金额较小，且供货商数目有限；有特殊的理由可不完全按照国际竞争性招标的程序进行采购。

### （二）国内竞争性招标

国内竞争性招标是指在借款国国内进行的竞争性招标采购。这种方法是只在借款人所在国范围内进行竞争性招标。国内竞争性招标的程序和步骤与国际竞争性招标的程序相似。有些工程项目由于规模较小或某种特殊原因，对国外供货商或承包商吸引不大（如合同的金额太小，工期太长，工程是劳动密集型，或者当地可获得的货物或建筑造价明显低于国际价格等），在这种情况下，适用国内竞争性招标的方式。为保证招标价格的合理性，国内投标也必须进行充分的竞争。

（1）国内竞争性招标的特点：无须刊登采购总公告，只须在国内主要刊物或官方杂志上刊登招标通告；招标文件一般使用本国官方语言书写；投标和付款所使用的货币一般采用本国货币。

（2）国内竞争性招标的适用范围：采购性质或范围不太可能吸引外国厂商时使用，但如果外国厂商参加投标，应当允许，不得拒绝；合同金额较小，通常由借款人与世界银行专家共同确定一个限额，低于限额的采购采用国内竞争性招标，否则采用国际竞争性招标；工程地点分散或工期较长，或属劳动密集型的工程；货物或工程的当地价格低于国际市场价格。

（3）国内竞争性招标的缺点：开标后与投标者正式或非正式地进行价格谈判，不使用公布的评价标准而用其他标准，其结果有贪污受贿或串通舞弊的危险；处理和评定标书延误过多的时间，最终造成成本增加；由一个中央招标委员会或相当机构对拟议中的得标者的审查过于详细；对负责采购的经理人员与职员培训不足；当货物与部件必须从国外采购时，或多或少是不能自然地提供外汇和进口许可证的，造成进一步延误。

**（三）国际或国内选购**

选购是根据几家国内外供货商提供的报价单进行比较的一种采购方式。通常至少要有三家供货商以保证竞争价格。它不需要正式的广告或标书。询价采购适用于那些现货或价值较小的标准规格的商品或小型的土建工程。这种方式是对若干国内外供货者的报价进行比较，然后决定采购。在询价单上应注明货物的简介、数量、交货时间、地点以及可接受的报价条款。报价的形式可以采用电传或传真的形式。报价的评比、审核应按照买方的商业惯例进行。

**（四）直接采购**

直接签订合同是由借款人直接与供货商进行谈判并签订合同，是一种没有竞争者的采购方式。直接签订合同适用于以下情况：

（1）现有的货物或工程合同是按照世界银行接受的程序授予的，可能续签增购或增建类似性质的货物或工程，并且世界银行认为续签合同的价格是合理的，进一步竞争并不能带来多大好处。

（2）为了使新购置设备与现有设备配套，可以向原供货商增加订货；或者所需设备具有专卖性质，只有一家厂商可以提供或某种特殊情况下的采购；或负责工艺设计承包商要求从指定的某一家供应商采购关键性部件，以满足工艺性能要求。

**（五）政府承包或自营工程**

在中央计划的国家或一些其他国家中，可由政府所有的一个承包机构根据规定的或商定的价格施工。这种采购形式的缺点是缺乏竞争和市场规律，承包商可能对时间、价格和质量问题无动于衷。在各类国家经济中，更普遍的做法是让政府部门使用自己的人力进行施工。这种方式称为"自营工程"。在下列情况下可采用自营工程，它适用的情况有：

（1）事先无法确定所涉及的工程量；

（2）工程量小而分散或位于边远地区；

（3）工程要求必须在不破坏在建项目的情况下进行施工；不可预测风险由借款人承担要比由其他承包商承担更为合适；

（4）需要迅速采取紧急措施的工程。

**（六）采购或验收代理**

如果借款人缺乏必要的组织机构、资源和经验时，世界银行要求借款人聘请一家专门从事国际采购的公司为采购代理。采购代理的费用可以使用世界银行贷款偿还支付，但前提条件是贷款协

定中规定允许使用采购代理，并且挑选和聘用的条款可为世界银行接受。采购代理必须代表借款人严格遵循贷款协定中规定的所有采购程序进行，并使用标准的招标文件范本、审查程序和要求。

装运前的检验和进口的验收是保护借款人的措施之一，世界银行允许借款人聘请验收代理负责此项工作。检验和验收工作包括设备的质量、数量是否合乎要求和价格是否合理。验收代理的费用一般根据货物的价值从世界银行贷款中支付，支付的前提条件是在贷款协定中规定允许使用验收代理，并且挑选验收代理的条款可以为世界银行所接受，符合世行对验收代理的基本要求。

**（七）BOT 投资形式和类似私营部门投资的采购**

如果世界银行为通过 BOO（建设、拥有和经营）或 BOT（建设、经营和转让）、BOOT（建设、拥有、经营和转让）方式采购的项目或类似私营部门投资的项目提供贷款，应根据在贷款协定、官员评估报告中规定的程序进行采购。

（1）应按照世界银行可接受的国际竞争性招标或有限国际招标的程序挑选 BOO/BOT/BOOT 企业或类似性质的企业。评价预挑选企业的标准包括以下两方面：第一，该企业所提供的贷款的成本和规模、设施的性能和规格、向使用者或买方收取的费用、该设施给借款人或买方带来的其他收益以及设施的折旧期限；第二，该企业采用自己的采购程序从合格厂商自由地采购项目所需的货物、土建工程和服务状况等。

（2）项目单位如果未按照上述规定挑选采购对象，由世界银行贷款支付的有关货物、工程或服务的采购，应按照国际竞争性招标程序或有限国际招标程序进行。

三 世界银行的自行采购情况

世界银行内部采购组（Institutional Procurement Unit-IPU）负责从全球采购世行本身所需的设备和服务，

为全球的供应商提供透明和公开的竞争机会。凡是注册登记一年以上的公司都可以为世界银行集团提供世界银行本身运营所需要的物品和服务。

世界银行一般自行购买下列设备、零部件和服务：（1）家具、纸、笔、装订、印刷、出版、制图等办公设备；（2）计算机及其外围软硬件设备，各种通讯设备；（3）空压机、空调、采暖、通风、照明等设备；（4）汽车、电梯、输配电设备；（5）医药卫生、教育、环境、消防设备；（6）建筑物施工、装修、油漆、维护、清洁卫生等服务；（7）复印、翻译、编辑、制图、信息、搬家、膳食、旅行、保险和包机服务等。

世界银行保持有供应商名录，每两年审查和更新一次。世行有专门为供应商开辟的供应商服务网页。供应商必须事先注册和接受电子支付。注册时先在供应商服务网页上申请用户识别码（User ID）。已注册的供应商可以查询付款、收据的情况和更新账户信息。步骤如下：

（1）发 E-mail 至 gprocurement@ worldbank. org，提供公司的供应商编号和索取用户识别码；

（2）如果申请被批准，公司会在 48 小时内收到用户识别码和头 4 个字母的密码；

（3）打电话给 IPU 001 - 202 - 4731118，在电话上得到后 4 个字母，与前 4 个字母组成临时密码；

（4）第一次登录时会收到重新设置密码的提示，可以选择 6~8 位数的密码。登录后要填写申请表，不过，填完申请表并不能保证列入世行供应商名录。

世界银行供应商分为 A 类或 B 类。A 类企事业单位。作为公司、有限公司、合伙人注册或组合而提供货物或提供服务而赢利的机构或非营利组织（如学校、医院）。B 类独立承包人。个人或个人业主（个人拥有非公司的全部资产，Sole properietor）。

　　要想成为世行的合格供应商，必须具备以下基本条件：

　　（1）企事业单位必须已经组合或注册为公司（公司，有限公司，合伙人），并能证明已经以其企事业的名字提供货物或服务。

　　（2）世行供应商在申请表中的时段内的业务收入必须为正值，必须提供年报和（或）经审计的年报或财务审查年限内的纳税证明。

　　（3）财务率（如投资回报率、产权回报率）必须在有关行业部门可接受的范围内。

　　（4）世行供应商必须提供已就"一般综合责任"（Comprehensive General Liability）和"工人补偿"（Workers' Compensation）进行了保险的证明。

　　（5）世行供应商必须提供其在最近12个月进行项目的雇主联系地址和信息（世行IPU可能与其雇主联系并评价该雇主的答复）。

　　（6）世行供应商当前必须没有被世行成员国的政府或者世行或其他国际组织禁止签订合同。

　　（7）世行供应商必须在其注册的国家的法律上能够从事该项业务。

　　（8）世行供应商必须有一个以上的客户和从世行合同的收入不超过20%。世行每两年随机抽查注册的供应商，如果供应商不能满足上述要求，该供应商将不得签订额外的合同，直至满足上述比例为止。

## 第四节　项目咨询管理

　　世界银行认为，专业咨询人员对发展中国家的经济和社会发展起着十分重要的作用。在实践中，世行项目贷款中许多问题需要咨询公司提供帮助。咨询公司提供的相关服务主要体现在——对整个项目做可行性分析研究；对整个项目的总体设计进行评审或参与整体设计；对项目的设计方案进行咨询或设计；对项目中的某一技术方案或技术指标或工艺流程进行咨询、编制招标文件等。世行规定，选择和聘请咨询专家必须按照世行的有关规定进行。

## 一 咨询任务范围与类别

### （一）咨询任务范围

咨询任务范围是提交给咨询人的有关咨询工作的文件材料，经过最后修改将成为合同的组成部分。因此，应将咨询工作内容尽可能做清楚、准确地说明。世界银行及其借款人对咨询任务作具体要求有以下三个目的：第一，确认借款人、世界银行和其他有关机构就拟议中的工作任务的目的和范围所达成的协议；第二，将工作目的及设想范围通知被邀请的咨询人；第三，在与被选定公司谈判的合同中明确咨询专家应提供的服务。有关咨询的任务范围通常应包括如下内容：

（1）任务目的；

（2）咨询服务范围和时间安排；

（3）借款人将投入的人力、物力；

（4）工作成果及总结报告。

### （二）咨询任务类别

咨询任务一般分为四类，即投资前的调查研究、项目准备服务、项目执行服务以及有关项目的技术援助。

（1）调查研究。在决定进行具体项目前一般都必须进行调查研究。其调查目标有三个：第一，确定投资优先地位和部门政策；第二，明确具体项目的基本特征和可行性；第三，确定并明确为了顺利实施开发计划和投资项目，并充分发挥其作用，政府在政策、经营活动和机构方面所做的变更和改进。

（2）项目准备。包括对项目建设内容和项目实施所需的技术、经济和其他条件进一步加以明确，包括对项目所需资本及经营费用做出详细的估算，编制详细的工程设计，草拟建筑工程和设备招标文件等。同时，咨询人员还应对采购文件、保险规格、有关订约人的资格审查、投标分析及授标建议等方面有关事项提供服务。

（3）执行服务。包括从招标到最后完成各阶段的各种活动，如检查、监督、验证承包商和供货商提供的发票，以及与解释合同文件有关的技术性服务等。这些服务还可以包括协助采购、帮助对同一个项目能够投入物的各个承包商和供货商之间进行协调，以及在工程投产和生产初期进行帮助等。

（4）技术援助。包括广泛的咨询性和支援性的服务。如帮助有关项目单位或部门拟订计划工作和建立机构，包括组织及管理的咨询服务、人员配备及其培训研究，以及帮助实施有关研究的建议等。

## 二 咨询公司的选择

**咨**询公司的选择一般既要看其技术能力，也要考虑所提供服务的报价。技术能力主要考虑任务性质和咨询公司人员的能力和资历，咨询意见和质量，从事咨询工作的业绩，客户与咨询公司的关系等因素。世行可以为项目单位提供有关咨询公司的信息服务。咨询公司可以由项目单位自行选择，也可以由世行决定。选择咨询公司一般按照世行规定的程序，采用差额选优的办法，选择最适宜的咨询公司。

### （一）选择程序

一般来说，对咨询公司的选择程序如下：

（1）确定任务范围；

（2）编制费用概算；

（3）准备一些咨询公司的名单；

（4）向有关咨询公司发出邀请；

（5）对咨询公司的建议方案进行评价；

（6）与正式选定的咨询公司洽谈合同。

**（二）技术评审**

一般说来，技术评审分为两类，除主要考虑选择对象的技术实力外，还要分析其提出的价格。通过对不同公司的技术上的、经济上的综合评审，最终选定有关咨询公司作为合作的对象。

（1）技术评审。技术评审主要考虑公司的一般经验；工作计划是否符合要求；工作人员的资格和能力；公司的主要业绩纪录。

对咨询人员的个人评价主要考虑：资格问题，包括所受教育及训练，资历、现任职务，在该行业的工作时间等；是否适合担任该项目的工作，在该项目具体任务中是否能称职；工作经历和在该地区的语言掌握情况。

（2）附价格的技术评审。虽然价格是一个重要的因素，但技术评审应独立进行，不应受价格的影响。用加权的方法将技术评审和报价结合起来衡量。一般而言，附有报价的技术评审应考虑：咨询服务的复杂程度；咨询任务对最终产品的影响；咨询成果的可比性。

世界银行工作人员一般不参与评审咨询公司提出的建议案。评审这些建议的首要目的是根据建议质量，选择出一个最有资格从事这项工作的咨询公司。其次是要决定该公司的工作计划和人事安排是否有需要改动，以便在谈判中考虑。要注意的是，评审应由评审委员会对咨询公司表达一致的意见。

三　邀请信与回复书

世界银行与借款人就有关咨询公司名单达成协议后，即可向名单中的每一个公司发出一封邀请信，邀请信包

括了职责范围和选择程序。

**（一）邀请信**

有关邀请信的主要内容有：

（1）简介与附件（包括任务范围、合同草案、补充资料）；

（2）选择和评审程序；

（3）费用估计与外界的有关资助的详情和状况；

（4）公司需提供有关谈判的财务资料和其他情报；

（5）建议案的有效期；

（6）与咨询合同密切相关的当地法律方面的有关资料；

（7）一份通知咨询人的声明；

（8）提交建议案的方式、时间；

（9）其他被邀请的公司名单或数目等。

**（二）回复书**

这是咨询公司对聘用人寄送的邀请信的书面回复。它不仅是聘选咨询公司的主要书面凭证，而且也是咨询公司谈判的重要资料。咨询人意见书的有效期一般为 60～90 天。咨询人提交的意见书应包括公司情况简介和基本意见，以及价格意见书等，如咨询公司提供的是带有报价的建议书，应将技术建议书和财务建议书分别提交。

（1）一般咨询回复书的主要内容有：

a. 公司机构情况以及从事类似项目的经验简介；

b. 咨询公司对任务范围的意见和建议，拟采用的工作方法、工作设备及其说明；

c. 咨询工作人员构成情况及各自所分担的相关咨询任务；

d. 咨询工作组成员以及在总部负责监督咨询工作的高级职员的简历表；

e. 咨询服务工时预算，以条线图展示的每位专家的工作人月，并注明在聘用国和公司本部工作的时间，以及占用计算机和

其他设备的时间估算；

f. 要求聘用人提供的数据资料、服务设施和配合、辅助人员等。

（2）技术回复书的主要内容有：

a. 机构发展情况，从事类似咨询服务的能力和经验；

b. 对邀请信中所提出的咨询任务的目的和范围的理解，公司拟采用的咨询方法和分项时间表；

c. 咨询工作组人员各阶段的分工情况；

d. 咨询人员简历（包括基本情况方面：姓名、年龄、专业、国籍、受雇于公司年数、在咨询任务中拟任的职务；资格方面：应强调与该项咨询业务中所任职务有关的工作经验和培训情况，以及在以往工作中所负的职责大小，注明时间和地点；学历方面：注明所受过的教育、学校名称、就读时间和所获学位；经历方面：注明毕业后所任职务的名称、受聘单位和工作地点；语言方面：以一般、好、很好表示对各种语言的阅读、会话和写作的能力等）；

e. 咨询任务分项和分阶段所需人月数估算，其安排计划以时间表和条线图表示。

（3）带报价的财务回复书的内容主要有：

a. 咨询专家分类的人月费率和应报销费用表；

b. 计算机和其他有关设施的小时费率；

c. 对应由聘用人或借款国政府的其他机构提供的服务和设施的要求；

d. 人月费和计算机小时费等。

四　合同谈判及内容

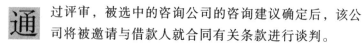

通过评审，被选中的咨询公司的咨询建议确定后，该公司将被邀请与借款人就合同有关条款进行谈判。

**（一）基本谈判程序**

正常的合同谈判程序应包括以下几个方面：

（1）讨论咨询公司提出的工作计划和任务范围；

（2）对有关人员进行分析研究；

（3）讨论政府提供的资助并取得一致的意见；

（4）编制条线图表，即工作进度图；

（5）财务谈判；

（6）确定双方同意的合同类型。咨询合同的类型一般有人月合同、总付合同、百分比合同、成本加固定酬金合同等。

**（二）咨询合同的基本内容**

有关咨询合同的基本内容大致相同，主要有：

（1）总则。包括界定合同有关名词的定义，合同适用的法律、标题、合同的语言等。

（2）合同生效和终止条件。包括规定合同的生效条件、合同的修改、合同的暂停、不可抗力及合同的终止方式等。

（3）咨询人的权利与义务。包括规定咨询人员的工作标准、保密条款、损失责任、报告义务等。

（4）项目单位的权利与义务。

（5）有关咨询人员的确定。包括规定对人员总的要求，人员简介、人员的批准手续、工作时间、加班和休假、调动和替换等。

（6）费用支付方式。包括费用概算、最高限额、支付的币种、外汇支付的范围、本币支付的范围、货币的换算价值、结账方式和支付方式等。

（7）争端的解决。包括协商解决、提交仲裁的协商内容等。

五　世行的指导监督

在聘请咨询专家时，世界银行在三个时期（报告拟聘咨询专家或咨询公司之前；洽谈合同之前；签订合同之前）对项目单位聘请的专家进行监督和指导，并提出合理的意见，保证贷款项目的有关咨询工作顺利进行。

世行认为，根据项目的实际需要，项目单位可以聘请个人作为咨询人员，也可以委托咨询机构。如果某项工作需要咨询人员独立工作而不是作为小组的一部分时，在不需要其他外界专业人员帮助时，以及在个人经验和资历最为重要时，可以聘用个人，以达到减少咨询费用的目的。但在实际工作中，招聘具有适当技能及经验的个人可能是困难的，咨询机构一般不愿意让其职员以个人的身份进行工作，这是可以理解的。

在邀请咨询公司之前，世界银行要审批任务范围规定；审批任务预算草案；对借款人提出的选择程序表示意见；对邀请信草案表示意见；批准被邀请提交建议案的公司或欲选择的有关公司的名单等。在洽谈合同之前，世界银行在借款人完成评审以后，对借款人推荐邀请来洽谈合同的咨询公司所提交的建议案表示意见。在签订合同之前，世行审阅借款人和被选中的咨询公司双方洽谈产生的合同，并表示其意见。世界银行有权拒绝对其认为不满意的合同提供资金。

在很多情况下，咨询公司的情况多由世行提供，咨询公司的选择一般都得到世界银行的认可。因此，充分利用世行的有关咨询问题的资料库，加强与世行的磋商与合作，争取得到世行的有力支持，对借款人来说是非常重要的，对项目的顺利完成也是十分有益的。

# 第五章

# 变革中的世界银行集团

世界正处于一个重要的变革时期，世行的变革也是自然之理。由于世界政治经济形势的不断变化，世行面临着许多新情况和新问题，世行原有的工作方式远远不能适应新的经济发展的需要。此外，世行自 20 世纪 90 年代以来，业绩一直不理想，遭到越来越多的会员国的强烈批评。为此，世界银行制定了庞大的综合性改革计划，取名为"战略契约"。1997 财政年度是世界银行革新进程的重要标志。

"战略契约"为世界银行制定了雄心勃勃的目标，这些目标包括：加强贷款服务和非贷款服务的发展效益性；提高对客户需求的反应能力；发展更广泛的产品和服务；降低管理支出，并将资源转向前沿工作之中；进一步使活动分权化；重建专业技能与技术能力，并且与客户和合作伙伴一道分享关于发展的全球最佳信息与知识等。这些目标的实现，使世行的面貌发生了巨大的变化。

## 第一节　世行变革的原因、主题和焦点

### 一　改革原因

世界银行前行长沃尔芬森于 1995 年 6 月上任之初表示，必须对世行进行全面的改革，将采取积极的措施改变

目前的局面，以维护世行在世界金融领域的领导地位。经过相当一段时间的酝酿和准备之后，在 1997 年 2 月正式向世行董事会提交了一份题为《战略契约：重振世界银行的减贫绩效》的报告，全面推出了世行的改革计划。世界银行执行董事会在 1997 年 3 月 31 日批准了该计划，改革计划取名为"战略契约"。总的说来，推动世行改革的原因主要有三个方面：

（一）世行业务出现新情况和新问题

这些问题表现在：

（1）国际私人资本和新技术功能的变化，使世行业务面临严峻挑战。20 世纪 90 年代以来，世界经济金融形势发生了巨大变化，各种实力机构的力量对比在明显分化。相对而言，世行在向发展中国家提供资金中的作用有所减弱，世行在世界金融业中的主导地位遭到严峻挑战。在全球经济形势更加复杂多变的情况下，要使世界银行更有效地发挥作用，就必须对它进行变革，这一认识是"战略契约"的基础。此外，在经济全球化的情况下，私人资本的流动比官方援助多出 5 倍，许多不同的参与者（从多边银行到政府组织）在发展中发挥着更大的作用，而且计算机网络技术的革新已使经营方式再次发生革命性的变化。

从过去 5 个财年的数字来看，世行的年度硬贷款承诺水平在总体上呈下降趋势。由于东亚金融危机的因素，1999 财年的硬贷款为 221 亿美元，略高于 1998 财年的 210 亿美元。但从 2000 财年开始，硬贷款承诺额出现大幅度下滑。至 2003 财年，世行硬贷款年度承诺额一直在 110 亿美元左右徘徊，远远低于 1998 财年的水平。根据世行最新的统计数字，2004 财年前两个季度的硬贷款承诺额比 2003 财年同期下降了约 15 亿美元左右。硬贷款的不断下降，已引起有关方面的担忧。

世行贷款资金的使用范围，一直是世行的一项重要贷款业务政策。进入 21 世纪以来，世行贷款的部门分布发生了很大变化。

大型的基础设施项目在总体贷款中的比例不断下降，而社会发展领域（如教育、卫生、环保、机构能力建设等）的贷款比例逐年上升。与此同时，世行及其他援助方越来越强调项目的发展效应，强调援助的实际效果。由于大环境的变化，世行现行政策存在的一些弊端逐渐显现出来。主要体现在以下方面：

第一，与借款国的实际需要脱节。世行的支付政策与借款国的实际需要出现脱节，已不能满足借款国的实际需要，并造成一些政策上的自相矛盾。例如，一方面世行不允许将项目资金为小学教师和医务工作者发工资，而另一方面却同意用于由于结构调整而失业的人员的补偿。借款人可以用世行贷款资金购买或创造某种资产，却不能通过租赁来获得同样的资产。

第二，增加了项目的隐性成本。由于有关政策和程序的复杂性，其影响范围包括借款国的会计制度、人员的水平和技能的要求、季度和年度财务报表的形式和内容、大量的审计工作、合同管理、提款申请以及相应的大量会计工作等等，大大增加了借款国的项目成本。根据世行的估算，由于现行政策，每年对借款国（世行总体）的直接财务成本是 1 亿美元，而非财务成本或许更高，现行政策也增加了世行内部的管理成本。

第三，使借款国从投资性贷款项目转向政策性贷款项目。由于现行政策对投资性贷款项目和政策性贷款项目的规定有所不同，对前者的限制较多，对后者的限制较少，因此使许多借款国更倾向于使用政策性贷款。

鉴于上述等原因，世行于 2003 年向世行执董会提交了一份关于修改世行贷款资金使用政策的建议报告。报告已于 2003 年 11 月 19 日由世行执董会发展效益委员会先行审议。世行当局将根据发展效益委员会的审议情况对建议报告进行修改，然后再正式提交执董会讨论通过。世行将以此制定一项新的业务政策来取代目前的政策。所有在 2004 年 7 月 1 日之后评估的项目，将适用新的政策。在 7 月 1 日之前评估的项目，如果借款人提出申请，并经世行同意，也可适用。

（2）冷战结束后，发达国家在发展援助问题上态度日趋消极，在削减援助数量（包括减少对世行软贷款的捐款）的同时，强调"发展绩效"，对世行造成了很大的压力。

（3）新的发展理论越来越强调环境的可持续性，并更加重视发展项目所可能带来的负面社会影响，而世行以往对此重视不够，外界对世行的业务结果和趋向的批评也越来越激烈。

**（二）世行需要知识革新**

21 世纪的世界经济将成为"信息经济"和"知识经济"，这一点正在被越来越多的人所认识。世行作为一个发展机构，也需要采用新的信息技术、新的知识结构改革自身的业务方式。

## 二　改革目标

"**战**略契约"是世界银行的一项综合性的、根本性的改革计划，它以改善服务质量，提高服务水平、效率和反应能力，加强伙伴关系，更新知识管理，激发内部能力为目标，力图使世界银行进入一个新的里程碑。

**（一）战略契约的中心目标是提高世界银行的效率**

通过该契约，世界银行正致力于提高发展效益，并努力提高世行各机构的运作效率。在成员国批准"战略契约"一年半之后，有证据表明，世界银行的业务质量有所提高，各成员国对世界银行产品和服务的需求也大大增加。世界银行的发展委员会将继续监督加强自我评议及独立评议战略的实施，并制定了连贯评估框架，更新世界银行的评议体系，保证评议结果定期地、迅速地反馈于新的方向、政策及程序的制定之中。

通过改革，在贷款效益方面取得了令人满意的成果。据预测，被评为满意的项目的比例将从 66% 增加至 75%，这意味着

世界银行贷款中每年有比以前多 20 亿美元的贷款将发挥更大的作用，在各个方面将产生重要的影响。

**（二）战略契约的根本目标是更有效地实现减少贫困**

减困是世行压倒一切的目标，世行提供的产品将更加以需求为导向，并增加其对发展的影响，从而转变世界银行经营业务的方式。在董事们履行其对战略契约实施情况进行监督的责任中，执行董事会各委员会发挥着重要的作用。在 1998 财政年度和 1999 财政年度，执行董事审查了关于战略契约的两份中期年度报告后一致认为，在实现战略契约所制定的雄心勃勃的减困目标方面已经取得了相当的进展。执行董事们强调，必须完善贷款项目打分制度，在重视主要的业绩指标的同时，加强业绩与发展结果之间的联系，以更准确地反映实际工作情况。

世界银行的减困战略是在《1990 年世界发展报告》中首次提出的。它强调世行的政策和机构应促进基础广泛的劳动力需求型的增长，扩大穷人获得基本教育、医疗和营养的机会，为那些无法在获取收入的机会方面占据优势或易于遭受严重风险的人营造有效的安全网，确保贫困人口的生活问题。世行认为，专门针对贫困的世行分析报告的质量和效能存在差别，贫困评价并不总是在指导执行战略和行动，一些国家的国内机构的监测和分析能力仍然不强，评价和反馈工作尚需进一步提高。为此，世行在 1998 年改变了其减困工作的方向。

（1）通过在各国的业务战略，为 21 世纪的《世界发展报告》而对贫困问题进行新的政策研究，从贫困状况的描述转为制定减困战略。

（2）从对减困为中心的项目数的统计，转为评估这些项目对穷人的影响；从关注对投入的衡量（如贷款数量和项目数量），转为关注对贫困评价成果的衡量。世行正致力于改善其贷款和项目对居民福利影响的评价，它计划在 1999 财政年度从不同地区选择几个项目，以严格地评价对贫困家庭的影响，使贫困工作更加务实。

**（三）战略契约的重点目标是提高质量水平**

从 20 世纪 90 年代末至 21 世纪，世行的战略重点将转向为世界银行的客户提供更高质量的产品和服务。这反映了客户和股东们的意见，并得到了世界银行股东们的支持和合作。

战略契约的目标是把世界银行建设成为一个具有杰出专长的机构，对客户不断变化着的、多种多样的需求能迅速做出反应，提供广泛范围的高质量服务并通过伙伴关系开展经营，推动公共机构与私人机构的合作。此外，世界银行还将培养整个社会发展能力、提供知识作为其战略目标之一。执行董事会讨论了一份关于成本效益的报告，该报告主要论述将资源配置与战略重点结合起来，制定更为明确的政策标准，简化业务程序，并减少管理费用，通过对成本效益审查所提出的建议正在"战略契约"的框架之内实施。执行董事会批准了对世界银行人力资源政策具有深远影响的改革，新的人力资源政策框架是战略契约中的一项重要的内容。它确定了世行人员流动的可能性，加快了知识更新的速度，为世行提高工作效率和工作水平奠定了良好的基础。

具体来说，世行通过实际调查研究，能反映战略契约的目标与进展的情况如下：

（1）在改善服务质量方面：贷款业务中的问题项目减少；贷款业务中的项目质量提高；产品交付迅速。

（2）在提高服务水平方面：更及时地制定国别援助战略；更多的资源投入咨询服务；1998 财政年度贷款额创纪录。

（3）在提高反映能力方面：22 个国别局长在驻地工作；对东亚危机做出迅速反应；对客户国厄尔尼诺现象的影响迅速做出反应。

（4）在提出更广泛的发展议程方面：6 个国家达到决定点；

社会分析主流化并制定了反腐败计划；每年追加 2500 万美元强化金融部门。

（5）在引入新产品方面：采用单一货币贷款；采用适应性贷款工具；IDA 担保被批准。

（6）在加强伙伴关系方面：加强与东亚所有的伙伴关系合作；与东欧 EC/EBRD 国家加强合作；加强与私营部门和市民社会的合作。

（7）在建立知识管理方面：在 15 个主要部门建立知识系统；为客户、合作伙伴建立网址和服务站。

（8）在降低成本、提高生产率方面：对实施中的项目进行成本效益审查。

（9）在激发内部能力方面：批准人力资源政策改革；400 名经理从事发展计划的实施；系统更新推动了协作的效率——生产率。

（10）重视结果方面：通过打分制来衡量业绩和成果的做法仍在发展之中；以客户调查来评价世界银行的影响；每半年向董事会报告进展情况。

三 主要改革措施

世界银行的战略契约采取了全面的方法，它在重点领域及相关领域中增加世界银行的发展效益。表现在：重新促进现有的经营活动；重新确定发展议程的重点；重组世界银行的知识库；重新改进机构等。"战略契约"报告指出，世行将在四个领域进行改革。

**（一）深化机构改革**

世行改革的重点是调整机构，下放权力，加强人力资源，提高工作效率，并开发新的金融"产品"。已采取的措施有：

（1）优化管理网络，合理配置资源。为适应世行工作的需要，必须对世行的现有机构进行改革，以加强世行工作的透明度、项目人员的责任心和提高机构能力。这不仅是世界银行成功的、稳健的和公平发展的重要因素，也是世界银行近年来发展议程的一个主要方面。建立一个更加灵活的、以业绩为基础的多样化的机构，其目的是打破世行内部的条块分割，取消繁琐的、低效率的程序，使世界银行更快捷、更精干、更具有成本效益性。

世行决定，根据业务的实际情况和协调合作的需要，建立"人力资源开发"、"减贫与经济管理"、"金融、私人部门和基础设施"、"环境、农村和社会发展"以及"中心服务"（采购和财务管理）五个网络。世行人员不管原有的行政隶属关系如何，均加入相关网络。各网络设定本领域的职业标准，并向所属人员提供培训和专业指导。世行这种网络是半开放性的，网络内部实现信息共享。

世行决定，改变世行内部各地区以往主要按国别划分业务和人员的做法，取消了各地区副行长下属的国别业务局及所辖各行业处，改设"国家业务部"和与之平级的"业务部"。国家业务部经理直接对主管地区副行长负责，主要任务是制定所管国家的"国别援助战略"和贷款规划，并与所管国家进行政策对话；国家经理将利用所掌握的预算资金通过有关行业部经理组织人员执行项目（包括经济调研），必要时可以通过5个网络跨地区、跨部门调动人员。这样，世行减少了管理层次，把以往的垂直分工转变为平行合作，便利了世行内部的人员流动。

机构改革后，世行共设立48个国家业务部，其中18个大借款国的国家业务部与原有驻外代表处合并，国家项目经理常驻该借款国，以接近"客户"，提高工作效率。

（2）裁减工作人员，下放管理权力。世界银行与国际金融机构、联合国机构、学术界、基金、工商界、非政府组织及其他机构建立合作计划及人力资源信息共享机制方面取得了积极的成

果。世行决定在 1997~1999 三个财年内裁减 500~700 人；同时，世行也将招聘一些短缺的专业人员，特别是社会评价、金融政策改革、采购和财务管理方面的专家。此外，世行还改组了世行高层当局，任命了一批年轻的副行长和国家及部门经理。

世行决定，进一步将业务活动的权力下放到现场。世行将下放一部分项目监督、采购和支付权力，将决策中心从总部转移到驻借款国代表处。为更好地发挥各代表处的作用，世行将更多地聘用借款国的当地职员。这样，世界银行职员与客户的合作将更加密切，并与其他机构建立新型的、更加密切的伙伴关系，使世界银行比较有优势的领域具有更大的选择性，也更加专业化。为了提高世界银行的援助质量，世行与借款国和各会员国一起实施了战略精简计划，采取了以下措施：

a. 帮助最贫穷的国家减轻债务负担，帮助他们能够充分使用有限的、用于支付利息的资金实施发展项目；帮助发展中国家采用现代化的通讯技术和手段，提高竞争能力；

b. 改革和强化银行体系和金融部门，防止 1994~1995 年墨西哥危机和 1997~1998 年东亚危机的重演；

c. 满足未来人口增长的粮食需求，加强对农业和农村发展的重视；

d. 确保发展项目与受益人的社会文化需求保持一致。

（3）制定培训计划，提高管理能力。自世行实施改革计划以来，约有 7000 多名职员接受了各种短期培训。此外，世行还与一些世界知名学府合作，设计了专门针对中高级管理人员的特别培训计划，提高其管理创新能力。

（4）开拓新的资源，加强项目试验。世行近年推出了"学习和创新贷款"（用以支持那些在新领域开展的具有新内容、带有试验性的项目，规模上限为 500 万美元）和"可调整规划贷款"（用以支持那些具有不确定性、需分步实施的发展规划，每批贷款的平均规模为 5000 万美元)。这两种贷款的基本特征是快速灵活,审批程序较为简单。此外,世行将开发新的金融产品和咨询服务——重点是在为客户提供产品服务上增加灵活性和及时性。加强世界银行的信息管理制度,以收集、综合及公布发展过程中的最佳思想,在关键领域中展现技术优势,并扩大世界银行在这些领域的重点——社会部门、机构建设和私营部门是近期的重点领域。

(5)改变评价指标,重新设计体系。为更全面、更有效地衡量世行的整体表现,世行设计了一套被称为"分数卡"的监测指标体系,主要包括三部分。

a. 发展绩效指标。包括借款国的经济增长率以及贫困人口比例、中小学入学率、母婴死亡率等方面的变动情况。

b. 世行自身的工作效率指标。包括对客户要求的反应速度以及项目的满意率、注销率等一系列具体指标。值得一提的是,世行为贷款和非贷款业务都规定了时间标准,如:项目从评估到提交执行董事会不应超过 5 个月,从执行董事会批准到贷款生效不应超过 4 个月,经济调研从正式派团考察到出版报告不应超过 5 个月。

c. 世行的成本指标。包括不同种类业务所需人员的构成和预算资金的水平,从而计算各类业务的平均成本,并对此进行监测和比较。

(6)开源节流增效,引进专家理财。世行进行了一项"成本效益检查"工作,针对世行内部各环节提出的增效节支的具体办法,审查世行净收入的现状,并探讨改善收入前景的方法。净收入下降将严重制约世行的机构能力。为此,世行管理当局初步提出了一些"开源"的办法,包括可能取消承诺费和利息的减免,甚至直接提高贷款利率等。这些政策变化都会对包括中国在内的借款国,特别是硬贷款国的利益带来重大影响。

### （二）加强世行现有的业务

包括加强对第一线重点投入，准备新的后备项目，加强项目监督，改革贷款方式等。具体措施包括：

（1）加强前线业务，实行倾斜政策。所谓"前线业务"即第一线业务、特别是贷款业务。世行对前线业务实行人力和资金的倾斜政策——世行计划将一线业务投入占总预算的比例大幅度提高。与此同时，世行将削减行政性和后勤服务的经费。世界银行管理当局已经承诺在内部重新调配更多的资金以支持第一线业务，因为世界银行的基本业务需要更多的资金支持。

表 5 - 1　国际复兴开发银行和国际开发协会
1997 ~ 2000 年财务要点

单位：百万美元，%

| | 1997 财年 | 1998 财年 | 1999 财年 | 2000 财年 |
|---|---|---|---|---|
| 国际复兴开发银行 | | | | |
| 承诺额 | 14525 | 21086 | 22182 | 10919 |
| 支付额 | 13998 | 19232 | 18205 | 13332 |
| 未偿贷款余额 | 105954 | 106576 | 117228 | 120104 |
| 净收入 | 1285 | 1243 | 1518 | 1991 |
| 认缴股本 | 182426 | 186436 | 188220 | 188606 |
| 股本金与贷款的比率 | 22.06 | 21.44 | 20.65 | 21.2 |
| 国际开发协会 | | | | |
| 承诺额 | 4622 | 7508 | 6812 | 4358 |
| 支付额 | 5979 | 5630 | 6023 | 5177 |
| 未偿发展信贷余额 | 76268 | 78347 | 83666 | 86643 |

资料来源：《世界银行——为发展提供知识和资源》，2003。

（2）加强新项目的准备，提高"后备项目充足率"。项目准备率指某财年初已评估项目与该财年贷款规划总量之比。准备率太低，贷款量下降，严重影响世行的财政收支能力和干预影响能力。资料显示，世行最近几年的贷款情况如下：

1995 年为 184 亿美元

1996 年为 193 亿美元

1997 年为 200 亿美元

1998 年为 249 亿美元

1999 年为 242 亿美元

2000 年为 185 亿美元

2003 年为 191.4 亿美元

（3）加强项目执行监督，提高项目质量。通过测算，世行项目"监督强度"（指按项目平均的用于监督的预算资金）已有所上升；项目"不满意"率也从 1996 财年的 32% 降至 1997 财年的 30%。世行的目标是通过改革，到 2000 年将"不满意"率降至 25%。此外，世行还为项目监督和评价设计了一些新的概念和指标，包括：第一，"风险项目"概念（风险项目指可能、但尚未真正发生问题的项目），设计这一概念是为了更早地发现和解决项目中的问题。第二，"现实性指数"（指风险项目成为问题项目的比例），这一指标主要用来衡量监测项目风险的精确程度。第三，"积极性指数"（指项目被正式列为问题项目 12 个月之后得到有效处理的比例），这一指标主要用于衡量世行工作人员的办事效率。

（4）改革非贷款性业务方式，加强经济调研的针对性。世行决定，减少大规模的研究报告，增加篇幅较小但更有时效性的政策建议报告，以增加世行处理问题的决策能力和未来的预见能力。

**（三）调整世行"发展议程"**

1998 年，联合国会议为 21 世纪确定了几项目标。世界银行将帮助这些目标的完成，并在它所援助的国家中监督这些目标的实现。这些目标是：

● 至 2015 年，使全世界生活于极端贫困中的人口的比例减少一半；

● 至 2015 年，使所有国家普及全民初级教育；

● 至 2015 年，在初级和中学教育中实现性别平等；

● 至 2015 年，婴幼儿的死亡率降低 2/3，母亲死亡率降低 3/4；

● 至 2015 年，普及再生产性医疗保健服务；

● 至 2015 年，使全球和各国环境资源丧失的现状得以逆转。

这些目标是伟大的，也是非常重要的，它需要全球社会共同进行重大的努力。为此，世界银行加快对"发展议程"的研究，调整世行的业务方向，更多地重视和介入社会性问题，并增加对"特殊地区"业务的投入。主要措施有：

（1）制定"国家援助战略"（即"国别战略"）。明确世行在各借款国的目标和重点业务领域，确定资金需求，并提出借款国应当达到的主要成绩指标和大致的时限。世行贷款、特别是软贷款的分配将与借款国的政策表现挂钩。世行表示，今后世行执行董事会将简化对具体项目的审批，而重点讨论国别战略。国别战略一经通过，将成为世行集团各成员国在有关国家开展业务的最高指导方针。这种做法有助于提高世行业务在各借款国的针对性，但同时也将直接增加执行董事会对有关国家业务的发言权。

（2）制定"部门援助战略"。指导世行各具体行业的业务，提高部门工作效率。部门战略一方面可进一步明确世行在各行业的业务重点，另一方面也会增加世行对借款国的政策要求，并增加世行贷款的附加条件。此外，世界银行与各种组织和团体，包括联合国系统机构、国际货币基金组织、世贸组织、地区性开发银行建立"伙伴关系"，特别是重视与借款国"民众社会"，包括非政府组织的联系，以扩大世行的影响。

（3）加强对敏感性问题的发言权。世行贷款将更加注重环境和社会影响评价，考虑并介入移民、社区参与、非政府组织、妇女、土著居民权益等社会性问题。鉴于这类问题的敏感性，绝大多数借款国对世行的介入都持抵触的态度。世行贷款附加条件的做法令人怀疑，这种做法似乎体现了西方发达国家利用世行贷款干涉他国内政的手段。

值得注意的是，世行最近增加了对"项目监察小组"的重视和利用。这一机构成立于 1993 年，主要功能是接受世行项目"受害者"的投诉，对世行官员由于违反世行自身政策而对项目所在地居民的生活和环境造成"重大损失"进行调查，并提出改正措施。监察小组在相当程度上是世行受发达国家的压力，并为适合一些非政府组织而设立的。在实际操作中，监察小组这一"申诉机构"常被一些政治性的非政府组织用来攻击有关借款国的国内政策。目前，发达国家正在向世行施加压力，要求扩大监察小组的功能，将调查对象从世行本身扩大到借款国政府，并把监察小组的使用范围扩大到世行集团的所有成员。因此，"项目监察小组"可能会成为西方干预发展中国家的工具。

（4）增加对私人部门发展的重视。沃尔芬森行长上任不久即成立了一个横跨世行集团各成员的"私人发展协调小组"，并由他本人亲自挂帅。最近几年，世行执行董事会和当局越来越强调，在私人资本流动迅速增加的情况下，世行应更多地发挥"催化剂"作用，包括更多地使用担保、联合融资、政策咨询等工具。

（5）加强反腐败承诺力度。在美国等西方国家的压力下，世行把改善借款国政府管理、反对腐败也纳入了业务范围，包括防止在世行项目招标中出现腐败、与借款国开展政府对话等。在世行 1997 年香港年会上，沃尔芬森行长在大会的发言中公开宣称，对于那些缺乏反腐败诚意的国家，世行将减少贷款支持。

在世行的组织下，15 个非洲国家在贝宁召开了一次反腐败

大会，并酝酿成立区域性的反腐败组织。在对反腐败问题的多次讨论中，发展中国家重申了对反腐败的承诺，强调世行反腐败应对所有国家，包括发达国家一视同仁。同时指出，反腐败是主权国家的责任，世行不应成为发达国家以反腐败为借口，干涉发展中国家内政的工具。

（6）发起"贫困重债国减债动议"。该"动议"旨在帮助41个发展中国家削减双边和多边债务。据估计，世行实施减债动议至少需要72亿美元，其中多边机构需投入40亿美元。世行已牵头成立了专门的减债基金，并率先从自身的净收入和盈余中动用7.5亿美元的赠款；世行行长表示，世行准备在5年内投入总额达16亿美元的赠款资金。

**（四）重建世行的知识基础，发展知识和信息资源**

世行行长表示，世行不仅是一个资金银行，今后也应成为一个"知识银行"。为此，世行将开展更多的政策咨询和经济调研等非贷款业务，并考虑到对此类业务收取一定的费用。世行还将加强经济发展学院，为借款国提供更多的培训服务。

世界银行1998~1999年的发展报告的主题是：知识与发展。该报告的中心议题是探讨知识差距和信息问题之间的关系及其对发展的影响，探讨国际机构和发展中国家政府如何更好地解决这些问题。世行认为，缩小知识差距不是轻易就能完成的。由于高收入工业国永远在不断扩展知识的疆界，因而发展中国家所追赶的是变动的目标。实际上，比知识差距更大的差距是创建知识的能力上的差距。同时，世行认为，没有关于属性的知识，市场就不可能正常运转。当政府介入并解决信息问题，市场将会更好地发挥职能。发展中国家面临的大多数困难都与知识差距和信息有关。

世行认为，知识的获取，不论是国外引进的还是在国内创造的，都要通过普及基础教育和创造终身学习的机会来完成。信息技术在能力上爆炸性的增长及成本上的直线下降，极大地扩展了获得知识与吸收知识的潜力，为信息的双向流动创造了机会。如果能最大限度地利用这些协调作用，则政府缩小知识差距的战略会最有效，但在设计与实施这些战略时，也必须解决信息失灵的问题。世行认为，对发展中国家而言，获取知识包括两个相辅相成的步骤：

（1）通过向国外知识采取开放态度以取得知识，创造其他地区还不能提供的知识。有利于促进从国外获取知识的三种重要手段是开放贸易体制、外国投资和技术许可制。

（2）改善政策和商业环境，以创造有利于贸易尤其是有利于出口的环境，这是各国从国外获取知识最为重要的方式之一。

目前，新知识爆炸式增长，技术进步不断加快，竞争空前激烈，这一切使得终身学习比以前任何时候都重要。为了缩小知识差距，必须保障全民的基础教育，并为人民提供在其一生中不断学习的机会。基础教育是健康的、有技能的和有活力的劳动力的基础。在基础教育之上的终身教育制度能使各国持续地评价、适应和应用新知识。

共同分享有关自身和发展的信息，成为世界银行不可动摇的原则。将世行塑造成一个更开放、更透明的国际组织，是世行一直追求的目标。自1998年开始，在各国政府的要求下，世行将原来保密的国别援助战略公开，通过媒体公布，并在互联网站点上发布。同时，世界银行研究和业务评议局的工作成果也不断地被他人分享。在1999年度，为减少"知识差距"，世界银行为外界提供了"发展新闻"每日快速在线新闻杂志服务。

世行认为，成功的发展不仅包括投资于物质资本，或缩小资本差距，它还包括获取和利用知识——缩小在知识上的差距。世行认为，发展中国家必须通过制定获取知识并利用知识的有效战略，使自己充分利用机会，并使风险最小化。

在 1999 年度，世界银行建立了世界银行的学习网络，它是一种远程学习计划，可提供互动的以音像和网络为基础的课程，能将全球的参与者连接起来。为推动学习制度的发展，世界银行从提供单项培训转向针对其他机构和合作伙伴的整体培训。在面向非洲的培训中，世界银行学院与非洲开发银行和国际货币基金组织一起，建立了非洲联合学院；与非洲经济研究学会和 13 所合作大学一起，开发了实验性的在线网上课程，进一步推动了非洲网上虚拟大学的发展。非洲实用数据库已经发展成为全世界关于非洲的一个最大的数据库，可提供大约 1500 个指标的 53 年的数据。在教育方面，到 2000 年，在世界发展网络中，40 个发展中国家的至少 1200 所中学将与北美、欧洲、日本和澳大利亚的学校连接起来，这实在是一件了不起的事情。

世行认为，当世界进入新世纪之际，发展中国家能否取得成功部分取决于发达国家的经济发展，同时也取于自身能否实行政策和体制改革从而为实现强劲增长奠定基础。只有那些最有能力抓住全球化带来的机遇，并有效地规避其风险的国家才能繁荣富强，而那些无法适应全球化的国家则会日益落伍，使得世界上富国和穷国之间的差距越来越大。世行在《2003 年世界发展报告》中提出，可持续发展要求：

- 在发展中国家实现收入和生产率的大幅度增长；
- 从社会、经济和环境方面进行管理，以便向一个以城市为主的世界的过渡；
- 关注那些生活在环境脆弱的土地上的广大人民的需要；
- 获取由抚养率降低和人口增长减慢带来的"人口结构效益"；
- 在地方和全球层面上避免世界经济在实现 140 万亿美元的过程中可能出现的社会和环境压力。

世行注意到未来的挑战，正在与发展中国家共同尝试一种更具包容性和综合性的实现其发展使命的模式，即全面发展框架（简称CDF）。根据全面发展框架模式的要求，发展计划必须是各国自己制定的，是对要实现的结果的长远憧憬，是得到政府、援助机构、公民社会、私营部门以及其他发展参与者共同和有力的支持的。在启动全面发展框架时，世界银行把注意力集中在它认为是实现有效发展的几个主要方面：

- 结构上：良政治理和廉洁的政府、有效的法律和司法制度、秩序良好和接受监管的金融系统、社会安全保障制度和社会计划；
- 物质上：供水和污水、能源、道路、交通和通信、环境和文化问题；
- 具体战略：针对农村、城市和民营部门。

为了应用全面发展框架的原则，世界银行和国际货币基金组织联合推出了减贫战略文件（简称PRSP），该文件由各国自己制定，并成为减债和优惠贷款的依据。制定减贫战略文件的目的是扩大公民社会、尤其是贫困人口本身在参与设计减贫战略中的代表性，加强各个发展伙伴之间的协调，使国际社会的分析调研、政策咨询和财政资源集中起来取得减轻贫困的实效。

### （五）世界银行的调整贷款

调整贷款是世界银行（简称"世行"）设立的一种政策性非项目贷款，其目的是帮助借款国克服经济发展中出现的宏观经济和国际收支失衡。其具体做法是：向借款国提供一笔快速支付的贷款，用于支持该国宏观或部门经济结构调整。结构调整贷款有双重目的：向借款国提供一笔快速支付的资金，帮助其缓冲来自外部的冲击；以贷款为杠杆，促进借款国实行政策和结构改革，从根本上建立一种有效的经济运行机制。2000年以来，在世行贷款中，调整贷款的数额与项目数量有一定的波动，但一直占据重要地位。

表5-2 2000～2007财年世行贷款及调整贷款情况

单位：百万美元

| | 2007财年 | 2006财年 | 2005财年 | 2004财年 | 2003财年 | 2002财年 | 2001财年 | 2000财年 |
|---|---|---|---|---|---|---|---|---|
| **IBRD** | | | | | | | | |
| 贷款承诺额 | 12829 | 14135 | 13611 | 11045 | 11231 | 11452 | 10487 | 10919 |
| 其中:调整贷款额 | 3635 | 4906 | 4246 | 4453 | 4187 | 7384 | 3937 | 4426 |
| 调整贷款占比(%) | 28133 | 34171 | 31120 | 40132 | 37128 | 64148 | 37154 | 40153 |
| 贷款项目数 | 112 | 113 | 118 | 87 | 99 | 96 | 91 | 97 |
| 其中:调整贷款项目数 | 22 | 21 | 23 | 18 | 21 | 21 | 15 | 14 |
| 调整贷款项目占比(%) | 19164 | 18158 | 19149 | 20169 | 21121 | 21188 | 16148 | 14143 |
| 支付总额 | 11055 | 11833 | 9722 | 10109 | 11921 | 11256 | 11784 | 13332 |
| 其中:调整贷款额 | 4906 | 5406 | 3605 | 4348 | 5485 | 4673 | 4393 | 4924 |
| 调整贷款占比(%) | 44138 | 45169 | 37108 | 43101 | 46101 | 41152 | 37128 | 36193 |
| **IDA** | | | | | | | | |
| 贷款承诺额 | 11867 | 9506 | 8696 | 9035 | 7282 | 8068 | 6764 | 4358 |
| 其中:调整贷款额 | 2645 | 2425 | 2331 | 1698 | 1831 | 2443 | 182 | 6682 |
| 调整贷款占比(%) | 22129 | 25151 | 26181 | 18179 | 25114 | 30128 | 27100 | 15165 |
| 贷款项目数 | 189 | 173 | 165 | 158 | 141 | 133 | 134 | 126 |
| 其中:调整贷款项目数 | 35 | 30 | 33 | 23 | 24 | 23 | 15 | 9 |
| 调整贷款项目占比(%) | 18152 | 17134 | 20100 | 14156 | 17102 | 17129 | 11119 | 7114 |
| 支付总额 | 8579 | 8910 | 8950 | 6936 | 7019 | 6612 | 5492 | 5177 |
| 其中:调整贷款额 | 2399 | 2425 | 2666 | 1685 | 2795 | 2172 | 1280 | 860 |
| 调整贷款占比(%) | 27196 | 27122 | 29179 | 24129 | 39182 | 32185 | 23131 | 16161 |

资料来源：世界银行中文网站。

与项目贷款相比，调整贷款具有以下几个特点：第一，政策性强。使用调整贷款必须满足特定的宏观或部门经济政策要求，使用结构调整贷款的国家必须制定世行认可的结构调整计划，就贸易政策、价格政策、财税政策、投资计划、资金动员、机构改革等方面的调整作出承诺。具体的政策要求包括实行国有经济私有化、贸易自由化、金融（含利率和汇率）自由化、放开价格、取消财政补贴、压缩公共部门投资、改革税制和机构改革等。第二，支付速度快。项目贷款评估一般需 1～2 年，而调整贷款的准备过程较短，只需 6 个月甚至 3 个月。第三，使用灵活。调整贷款的目的是为借款国提供一种缓冲，使之能缓解因实施调整计划而带来的经济与社会冲击。借款国在贷款的使用上有更大的自由度。结构调整贷款可由借款国自行安排使用，部门调整贷款也可在一定范围内安排使用。

## 第二节　战略动向：世行的现在与未来

世界银行在 20 世纪 90 年代乃至 21 世纪的目标，是努力实现世界经济的持续、稳定、公正的增长，其业务重点包括减轻贫困、保护环境、开发人力资源、帮助成员国减轻债务、加强私营部门发展；注重人口自然增长率、改进保健和营养服务、扩大受教育和培训的机会、增加妇女在发展中的收益等。世行有固定的战略目标，但这些目标为适应新情况的需要，在一定范围内可加以适当调整。

一　减困工作进一步深入

减轻贫困是世界银行在 20 世纪 90 年代的业务重点，在 21 世纪有深化的趋势。其减困战略是：通过帮助贫困地区人民用自己的劳动来推行一种发展模式，以及通过为贫困地区的人民提供更多的医疗卫生、教育和社会服务等方面的帮助，来支持对那些地区的投资。在 1990 年 9 月 25 日世界银行集团董事会上，原世行行长巴伯·科纳布尔曾明确指出：减少贫困是设计世行工作的诸多方面的一个中心课题。这就是我们将其作为业务重点的理由。随着世界经济的发展，减困工作将是世界各国政府最迫切的任务，世行的减困业务必将得到更大的发展。

### （一） 减困战略的深化

《1990 年世界发展报告》认为，80 年代，世界上一些发展中国家贫困人口的状况并没有从根本上得到改变，世界仍然有 10 亿多人口生活在贫困之中（年收入不到 370 美元）。根据世界银行 1998～1999 年的世界发展报告，世界上的低收入国家还有 65 个，人均国民收入不足 785 美元。更严重的是，一些穷国中的特困人口收入不足 100 美元。所以，减轻贫困仍然将是 21 世纪面临的巨大任务。为此，世行在发展中国家减轻贫困的战略主要考虑：

● 开展贫困评价。根据贫困国家的不同情况进行评估，决定投资政策和规模，防止贫困投资失误。评估内容包括该国家有关扶贫方面的方针政策、公共开支及组织机构状况，并写出"贫困评估报告"，针对各国存在的问题提出解决和改进的建议和办法。

● 直接进行减困投资。以减困为目标的项目投资将主要集中在贫困地区的农业和农村发展、基础教育、卫生保健等领域，这是世界银行减困工作的最重要的任务。

● 制定脱贫战略。在评估的基础上帮助发展中国家根据具体的国情制定脱贫战略，确保世界银行的各项计划能够支持并补充各国为脱贫而做的努力。世行在其业务活动中，已经并将继续体现上述战略，从而达到理想的支持和补充效果。为确实减少世界各国的贫困人口数量，世行认为各国政府及其他组织机构应协调行动，加大投资力度，积极深入开展减困工作，促进基础广泛的劳动力需求型增长，扩大穷人获得基本教育、医疗和营养的机会，为那些无法在获取收入的机会方面占据优势或易于遭受严重风险的人营造有效的安全网。

虽然这种战略的有效性已经得到充分的证实，但世界银行仍在不懈地努力，以提高它自身为帮助会员国减轻贫困所做的努力的效率。至1998年，世行对105个国家的贫困评价已完成83个，这包括了全世界贫困国家的大约90%。尽管人们对贫困的了解更加充分，但数据的质量尚不完全一致，分析报告的质量和效能也有差别，国内机构的监测和分析能力仍然不强，评价和反馈工作也不尽如人意。

世行在1997年度建立了"网络"——人力开发（HD），环境与社会可持续发展（ESSD），金融、私营部门与基础建设（EPSI），减少贫困与经济管理（PREM）。这些"网络"将处于新的、以知识为基础的世界银行的中心，它有助于吸取各国和各地区的经验教训，有助于把世界各地的最佳做法用于满足各国具体需要的工作中，这种新的、系统的工作方式是：运用"知识管理"，即系统地收集世界银行内外各界关于发展问题的知识，并在世界银行内外进行传播；为地区性和中央单位制定共同的战略；集结精干的工作组向客户提供质量更高的产品；确保提供质量更高的产品，确保技能的有效利用。

为了实现减困目标，世行建立了不少为减困工作服务的主题网络。减困和经济管理网络对世界银行的知识管理体系作出突出贡献，通过弄清差距，以及针对差距而进行的培训和招聘，为发展中国家减少贫困人口、加强经济管理能力服务，取得了积极的成果。此外，该网络不断强化机构的专业技能，它有助于加强国别援助战略，以达到世行创新的战略目标——有效解决各国面临的最重大的发展问题；有效地对待减贫和经济发展的核心问题；

建立评价世界银行作用和对客户需求的反应能力的机制。

近年来，减困和经济管理网络帮助世界银行开发出了解决腐败问题和金融问题的战略，该网络目前正在修订减贫战略。

（1）推动穷国参与世界经济体系。减困和经济管理网络是世界银行与国际货币基金组织、联合国贸发会议（UNCTAD）和世界贸易组织（WTO）等机构联系的中心，它需要这些重要的伙伴关系互惠互利，为最不发达国家制定综合计划，以及关于发展目标和指标的工作，以帮助发展中国家加强经济管理，减少贫困人口数量。

1996年的WTO部长声明呼吁，制定一份行动计划，以提高最不发达国家对该贸易体系提供的机会做出反应的能力。WTO之所以提出这项特殊计划，就是因为这些国家是最贫困的国家。这项计划是由UNCTAD、WTO和世界银行共同制定的，它已在1997年国际会议上获得批准。计划有两个内容：一是由承诺成员国做出一致承诺，为最不发达国家的出口提供更多的市场准入机会；二是为包括世界银行在内的国际金融机构和援助机构制定一项综合计划，来提供与贸易相关的援助。

世行对经济全球化问题的态度是积极的。大量数据显示，全球化对世界上的贫穷国家的影响是参差不齐的。许多发展中国家通过全球化降低了国家的贫困程度，但是也有许多最不发达国家在全球化的大潮中被边缘化。这对于那些反全球化主义者来说，全球经济的衰退无疑成了充分的理由。他们认为全球化，尤其是资本主义的扩张必须对当前世界的贫困、分配不均以及传统文化的消亡负主要责任。世界银行多年来一直是受抨击的主要对象。反全球化者认为，世界银行这个国际组织必须对资本主义的泛滥、发展中国家的持续贫困以及不发达国家的政策失误负责。

面对反全球化浪潮以及不绝于耳的批评，世界银行在《全球化、增长和贫困》白皮书中认为，反全球化主义者对全球化的批判是片面的，因为他们没有对过去 20 年里全球各国经济发展进行具体的分析。世行明确指出，对于贫困国家而言全球化的后果是必须区别对待的：在过去 20 年里，由于全球化的发展，有差不多 30 亿生活在发展中国家的居民生活状况得到了显著改善，同时也有超过 20 亿的不发达国家的居民生活水平出现了下滑，其中有的还出现了大幅下降的情况。世界银行把全球国家分成了三类：发达国家、在全球化进程中受益的国家以及无法融入世界经济的最不发达国家。世界银行认为，现在必须对第三类国家给予足够的重视，由于这些国家无法融入世界经济大家庭，也就无法从全球化中受益，因此在这些国家出现了绝对和相对的贫困状况加剧等大家不愿看到的结果。如果这些国家继续被排除在全球化大潮之外，无疑将被彻底边缘化。

世行认为，从 1980 年开始的第三次全球化浪潮对于发展中国家的影响是最大的。按照联合国的标准，在这次浪潮中，全球贫困人口的数量第一次出现大幅下降。24 个发展中国家的人均国内生产总值在同期出现了超过 100% 的增长，这大大超过了发达国家同期的增长速度。发展中国家整体出口额出现了大幅增长：1980 年发展中国家工业产品的出口额仅占总出口额的 25%，而到了 1998 年，这一比例已经上涨到 80%。其中，中国、印度、越南、匈牙利、乌干达以及孟加拉，尽管国家情况各不相同，但都已经从全球化的进程中受益。为帮助贫穷国家消除贫困，融入世界经济，世界银行为这些国家提供了许多援助：提供各种必需的物资、帮助这些国家的产品进入发达国家的市场以及帮助这些国家进行国内改革。虽然这些措施都是帮助这些国家融入全球经济整体所必需的，但是世界银行认为，解决当前少数国家在全球化进程中被边缘化的最有效办法，就是进行新一轮多边贸易谈判。

根据世界银行的统计，由于发达国家的贸易壁垒，每年发展中国家将从国际贸易中损失 1000 亿美元，而发展中国家从发达国家得到的援助却只有 500 亿美元左右。而新一轮多边贸易谈判将最大限度地减少发展中国家的全球化成本。此外，由于发展中国家之间的贸易增长速度大大超过了同发达国家的贸易增长速度，因此降低贸易壁垒将令那些中等收入以及最贫困国家的贸易增长得更快。世行在白皮书中，详细地分析了经济全球化中所遇到的种种政治障碍，并指出这个障碍更多地来自那些从全球化进程中受益最多的发达国家。发达国家中也有少数贸易保护主义者竭力反对加快全球化进程，其中的原因就在于，无论是发展中国家还是发达国家，都会有一些人因为全球化而受到利益上的损失。

在世界经济全球化问题上，世界银行一直饱受抨击，而且其中绝大多数态度最尖锐的批评人士都是世界银行目标宗旨的坚定拥护者。在他们看来，世界银行消除贫困、促进成员国生产性投资增长的宗旨并没有错，而世界银行在实现这一目标中表现出的效率低下才是其备受批评的根源。正是在制定政策和项目管理中表现出的效率低下，才使得世界银行在发展中国家的政策往往是同当地的经济环境无法匹配，从而导致像非洲最贫困国家那样越接受援助而越贫困的情况的出现。

（2）倡议减轻穷国的债务负担。进入 20 世纪 80 年代以后，债务问题逐渐成为阻碍发展中国家经济增长的严重障碍。债务问题最初是国际货币基金组织的业务重点，但是，自 20 世纪 80 年代中期以来，债务问题的解决和债务经济的调整更加困难。因此，以促进中长期发展为宗旨的世行不得不在其中肩负起其应有的积极责任。目前，世行在减轻发展中国家的债务负担方面主要开展以下活动：首先，资助高负债的中等收入国家开展减债减息活动；其次，对只接受国际开发协会信贷的低收入发展中国家中的债务国，通过建立削减债务基金为其提供帮助；再次，支持债

务国进行经济结构调整。

世界银行参与该倡议的主要措施是在 1997 财政年度形成的。1996 年 11 月，世界银行设立了 HTPC 信托基金，并随后从国际复兴开发银行的盈余中向该信托基金拨款 5 亿美元作为启动资金。在 21 世纪，世行在倡导减轻穷国债务方面将发挥更大的作用。

**（二）深化人口、保健和营养计划**

从 20 世纪 70 年代开始，发展经济学的观点逐渐被世行所接受。发展经济学特别强调对人力资源的开发，认为这种开发是发展中国家加速经济增长、减轻贫困、获得技术进步的关键。进入 90 年代后，世行将人力资源开发列为其发展援助战略的中心内容之一。

（1）部署开发人力资源计划。为适应不断变化的新形势，世界银行在 1992 年专门设立一名副行长主管人力资源开发工作。世行的人力资源开发贷款计划具有三个特点：

a. 有关人力资源开发的贷款增加。资料显示，有关人力资源开发的贷款比重在逐渐增加，约占 5% 左右，教育贷款趋于稳定状态。

b. 注重社会保障体系。在经济调整期间，一些国家就业问题比较严重，社会保障部门的项目开始得到重视，贫困者的利益在一定程度上得到保护。

c. 改革人力资源投资方式。世行采取直接投资方式和间接投资方式并用的方针，并将投资重点由提供有形的基础设施逐步转向以政策为基础的全面战略。

目前，世界银行是各会员国中人力资源开发计划（教育、卫生、营养和人口以及社会保障）的最大外部融资者，1998 财政年度用于人力开发的贷款项目的总额增加了 13%，累计贷款总额为 491.80 亿美元，支持了在 111 个国家中的 449 个现行项目。拨付水平较高，达到 38.46 亿美元。

表5-3　按收入和区域划分的低收入国家或地区分类
（按1998年人均GNP划分，低收入国家人均收入低于785美元）

| 收入组别 | 次级组 | 撒哈拉以南非洲 | | 亚洲 | | 欧洲与中亚 | | 中东与北非 | | 美洲 |
|---|---|---|---|---|---|---|---|---|---|---|
| | 组 | 东非与南部非洲 | 西非 | 东亚和太平洋地区 | 南亚 | 东欧与中亚 | 欧洲其他部分 | 中东 | 北非 | |
| 低收入 | | 安哥拉<br>布隆迪<br>科摩罗<br>刚果（金）<br>厄立特里亚<br>埃塞俄比亚<br>肯尼亚<br>莱索托<br>马达加斯加<br>马拉维<br>莫桑比克<br>卢旺达<br>索马里<br>苏丹<br>坦桑尼亚<br>乌干达<br>赞比亚<br>津巴布韦 | 贝宁<br>布基纳法索<br>喀麦隆<br>中非<br>乍得<br>刚果（布）<br>科特迪瓦<br>冈比亚<br>加纳<br>几内亚<br>几内亚比绍<br>利比里亚<br>马里<br>毛里塔尼亚<br>尼日尔<br>尼日利亚<br>圣多美和普林西比<br>塞内加尔<br>塞拉里昂<br>多哥 | 柬埔寨<br>老挝<br>蒙古<br>缅甸<br>越南 | 阿富汗<br>孟加拉国<br>不丹<br>印度<br>尼泊尔<br>巴基斯坦 | 阿尔巴尼亚<br>亚美尼亚<br>阿塞拜疆<br>波斯尼亚和<br>黑塞哥维那<br>吉尔吉斯斯坦<br>摩尔多瓦<br>塔吉克斯坦<br>土库曼斯坦 | | 也门 | | 海地<br>洪都拉斯<br>尼加拉瓜 |

表5－4　按收入和区域划分的中等收入国家分类（1998年人均GNP）
（下中等收入国家为786～3125美元，上中等收入国家为3126～9655美元）

| 收入组别 | 次级组 | 撒哈拉以南非洲 | | 亚洲 | | 欧洲与中亚 | | 中东和北非 | | 美洲 |
| --- | --- | --- | --- | --- | --- | --- | --- | --- | --- | --- |
| | | 东非与南部非洲 | 西非 | 东亚和太平洋地区 | 南亚 | 东欧与中亚 | 其他 | 中东 | 北非 | |
| 中等收入 | 下中等收入国家 | 吉布提 | 佛得角 | 中国 | 马尔代夫 | 白俄罗斯 | | 伊朗 | 阿尔及利亚 | 伯利兹 |
| | | 纳米比亚 | 赤道几内亚 | 斐济 | 斯里兰卡 | 保加利亚 | | 伊拉克 | 埃及 | 玻利维亚 |
| | | 斯威士兰 | | 印度尼西亚 | | 格鲁吉亚 | | 约旦 | 摩洛哥 | 哥伦比亚 |
| | | | | 基里巴斯 | | 哈萨克斯坦 | | 叙利亚 | 突尼斯 | 哥斯达黎加 |
| | | | | 朝鲜 | | 拉脱维亚 | | 西岸和加沙 | | 古巴 |
| | | | | 马绍尔群岛 | | 立陶宛 | | | | 多米尼加 |
| | | | | 密克罗尼西亚联邦 | | 马其顿 | | | | 厄瓜多尔 |
| | | | | 巴布亚新几内亚 | | 罗马尼亚 | | | | 萨尔瓦多 |
| | | | | 菲律宾 | | 俄罗斯 | | | | 格林纳达 |
| | | | | 萨摩亚 | | 乌克兰 | | | | 危地马拉 |
| | | | | 所罗门群岛 | | 乌兹别克斯坦 | | | | 圭亚那 |
| | | | | 泰国 | | 南斯拉夫 | | | | 牙买加 |
| | | | | 汤加 | | | | | | 巴拿马 |
| | | | | 瓦努阿图 | | | | | | 巴拉圭 |
| | | | | | | | | | | 秘鲁 |
| | | | | | | | | | | 圣文森特和格林纳丁斯 |
| | | | | | | | | | | 苏里南 |

续表 5 – 4

| 收入组别 次级组 | 撒哈拉以南非洲 | | 亚　洲 | | 欧洲和中亚 | | 中东和北非 | | 美　洲 |
|---|---|---|---|---|---|---|---|---|---|
| | 东非与南部非洲 | 西非 | 东亚和太平洋地区 | 南亚 | 东欧与中亚 | 其他 | 中东 | 北非 | |
| 中等收入 上中等收入国家 | 博茨瓦纳 | 加蓬 | 美属萨摩亚 | | 克罗地亚 | 马恩岛 | 巴林 | 利比亚 | 安提瓜和巴布达 |
| | 毛里求斯 | | 马来西亚 | | 捷克 | 土耳其 | 黎巴嫩 | 马耳他 | 阿根廷 |
| | 马约特 | | 帕劳 | | 爱沙尼亚 | | 阿曼 | | 巴巴多斯 |
| | 塞舌尔 | | | | 匈牙利 | | 沙特阿拉伯 | | 巴西 |
| | 南非 | | | | 波兰 | | | | 瓜德罗普 |
| | | | | | 斯洛伐克 | | | | 墨西哥 |
| | | | | | | | | | 智利 |
| | | | | | | | | | 波多黎各 |
| | | | | | | | | | 圣基茨和尼维斯 |
| | | | | | | | | | 圣卢西亚 |
| | | | | | | | | | 特立尼达和多巴哥 |
| | | | | | | | | | 乌拉圭 |
| | | | | | | | | | 委内瑞拉 |

资料来源:《1998/1999 年世界发展报告:知识与发展》。

世行认为，人力资源开发是实现国际社会制定的发展目标的决定性因素。如果人民健康水平不高，营养不良，未受到良好的教育，就没有哪个国家能确保实现持续的经济增长或减轻贫困。因此，世界银行正与各会员国政府一道，根据三项互为支持的原则来促进人力开发工作，通过基础广泛的可持续的经济发展增加机会，使穷人获得基本社会服务，制定社会安全网计划，以保护易受伤害的群体。

（2）改善社会保障系统。与人口资源保护相适应的社会保障问题也是极其重要的，必须通过改善劳动力市场的经营来提高人力资本的生产力；建立旨在保护承受力差的群体的机制和机构；采取有助于保护穷人的干预措施，这些措施包括失业保险和职业培训计划、养老金改革、社会救援以及社会基金等。为此，世界银行正在支持其会员国做好以下工作：

a. 保护劳动人民不因年老和失业而蒙受收入的损失。为养老金改革提供技术援助和贷款，保证他们能安度晚年。

b. 通过工作安置、公共工程计划帮助失业者寻找工作，为下岗工人提供收入支持，并在消除滥用劳动力现象的同时，制定改善劳动力市场的政策。

c. 确保劳动力市场提供有收益的就业机会，并开展职业培训计划，发放失业津贴和遣散费等。

d. 向不能工作或处于贫困线之下的人提供社会援助。世界银行将其贷款通过社会基金作为赠款拨付给当地群体，用于开展社会保障工作。

社会保障在世界银行贷款业务中的重要性日益提高，它还是世界银行其他项目的重要组成部分。世界银行在1988年曾宣布要在若干年内使保健和营养部门的贷款翻一翻。有理由相信，在21世纪，世界银行将改变保健与营养部门项目的性质，世行的国别援助战略已经全面地融合了这方面的内容，并且逐渐与其他

各个部门的贷款项目相结合。

社会保障系统的工作重点是：

首先，提高穷人的卫生和营养状况。保护人民不受疾病的困扰，推动相关贷款项目的开展，这是世行在 21 世纪的重要工程之一。

其次，强化医疗卫生体系。增加人们平等地获得预防性和治疗性的卫生保健、营养和计划生育服务的机会，这些服务的价格应能为人们所接受，提高服务质量和服务效率，对客户需求做出迅速反应。

再次，促进医疗卫生融资的持续性发展。动员一切可以动用的资源，帮助穷国政府制定相关政策，保证有效地提供服务。自世行成立以来，在 85 个国家实施了近 200 个项目，贷款总额约 40 亿美元。虽然每年在这些项目的新承诺额都有变化，但基本上呈稳步增加的趋势。近年世界银行的贷款越来越支持综合性生育保健计划，将人口保健作为优先考虑的问题。

例如，世行在 1998 财年，在东欧和中亚，提供给俄罗斯的煤炭部门一笔贷款包括用于社会保障的 1.6 亿美元，还批准了一笔 2860 万美元单独的社会保障实施贷款；哈萨克斯坦的养老金改革得到了一笔 3 亿美元贷款的支持；批准了为格鲁吉亚提供的一笔 2000 万美元的社会基金。在世界银行的帮助下，社会基金这种在非洲和拉丁美洲常见的基金第一次在东欧得以使用。20 世纪 90 年代以来，世界银行在拉丁美洲支持了墨西哥和乌拉圭的养老基金改革，阿根廷的劳动力调查，以及玻利维亚的公共工程。在撒哈拉以南非洲，这种支持包括为科摩罗的社会基金和几内亚的一个微型金融项目提供融资。世界银行在中东和北非地区所支持的活动，包括摩洛哥的养老金改革，约旦的职业培训。在南亚，为巴基斯坦的社会行动计划提供的支持包括对社会保障的大量融资。很多会员国为实现广泛和平等的医疗卫生，希望能得到世行的贷款援助。世界银行的援助包括贷款和非贷款服务，如政策指导，技术咨询服务，以及国家能力建设等。

（3）关注妇女儿童问题。世界银行支持教育的目标是：帮助会员国政府扩大受教育的机会并提高其平等性。世行认为，发展中国家的妇女作为一个整体，一方面是世界上人口中最贫困的人，另一方面又是肩负世界发展事业的一支不可忽视的力量。世行在 20 世纪 90 年代的业务涉及有关妇女问题的项目越来越受到重视，如世行在 1992 年批准的项目中，内容涉及解决妇女问题的项目占到 40% 以上。此后，涉及妇女问题的贷款一直呈增长趋势。

世界银行要求各会员国继续加大对女童教育的关注。资料显示，受教育程度较高的妇女生育的孩子较少，但更加健康，受教育水平也较高。因此，人们已普遍认识到，积极鼓励投资于女童教育是社会在其自身的发展中能做出的最佳选择之一，这直接影响到发展中国家的人口素质和未来发展的趋势。世行在教育方面的贷款一直保持较高的水平。20 世纪 80 年代，世行平均每年为教育和培训提供资金 7 亿美元。到了 20 世纪 90 年代，平均每年为 18.8 亿美元，并十分重视扩大妇女儿童受教育机会，尤其是初等教育和为生活条件差的儿童提供教育帮助，促进各级教育质量以及资源使用效益的提高。

有关研究表明，贫困是形成童工问题的主要原因。世界银行因此而不懈地致力于减贫工作和社会部门的投资，从而使童工总数有所下降。世界银行还支持了解决童工问题的倡议，倡议包括使他们在工作的同时获得教育机会的内容、儿童辞工入学的具体措施、帮助其家庭增加收入来抵消因丧失儿童工资而造成的损失。对世界银行而言，解决儿童问题的具体干预方案是个较新的问题。20 世纪 70 年代开始，世行就一直关注这个问题。在 80 年代乃至 90 年代，世行对该问题更加重视，并采取了一系列积极的措施。特别是在 1998 年度，世界银行在一份文件中提出了

一种框架——世界银行教育知识管理系统：包括有关获得教育机会和教育平等、儿童的早期开发、高效率的学校和教师、教育经济学、后基础教育、教育系统改革和管理、项目设计与实施以及教育和技术等最佳做法的信息。世界银行可以在其总体减贫使命中，以直接和有效的方式加倍努力地解决童工问题。世界银行的作用包括：

a. 把童工问题纳入世界银行计划之中；

b. 提高受教育机会；

c. 确定有关童工的问题和解决方案。

例如，世界银行对埃塞俄比亚政府第一阶段教育部门发展计划的大力支持。世行计划在 1997～2001 年，将极大地提高入学率作为实现普及初等教育计划的一部分。该计划的主要内容是扩大和改善接受初等教育的机会，尤其是扩大和改善农村儿童和女童的机会。它的范围涉及全部门，包括初级、中级、高等教育、技术—职业培训，成人识字，以及非正式教育。提高学生的学习质量，建立一个更有效的教育体系。这个独特的计划采用了一种战略性框架。

1998 财政年度是母婴健康创议提出 10 周年。作为创议的共同发起人之一，世界银行在这 10 年中不断加大工作力度以降低母婴的死亡率。在很多发展中国家，产妇和新生儿死亡率依然是个严重的问题。为了提高对这个问题的认识和政治上的意愿，世界银行正在与国际计划生育委员会、人口委员会、联合国儿童基金会、联合国人口基金会和世界卫生组织密切合作，力争取得更大的成果。

二　特别重视环境与发展问题

所周知，发展中国家的繁荣后面出现了一个阴影：机动车、大烟囱和高炉产生出致命的空气污染。所有这

些污染源和其他一些污染源排放出来的飘浮在空气中的微小颗粒进入人们肺部呼吸系统，导致严重的、有时甚至是致命的呼吸系统疾病。在整个发展中国家，这样的污染夺走了成千上万人的生命，严重影响了数百万人的健康。每年呼吸系统疾病造成了高达数亿个工作日的损失，与此相关的经济损失达数十亿美元。

世行认为，环境可持续性是地方和地区经济发展的核心，良好的环境政策在促进经济增长的同时，能改善环境、保护环境，从而达到支持可持续发展的战略目的。要实现其战略目的需要有完善、可行的制度，适当的激励机制和充分的信息，以及关于不同政策对环境的影响的基本知识。帮助各国提高环境管理能力并将环境可持续性原则纳入到各国的发展计划中，是世界银行业务的核心。世行作为世界性的多边开发机构，对经济发展过程中的环境保护问题历来都予以极大的关注，并制定了环境与发展战略。

世行《1992年世界发展报告》专题论述了环境与发展问题，指出：环境与发展既是互相制约又是互相促进的。没有充分的环境保护，发展就会遭到破坏；而没有经济的发展，环境保护也将无以为继。联合国环境与发展大会于1992年6月在日内瓦召开，它为世界银行及其贷款国为保护环境促进持续的发展所做的努力提供了新的动力。世界银行倡议设立一种更具战略性和综合性的方法，从而确保环境可持续性成为经济发展的中心，其战略要点包括以下内容：

### （一）建设环境管理能力

世界银行正加大力度帮助会员国强化其环境管理能力，帮助发展中国家着手制定更加灵活和成本效益更好的环境政策，以提高环境的可持续性；帮助各会员国制定预防或治理环境污染的措施，如污水排放费、押金退还制度、履约保证，以及交易许可证制度等。

在世界银行的支持下，各成员国都在为环境项目的投资创造更具有吸引力的条件——削减补贴和降低价格扭曲。世界银行与国际金融公司和全球环境基金一道，创建了私营部门风险基金，以利于对生物多样性和可再生能源的投资。

**（二）强调有效的环境机制**

世行认为，虽然创造、传播和使用环境信息可以解决一些环境问题，但不是解决这一问题的最佳方式。世行强调，国家采取合适的环境政策，用强力手段控制环境污染，在此基础上运用经济的、市场的手段，可能对解决环境问题产生更积极的影响。

（1）将环境问题纳入发展计划。世界银行以保护和改善环境为目标的贷款计划累计超过了120亿美元，它还要求所有世界银行资助的计划都要进行环境可持续性方面的工作，并为环境的评估提供了科学的分析方法。世界银行扩大了评估的范围，把部门环境评估也包括进来——农业、能源和交通运输投资的政策、机构和发展计划都会产生环境影响，对这些影响的分析提供了一系列指导可持续发展的政策方案。

根据统计资料，自1986年以来，世行各财政年度对环境项目的贷款基本上呈上升趋势。从1986年为2500万美元，1987年为2.77亿美元，1988年为6.13亿美元，1989年为8.53亿美元，1990年为18.90亿美元，1991年为28.37亿美元，1992年为43.90亿美元，1993年为63.76亿美元，1994年为89.33亿美元，1995年为99.05亿美元，1996年为114.43亿美元，1997年为116.00亿美元，1998年为109.30亿美元。

世界银行经济发展学院的环境计划有助于将环境问题融入发展的各个方面，其方式是为决策者进行以下方面的培训：生物多样性、气候变化、沿海与海洋环境、城市和工业污染、安置与重建以及可持续的农业发展环境问题等。经济发展学院在1997财政年度通过其主要的环境可持续性计划采用了一种多个有关方面和多次研讨班方法。这种内容广博的方法有利于提高广大参与者的觉悟和政策对话。

（2）加强以市场为基础的调控手段。如征收污染费和发放污染排放交易许可证，在适当的时机利用市场来减少对环境的破坏。但世行同时也认为，市场有时可能更容易失灵，信息问题加剧了环境方面的困难或阻碍这些问题的解决。这样的问题能阻碍对是否服从环保标准进行的有效监督，也限制了贫困家庭进入资本市场和保险市场的机会，从而对环境产生影响。

（3）强化中央和地方政府的环保职能。如使用调控手段、监督、执法、确保环境保护的基本标准得到遵守。世行认为，在技术条件、社会条件和体制条件允许的情况下，建立市场是在环境物品和服务的提供者与使用者之间弥补信息差距的有利办法。但在提供和管理相关的环境信息和确保符合环境标准方面，政府能发挥重要的补充作用。

此外，世行也认为，将环境管理权限下放到地方政府的做法是有风险的。它需要大量的人力资本和体制资本。如果没有足够的受到培训的人员，没有体制上的支持，没有源源不断的资金支持，权力下放会适得其反。世行认为，鼓励利益相关者参与也是不够的。即使在权力下放切实可行的情况下，中央政府仍然需要在管辖范围内的环境信息方面保留有些关键的作用。

（4）引导社区和市民参与环境管理。世行认为，环境问题超出了地理界限，即使在开放的社会环境中，正规的规章制度仍然是依赖于固定的规则。具有创新意义的环境政策强调，社区、市场和政府在传播减少污染的信息和创造一种激励污染者减少排放的机制等方面具有互补作用。各国政府要注意环境信息的公布、传统知识的作用以及地方组织结构实施必要的非正规规章制度，加大全社会公民对环境的认识和保护意识。

### （三）扩大国际合作的范围

世行认为，通过国际合作，为监督、传播信息和鼓励主权国家遵守环保规则做出适当的安排是十分重要的，环境问题是一个全球的问题，需要全体成员国做出共同的努力。世行认为，解决那些跨国界的环境问题时，需要开展国际合作，但在许多方面，跨国界问题上的合作比解决当地的问题更为困难。一般说来，国际上还没有一种能够迫使主权国家服从环保规定的制度性机制。虽然在一些情况下，有些国家同意为了共同的利益而采取行动，但是成功的国际环保条约一般都必须符合所有参加国的自身利益。近年来，随着现代化的监督和通讯工具使交易成本下降，随着国际贸易使各国之间经济联系得到加强，区域性和国际性环境协定的数量在一定程度上有所增加。

目前，世行的国际伙伴包括多边金融机构、联合国机构、双边捐助国，还有国际保护自然与自然资源联合会（IUCN）、地球委员会、世界资源研究所和世界野生动物基金会（WWF）的非政府组织、学术机构，以及可持续发展世界商业委员会这类的私营机构。在与私营部门的伙伴关系方面，世界银行正在拟定一系列市场改革方案，以使私营公司、非政府组织和开发性融资机构结合成联盟。

### （四）强调环境管理知识与技术应用

为了加强环境管理，推广先进的环保技术，世界银行及其会员国吸取来自创新性试点活动的经验，推广先进成果，填补知识空白，并为使用新型信息技术和伙伴合作的专业开发人员创建知识管理系统。世行认为，将环境管理与发展结合在一起是一个长期的知识密集型进程。在此进程中，世行努力开展以下工作：

（1）通过确定环境恶化的根源、后果以及减少环境恶化的代价，将了解环境和了解影响环境的进程作为有效的政策基础；

（2）为地方性、区域性的和国家级决策者开发一些衡量环境状况的指标；

（3）使用环境信息来改进公共调控管理和私人的决策；

（4）培养收集和传播知识的能力，改进私人部门的环境管理，将环境变量纳入公共政策模型。

现代科学在飞速发展，有关科学的数据、有关环境的知识和有关经济与环境之间的复杂关系的知识正在不断地增加。从另一个角度看，技术进步和革新同时也是造成环境问题的主要根源，但技术进步和革新同时也是解决问题的一种途径。在能够提供适当的激励机制的环保规章制度的刺激下，充分利用现代技术是解决环境问题的重要手段：首先，强调使用现代化的计算机地图绘制体系监督自然资源储藏量的变化；其次，尽量使用减少环境污染的技术，如静电除尘技术、脱硫技术等；再次，采用减少污染的替代技术，如再生能源或无铅汽油的生产技术等。

**（五）重振农村发展和可持续农业的活力**

世界银行董事会于1997财政年度批准了部门战略文件《农村发展：从理论到行动》。着重强调农村发展的目的是促进居住着全世界75%贫困人口的农村地区的经济发展和减轻贫困，加强农村环境治理是人类环境问题的重要内容之一。世行全新的战略的重点在四个行动领域：

（1）改善农村战略的制定和形成共识工作；

（2）提高项目的质量；

（3）提高全球对农村发展重要性的认识；

（4）培养工作人员的能力。

为了加强各国农业研究系统，有关地区性组织、研究机构、非政府组织间论坛通过了《农业研究全球伙伴关系宣言及行动计划》，以解决发展中国家的贫困、饥饿、环境恶化和不平等等问题。为此，世界银行专门设立了一个主管环境与发展的副行长。世行在环境保护方面主要的业务方式有以下几种：第一，直接通过贷款向环境保护项目提供支持。包括以环境效益为基本目标的环境项目和包含环境内容的其他项目。第二，世界银行于1989年10月发布了《环境评估业务指导手册》，规定世行贷款项目中凡是可能造成环境影响的项目必须进行严格的环境评价。第三，对发展中国家的"环保实施计划"提供支持，并协助发展中国家确定环境保护的投资重点。第四，对发展中国家环境保护部门机构设置和环境研究机构提供资助。第五，通过由世行、联合国开发计划署共同管理的"全球环保基金"（GEF），资助发展中国家实施具有全球性环境保护效益的项目。该基金是1990年建立的，用以抵补以下4个保护全球环境措施的增量成本：全球变暖、物种多样化、国际水域保护和臭氧层的丧失。世界各国向该基金提供的资金已达数十亿美元。

根据联合国大会环境特委会（UNGASS）1997年6月制定的措施，世界银行将继续开发一种前瞻性的战略，以支持实现各项全球性的环境公约为目标，将全球性环境问题纳入世行的主要工作议程，并在适当的情况下，为保护和改善全球环境设立可以测算的共同目标。有关农业、能源、林业和运输部门的全球性主题文件已经完成。此外，一份关于能源与环境的部门战略文件已经在1998财政年度开始起草，它通过世界万维网上的开放平台，使用与外部有关人员磋商的程序，使人们更好地理解政策和贷款优先的项目，并成为建立具体的国别援助的基础。世界银行在1997年联合国大会环境特委会会议上，再次承诺要协助扭转全球森林丧失和退化的局势，并宣布与世界野生动物基金会结成国际联盟。通过与其他组织的合作，这个同盟将共同致力于支持各国实现新增5000万公顷得到有效保护的新生林区，使面积可观的现有储备林置于有效的保护之下，到2005年以前，使全世界2亿公顷的生产林能得到实际上的有效保护。

总之，世行认为，环境恶化是由于市场失灵、政策失灵和信

息失灵这种复杂的格局导致的结果。虽然决策者、工业部门和公众越来越懂得环境问题的严重性，懂得有必要更好地了解其根源并找出其解决办法，但巨大的知识差距和信息障碍依然存在。环境议程的核心是找到创造性的方法，将市场、政府和市民社会结合在一起，以便创造、传播和使用有利于环境的知识。

### 三　促进金融、私营部门的发展

世行在制定其 20 世纪 90 年代至 21 世纪的战略发展目标时，把加强私营部门发展列为重点业务之一。许多发展中国家在重新认识和评价政府与私营部门关系时，也越来越重视和强调私营部门在经济发展中的地位和作用，采取具体措施鼓励和支持私营部门发展。世界银行集团的金融、私营部门发展计划在 90 年代得到了加强。我们相信，在 21 世纪，这方面的工作将得到进一步发展。

### （一）私营部门的发展与管制

世行认为，在未来，充满活力的私营部门将为迅速扩大的劳动大军提供就业机会，为减贫计划创造财政收入，减轻各国的经济压力，有助于会员国在急剧变化的全球经济中展开竞争。因此，帮助会员国发展私营经济成为世界银行的主要发展目标之一。世界银行正在协助会员国改善经济结构，营造多种经济发展的良好环境。其主要方式是支持经济政策改革，推动开发国家竞争能力方面的战略，鼓励私人部门通过特许权转让、签订管理合同，实行部分私有化和大规模私有化计划等手段。值得注意的是，世界银行在 1998 年推动私营部门发起了新的发展业务伙伴联盟。这个联盟使私营企业可以在世界银行会员国中开展四大领域（教育、自然资源、供水与卫生以及青年发展）的项目，这些项目以地方为依托，以发展为目标，对未来世界的发展产生不可估量的影响。

私人资本在20世纪90年代向发展中国家的流动急速增长，随之而来的是高度的不稳定，在投资组合流动中更是如此。世界银行为克服东亚危机而采取了干预措施，并时刻准备应付危机带来的全球性的影响。在21世纪，随着电子技术水平的提高，资本流动将更加频繁，规模也越来越大，各种金融产品交易将更加快捷，世界经济与金融形势的评估将变得更加困难。面对挑战，世行认为：

（1）必须强化金融部门的能力。组建特殊金融业务单位处理危机，为金融系统不健全的国家准备金融部门的评价报告，及时预防可能出现的金融风险，并努力建设员工专家队伍，提高应对危机的能力。

（2）与国际社会一道，帮助各国处理危机后果。加大保护以穷人为对象的公共支出，提高社会服务方式，以及为失业者和老年人设立社会安全保障系统。

（3）在危机国家和非危机国家中，加强与国际金融机构合作。世界银行意识到，在危机的宏观经济与微观经济方面，短期和长期发展之间的联系越来越紧密。因此，它将对结构性政策及部门和公司这一级的管理进行强化的和定期的评价，以在宏观经济层次上对国际货币基金组织的监管作补充。由于国家援助战略得到加强，有助于世界银行对付危机的局势和防止未来的危机。

（4）与其他合作伙伴分析东亚危机带来的教训，总结经验，不断完善金融管理系统，增强对金融系统的预测评估能力。

（5）增加调整贷款的承诺和拨付额，帮助各国克服可能出现的大规模危机。

世行认为，当前越来越多的发展中国家正在倾向于通过市场经济的道路实现经济快速发展，与此相适应，加强私营部门的发展会更有利于实现资源的合理配置，增强经济活力，从而为实现世行的总目标——促进经济全面增长、提高生活水平和减少贫困起积极有效的作用。因此，世行长期以来一直坚持以多种方式为私营部门的发展提供帮助，并于1989年制定了加强发展中国家私营部门发展的行动计划，明确了这方面工作的重点领域和支持的具体方式。由于民间投资大幅度增长，使民间资本在发展中国家的角色越来越重要。具体表现在：第一，通过努力为私营企业创造良好的经营环境，使它能够最大限度地对发展中国家的经济发展发挥作用；第二，通过调整公共部门结构，提高效率，并把主要为私营部门提供支持、补充活动的服务部门作为支持的重点；第三，积极支持金融部门的发展，促进资本市场的形成，改善融资与分配；第四，直接资助私营部门企业发展，主要通过资金转移和在其他方面对企业的帮助。

20世纪90年代以来，世行对私营部门发展的扶持近年来仍在不断加强，1991年世行对其内部机构进行了改组，扩大了负责私营部门发展的机构。1992年之后，2/3的世行贷款项目明显含有支持私营部门发展内容。世行强调，未来世行将作为咨询顾问和作为民间组织在发展中国家发挥独特的作用，世界银行集团用一系列手段来支持私营部门的发展，具体表现在：

a. 通过技术援助和建设规章性工作的能力及政策改革，以及具有新意的融资安排，世界银行的援助为私人投资创造了一个有利的环境；

b. 世界银行提供部分风险和信贷担保；

c. 鼓励国际金融公司对发展中国家的股本融资，以及为私营风险企业提供贷款；

d. 多边投资担保机构的担保计划。涵盖了防范发展中国家政治风险的新的外国私人财产和债务投资。世行还投资营销服务，为发展中国家的会员国政府提供信息传播和技术援助，以便更好地吸引外国投资者。

### （二）加强金融部门的发展

世行认为，1997年席卷许多东亚国家和地区的金融风暴导致和加剧了资产市场的危机。投机性的不动产部门投资水平居高不下、经常项目的巨额赤字以及金融中介机构的软弱等——这些引发危机的核心因素常常被人们所忽视。一些转轨国家面临着一个特殊的挑战——在中央计划体制下，银行没有发挥市场经济条件下银行所发挥的那种作用。这些银行既不能选择投资项目、发挥监督效能，也不能决定支持什么企业，它们是国家的"记账员"。在向市场经济过渡的过程中，这些银行不得不彻底改变自己，但实际操作中显得十分困难。

有关研究表明，法律体系和会计制度的健全能极大地影响金融中介机构的发展，能有效地确保债权人的资金安全。保护中小客户的利益，树立银行的信誉，确保经济秩序，具有重要的意义。在1997年与香港召开的世界银行的年会上，世界银行阐述了东亚危机所带来的问题，强调加强世界银行和国际货币基金组织间的相互协调的重要性，采取积极应对危机的相关措施。它们包括：

（1）有系统地监督并深入分析处于风险中的国家的情况，提高国别援助战略中对金融部门工作的重视程度，改善部署工作人员和应付金融危机的机制；

（2）更多地雇用来自会员国的金融专家，以确保会计制度和审计制度的正常施行，加强对世界银行工作人员关于金融部门问题的培训，提高管理水平，加强法律制约和透明度；

（3）平衡债权人、股东和管理人之间的利益关系；

（4）减少银行风险：确保银行不从事风险太大的活动；通过激励机制来确保银行本身有足够的资本处于风险之中；减少银行在风险过大的资产中进行投资或提供过高的利率。

世行认为，在未来，金融业的一项重要任务——管理和监督的重点正在转向风险评估和转向制定政策激励规则。适用于银行的风险评估使用了一种更为前瞻性的方法来对待支付能力，其目的不仅在于检验目前银行的金融状况是否可靠，而且还要确保银行保持稳健和具有支付能力。未来风险评估主要涉及以下几个方面：

a. 金融自由化是否与爆发金融危机的巨大可能性相联系；

b. 审慎的管制是否可以使经济免受市场行为的打击；

c. 短期资金的进出对一个国家的经济造成系统性风险的程度；

d. 借债带来的社会性风险是否高于市场参与者的估计水平；

e. 信息流通程度对金融安全与发展所产生的影响，等等。

世行认为，发展中国家有必要将那些风险评估程序纳入其业务程序。对银行工作人员进行使用风险评估技术的训练，应该在议事日程上占据首要地位。根据发达国家在许多金融评估方面未能取得成功的经验教训，世行特别强调，发展中国家不应完全放弃更为直接的监督。

在未来，世界银行对金融部门的援助计划中，将资本市场发展计划作为一项重要的新内容。它的目标是促进债务市场和其他资本市场的迅速发展，协助加速国内储蓄，减少一国对波动剧烈的外国资本的依赖，为长期项目融资发展筹措资本的工具——促进二级债务市场的流动性以及以财产为基础的证券化。

四 世行贷款新政策

在世界银行推动变革的进程中，值得注意的是它的贷款货币政策的新变化，这种新的政策对发展中国家在未来利用世行贷款产生一定的影响。

**（一）贷款货币政策背景**

货币政策变革之前，世行贷款一直采用货币总库制，贷款的汇率和利率风险由借款人共同分担。它有助于解决各借款人风险分担不均的问题，但对单个借款人而言，总库制利率及汇率风险难以计算，还款货币不定，难以进行风险控制。尽管 1989 年世行对总库制的风险控制进行了改进，增加了总库货币构成的透明度，但总库制的风险控制仍是个难以解决的问题。此外，由于国际金融市场的利率开始从 20 世纪 80 年代逐步下降，而总库制利率反映的是历史筹资成本，对市场利率下降的反应滞后。因此总库制的贷款利率总略高于市场利率，借款人不仅蒙受汇率损失，利率上也并不优惠。这样，要求改革世行贷款的货币政策的呼声日益高涨。

世界银行于 1996 年 7 月 1 日起全面实行新的 IBRD 贷款货币政策。借款人在申请新的世行贷款时可以自由选择单一货币贷款或总库制贷款。同时根据借款人的意愿，原有的世行贷款既可保持总库制不变，也可将已支付部分转换为单一货币分库贷款，为支付部分转换为单一货币贷款。新贷款货币政策的最大优点是使债务清晰，便于风险管理。单一货币贷款的利率确定和汇率风险均一目了然，转换后的单一货币分库虽然利率透明度还不够高，但起码汇率风险变得清晰。因此，这一新政策很受借款人欢迎。

**(二) 贷款货币的转换**

世行新贷款政策中最复杂的部分是对货币转换的规定。其中，将已签约未支付部分转换为单一货币贷款就如同借入一笔新的单一货币贷款，这并不存在什么困难。比较复杂的是将已支付部分转换为单一货币分库贷款（以下简称"分库转换"）。

(1) 分库转换对汇率损益的影响。分库转换的目的是将某项目的总库债务余额（包括已发生的汇率损益）固定在某一种分库货币上。一笔总库制贷款大致可以视为一笔美元、日元、马克各占 1/3 比重的多币种混合贷款，以美元为计账单位。因此在还款期内，若日元、马克对美元升值，则借款人将蒙受汇率损失，反之亦然。分库转换本身并不改变债务本金余额和已发生的汇率损益。

根据世行资产与负债相匹配的原则，在贷款转入单一货币时，对应的负债也相应地转入单一货币分库。随后，世行开始逐步通过货币互换等金融交易，将其他币种负债转换成美元负债，以使分库负债最终全部成为美元负债。贷款（资产）的转换分三批进行，负债的转换则需要更多的时间。只要美元分库中仍有其他币种的负债，随着汇率变动，就仍会产生汇率损益，但幅度比在总库制中小。世行承诺在1999年7月1日前将美元分库中的美元比重提高到至少90%，尽快达到100%。

（2）分库转换对债务利息负担的影响。许多将贷款转为美元分库贷款的借款人发现1998年上半年美元分库的贷款利率高达8.37%，明显高于分库利率。在当前市场的美元利率水平比日元高近5个百分点的情况下，将总库中的日元负债转为美元负债，其筹资成本（利率水平）将高达10%，马克的情况大同小异，这自然将使美元分库平均利率水平大幅度上升。可见，美元分库的高利率只不过是将原先较隐蔽的总库的高筹资成本直观地表现出来。分库转换既没有增加，也没有减少筹资成本。

目前世行的硬贷款中，采用单一日元的贷款寥寥无几，没有一个借款人将已支付贷款转为日元分库贷款。2/3以上的借款人仍选择美元贷款。可见，由于世行贷款期限很长，汇率风险巨大，相对目前几个百分点的利差而言，借款人还是将防范汇率风险放在了首位。

### （三）贷款货币的选择

一般说来，单一货币贷款是较好的选择。在不同的贷款货币中进行选择时，有两个原则：一是借入"软币"，即借入汇率趋于下跌的货币；二是借款币种与还款币种相一致。在世行贷款长达十几年的还款期内，世界各国未来的经济发展形势预测比较困难，一种货币的"软硬"标准也常常发生变化。

单一货币有两种利率形式可供选择：浮动利率和固定利率。一般说来，不同的选择反映了对利率走势的不同看法和对风险的不同态度。认为未来利率走势趋向上涨，自身的风险承受能力较弱，则选择固定利率；反之，则选择浮动利率。若会员国经济萎靡不振，则实行以超低利率刺激经济增长的政策。据统计，世界各国的单一货币借款人中有 1/3 选择了固定利率的贷款。

总之，各借款人的情况各不相同，国际金融市场形势也日趋复杂，贷款风险依然存在，采取适合自身特点的借款货币选择，准确把握当时和未来市场趋势，才能确定最合适的债务方案，将风险降低到最低限度。

**（四）世行贷款业务政策的最新变化**

（1）重新重视基础设施项目。近年来，尤其是 2003 年以来，世行清楚地认识到，要实现发展和减贫目标，离不开基础设施建设。据世行估计，目前世界上尚有 10 亿人缺少全天候道路，12 亿人缺少清洁饮用水，20 亿人缺少现代能源，40 亿人从来没有打过电话。尽管发展中国家的基础设施严重不足，但多年来世行对发展中国家基础设施项目的贷款比例不断下降。世行曾一度认为：首先，基础设施建设应当更多利用私人资本，私人部门投资将在基础设施领域发展方面发挥重要作用，因此从自身战略上逐渐忽视公共部门投资在基础设施建设中的作用。其次，世行在减少贫困战略上未将基础设施发展作为重点。自 20 世纪 90 年代以来，世行将支持重点转移到社会部门、政府治理、机构能力等方面，忽视基础设施项目的作用。再次，过度的保障政策使世行项目官员不愿承担风险。近年来，世行对项目保障政策的执行尺度越来越严，形成宁紧勿松的趋势，致使许多世行职员不愿或不敢做风险较大的项目，尤其是涉及环境、移民和少数民族问题的项目。因为低收入国家财力不济，难以进行大型基础设施项目建设；中等收入国家（尤其是拉美国家）经济结构调整任务艰巨，更愿利用支付速度较快的政策性贷款；有的市场条件较好的中等收入国家，认为世行硬贷款项目准备成本太高，因而不愿再从世行借款。

超出世行意料的是，由于市场风险和基础设施项目投资周期较长的特点等因素，私人部门在发展中国家基础设施投资的积极性大大低于预期，投资不但没有增加，反而在减少。据世行估计，私人部门在基础设施领域的投资从 1997 年的 1280 亿美元下降到 2002 年的 580 亿美元，跌幅达 55%。严峻的现实情况使世行不得不重新考虑未来的贷款战略。

2003 年 2 月，世行管理当局提交了一份关于基础设施项目趋势和问题的报告，请执董会审议。会前，中国和印度执董办联合散发书面发言，强调基础设施项目对促进发展中国家经济增长和减少贫困的重要作用，要求世行制定一份行动计划，加强对借款国基础设施项目的支持。中印两国执董的联合发言，在世行引起很大反响，并掀起了一股"基础设施冲击波"。中印的发言得到其他发展中国家代表的积极呼应，美国、日本等西方主要国家的代表也对基础设施发展促进经济增长和减少贫困的重要意义表示认同。

2003 年 7 月，世行管理当局向执董会提交了《基础设施发展行动计划》，作为今后世行基础设施发展战略的"路线图"。"行动计划"的核心内容包括：首先，满足借款国对基础设施项目的需求，增加与借款国的贷款和非贷款业务（调研）合作。其次，加强基础设施领域的调研工作，重建基础设施发展知识体系。再次，在充分利用现有贷款工具的基础上，积极开拓新的贷款工具和业务形式，加强投资杠杆作用。世行准备采取的新措施包括：第一，在世行集团内部建立跨部门协调机制；第二，探讨当地融资机制以及向地方提供融资的一些方式；第三，扩大风险防范工具的使用范围，包括应对制度失灵及汇率风险，为由于短期汇率波动造成的暂时资金短缺提供融资担保；第四，发展区域性跨国基础设施项目，探讨如何解决此类项目的资金问题。

（2）简化项目准备程序。简化项目准备程序，是世行旨在减少项目准备成本，提高效率的一项重要政策调整。主要措施包括：

第一，以"项目概念简要"（Project Concept Note，简称PCN）取代"项目概念文件"（Project Concept Document，简称PCD）。以往的PCD篇幅较长，内容复杂，新的PCN是为早期决策提供参考，内容最多不超过4页，主要内容包括项目概念和替代方案，不涉及项目设计。

第二，简化"项目评估文件"（PAD）：传统的PAD长达50～100页，内容多为技术细节。简化后的PAD不超过15页（10～15页之间），主要阐述战略性问题，技术细节作为附录文件。"项目实施计划"（PIP）不再作为硬性规定纳入PAD。

第三，简化世行管理当局内部审批程序。根据世行对1998财年至2002财年的633个项目的统计，项目平均准备时间约为21个月。在简化审批程序之后，项目的准备时间（从立项到提交执董会讨论）将缩短为12个月。

在第一阶段，国家业务局长分配预算和项目编号；一个半月后，完成"项目概念简要"；第二个月，审议"项目概念简要"；第三个月，项目准备考察；第五个月，项目预评；第七个月，项目决策会；第八个月，项目评估；第十个月，项目谈判；第十二个月，以简化程序方式提交执董会通过。

第四，简化"重复性项目"（Repeater Project）准备程序。对于一些重复性的项目，世行还将采取一些更为简化的程序［如财务等管理监督机制评价，保障政策（Safeguard policies）评价等］，

简化谈判程序（利用电视或电话会议通过传真交换文件）等。

（3）修改招标采购指南。对《世行贷款与信贷采购指南》和《世行借款人聘用咨询专家指南》进行部分修改。经过一年多的反复磋商和征求各方意见，世行于 2003 年中向世行执董会提交了关于项目采购指南和聘用咨询专家指南的修改建议。修改草案于 2003 年 11 月 13 日获得执董会通过。2004 年 5 月 1 日及以后开始谈判的项目将适用新指南。

（4）调整项目审计政策。近年来，随着国际审计规则的变化和世行业务重点的演变，世行对贷款项目审计政策进行了相应调整，既确保世行贷款资金的使用方向，同时也简化审计程序，增加灵活性，达到提高审计效率的目的。新的审计指南于 2003 年 7 月 1 日正式生效，涉及修改内容主要有以下方面：

一是审计豁免。在某种情况下，世行可允许对一些投资项目免除审计，前提是其他替代机制能够保证世行贷款资金的正确使用。世行在选择替代机制的同时，仍保留要求审计的权利。二是审计报告。按过去的审计指南，世行一般要求三份审计报告，分别针对"年度财务报表"、"支出报表"和"专用账户"。新的审计指南不再将此作为硬性规定，而只是表示"根据项目特殊情况，世行或许要求提交额外的审计报告"。三是审计费用。如借款方提出要求，世行可同意借款方使用世行贷款支付合理的审计费用。由于在最后一期审计报告完成时，项目往往已经关账，因此世行将允许借款方建立一个"委托付款账户"，用于审计费用的支付。

五　风险管理新政策

多年来，世界银行为了防范贷款风险，遵循分散风险的原则，不管借款国的信誉和偿还能力如何，在贷款业务中某一借款国的硬贷款余额原则上不得超过世行全部硬贷款余额的10%。世行这种风险管理政策使一些大借款国的贷款规模势必受到限制，不仅对借款国不利，而且对世行扩大业务规模也造成一定的负面影响。因此，在一些大借款国的倡导下，经过多方努力，世行执行董事会在1997年1月下旬讨论通过了世行硬贷款风险管理的新政策，使贷款风险管理更加科学，有助于稳定借款大国的贷款规模。

**（一）新政策的基本内容**

世行新的风险管理办法由两部分组成，一是贷款公平分享限额，二是贷款集中风险限额。第一种限额与借款国硬贷款余额占法定资本的比例有关，上限仍定为不超过10%。第二种限额则取决于世界银行承担贷款集中风险的能力，即世行在确定其净收入分配时，通过调整世行储备及净股本资本中的其他部分来达到目标。由于两种限额的数字不同，在实际操作中根据数额较低的一种来确定国别贷款总额。

一般地，世行采取第二种选择来作为目前的风险管理上限。世行执行董事会将根据对最大借款国今后5年的贷款风险预测来审查其净股本资本是否充足。世行在确定某一借款国的贷款规模时，把对该国的风险上限转换成具体的贷款数额，然后交给业务部门执行。按照世行新政策规定，对借款国的实际贷款承诺额应该反映该国的基本信用水平及其他风险和发展因素。世行贷款新方法的特点表现在：

（1）用指标分别解决贷款集中和公平分享问题；

（2）单个国家的贷款限额与世行资本金水平（其中的决定性变量为储备水平）挂钩，而与已支付未偿还贷款总额脱钩。

根据世行行长提交执行董事会批准的说明，采用新政策后，世界银行对一些大借款国的限额将比较宽松，增加了扩大贷款和收入的潜力；这些优势最终能否实现要取决于借款国本身的信用和世行的其他考虑，但以往的国别贷款限制不再成为障碍。

**（二） 新、旧政策比较**

按照世行文件说明，新政策具有以下优点：

（1） 国别贷款限额与已支付未偿还债务总量脱钩——使大借款国的借贷规模不再受其他国家贷款额萎缩和执行不力的影响；

（2） 世界银行可以更积极地根据自身资本水平来管理对最大借款国的风险；

（3） 澄清了使用世界银行总资源的机会公平分享这个概念。

新政策对借款国最大的好处是它不再受其他国家使用贷款情况的影响。但新政策也隐含一些潜在的不利因素。首先，这将使世界银行及执行董事会今后在净收入的分配上的争论更加激烈，实际上也更加强了执行董事会对国别贷款集中限额确定的发言权。在今后的时间里，第二种限制即贷款集中风险限额将成为贷款业务中具有约束力的限制条件。世界银行确定贷款集中风险限额的主要依据是根据测算来判断其净股本资本是否充足，即世界银行按照今后 5 年的贷款规划和贷款支付及偿还情况，倒推算出这个限制数额及相应所需的净股本资本数额，交执行董事会决定。在世行可使用的实缴股本数额不变的前提下，只能调整其储备金及盈余账户金额，这一切都体现在净收入分配中，因此，在确定净收入分配的同时，世行执行董事会实际上也就决定了今后 5 年对其最大借款国的未偿还余额的最高限额水平。其次，世界银行当局掌握着这套复杂的测算模型，整个测算过程对借款国而言缺少一定程度的透明度，因而世行方面在确定贷款集中风险方面有更大的主动权。

新的方法引起各方较大的争议，争议的焦点是新方法对净收入分配的影响上。一些发达国家担心将来由于大借款国增加贷款，造成净收入分配中进入储备金的部分增加，因而会挤掉分配给软贷款、减债基金和其他用途的净收入，结果是间接地增加对发达国家的捐款压力。英、美和一些北欧等发达国家，以新的方法有欠公平、对弱小国家不利、影响净收入分配等为由，不同意或不支持新方法。在多方的积极努力下，世行执行董事会在正式讨论新方法时，各方面的态度有所转变，法国、意大利和主要的发展中国家选区都表示积极支持；日本及一些北欧国家也表示原则赞成；英国仍表示反对，但调子也有所缓和。因此，该政策被正式通过。

### （三）　新政策对借款国的影响

尽管新政策存在种种利弊，但权衡得失，对大借款国是有利的。对于一些潜在的不利因素也可以采取措施加以消化：第一，对于净收入分配的问题。增加储备金份额是世行一贯的政策，在世行净收入分配中居优先地位。从长远看，增加储备金份额将给世行形成增加净收入的压力，而净收入的增加最终取决于世行贷款规模的扩大，这样也为世行扩大其贷款业务提供了可能。第二，关于测算方式问题。尽管测算模型比较复杂，借款国不易掌握，但对借款国不构成限制因素。而且世行每年都要根据对其实际风险的充分分析及其预测的收入能力，调整实际储备水平，从而不可能造成贷款风险的大幅度增加。

从世行新的贷款政策看，不仅满足了大借款国对资金的需求，而且对世行业务的扩展具有不可估量的影响。世行通过对大借款国进行充分的评估——如果大借款国的偿债能力有充分的保障，贷款的风险是可以实际控制的。总之，世行新的贷款政策对加快世界各国的经济发展和提高贫困人口的生活水平具有现实的重大意义。

## 第三节　变革前瞻：向 21 世纪说些什么？

新千年伊始，千百万人期待着他们的生活得到改善。改变他们的命运是全球的责任，世界银行无疑要发挥重要作用。世界银行作为全球最大的多边发展机构，除对发展中国家提供大量资金援助扶持外，还提供了有助于提高这些资金运行效率、乃至提高整个国家经济运行效率的政策指导，对借款国的经济发展和社会进步产生了积极的影响。

一　变革与困难并存

**世**行认为，发展中国家能否在新的世纪取得成功，一方面有赖于日本、美国和欧洲的发展，另一方面，更重要的是强化国内政策、推进改革以奠定国内经济迅速增长的基础。从全球范围看，那些最能抓住全球化的机遇，同时有效地控制风险的国家将更加繁荣，而那些不能适应这种变化的国家将更加落后。换言之，从全球看未来的发展趋势，富国和穷国之间的差距将更加拉大。

世行认为，非常急迫的问题日益凸现：如何帮助那些非常贫困的发展中国家？如何在诸多方面同时取得进步？如何使贫困人口中的每一位能吃饱、喝上干净的饮用水，从而保持健康的身体，接受方便的全日制的高质量教育？不管未来的答案如何，世行将尽最大努力，在扶贫减困方面取得更加积极的成果。

世界银行近年来强调发展中国家金融自由化，或许未考虑金融市场的稳定和有序开放？短期资本的波动性冲击及投机行为的增大，对一些国家和地区造成了极大的危害，而世行缺乏对国际金融不稳定和投机缺乏预警体系和监督体系。有人指责世行在国际金融危机中救援行动迟缓，资金不充分，对救援国——特别是新兴市场国家，实行传统的紧缩政策，反而造成经济停滞，企业倒闭，失业增加，加重危机。世行对发展中国家汇率改革重视不够。一些新兴市场国家的钉住汇率明显高估，在资本自由流动情况下极易受到投机攻击，世行未与其他国际金融机构有效协调，以稳定国际金融秩序。此外，世界银行的最大股东是美国，过于

倾向于听从美国意见，往往对发展中国家不利。

世界银行改革已经进行了若干年。对世行在20世纪90年代的改革成果，世界各国评价不一，既有肯定的一面，也有否定的声音。世界银行的改革，虽然在项目效益上应有提高，贷款国家的地区范围及国家应扩大，但其基本作用仍是项目贷款、结构改革、增大长期发展与减少穷国的困难。世行推动改革的基本目标——提高世行的工作效率、改善项目质量、为借款国提供更好的服务等是值得肯定的，而且，世行在下放权力、减少管理层次、设计新的贷款品种等方面所采取的措施，对借款国也是有利的，受到广大发展中国家的欢迎。

从业务政策层面看，世行将继续朝着"简化程序"、"更新政策"和"统一标准"的方向发展。从项目设计和实施层面看，世行将更加注重对部门整体的支持力度，注重以社区为主导的发展，注重与其他开发援助机构的合作与协调。目的是降低项目准备和实施成本，提高项目发展效益，提高世行的发展援助效率。其中"部门整体战略"和"社区主导发展战略"是世行正准备大力推广的项目援助模式。

"部门整体战略"的核心思路是：将过去以单个项目为基础的零敲碎打方式，改为将各种资源拧成一股绳，实现以部门为基础的整体发展目标。对于低收入国家，重点是将所有的外部援助统一起来，对于中等收入国家，重点是充分利用借款国本身的资源、规划和程序。

"社区主导发展战略"（CDD）的主导思想是：将贫困群体及其社区机构视为发展过程中的有机成分和合作伙伴，而不是仅仅把他们作为扶贫的对象。该战略强调将决策权和资源交给社区贫困群体，使他们直接参与项目的设计和实施，使他们有能力自己解决自己的问题。从地区看，非洲的CDD项目最多，东亚和中东地区相对较少。

世界银行改革具有一定的深度和广度，涉及相当一部分人的切身利益，工作人员感受到前所未有的压力，不少借款国在实施贷款规划时都遇到了或多或少的困难。变动的世界形势需要世行机构加以适应，展望前景，世界银行在世界经济事务中将发挥更大的作用。

二　政治化倾向抬头

**随**着改革的推进，世行对非经济领域的介入有加深之势，甚至出现了一些政治化的倾向，这是发展中国家所不愿看到的，也违背了世行作为一个国际机构的基本宗旨。世行近年来的政治化倾向与国际形势的变化是分不开的。20 世纪90 年代以来，发达国家、特别是美国加强了对世行和国际货币基金组织等国际金融机构的干预，试图利用多边渠道推行其政治和经济意图。世行最近推出的一些政策，开始加大对非经济领域内问题的干涉力度，在某种程度上是对发达国家压力屈从的结果。此外，冷战结束后，一些国家在政治上追随西方式的"民主化"，在经济上推行"私有化"，世行为满足这些国家的特殊要求，增加了对非经济事物的介入，并试图把一些做法推广到其他借款国。对此，有关借款国在表示不满的同时，也进行了抵制。

三　世行改革对各国政策的影响

**世**行的改革引起了一场较大的风暴，这种影响表现在许多方面：对世行内部而言，不仅影响世行员工本身的利益，而且对世行未来政策的走势产生"指南针"的作用。更重要的是，世界银行的政策改革导向，已经并将继续影响世界各国政府的实际政策选择。世界各国的制度和政策向"国际惯例"靠拢，按照世行的贷款原则和要求制定相应的对策，这是各借款

国和非借款国值得考虑的因素。世界银行的《世界银行发展报告》集中了全球的最新政策动向，将成为一国制定政策方针的重要依据。世界各国不仅应在各个方面、各个领域对自身的发展有适当的把握，而且要对本国政策的水平，对政策的变动趋向有正确的预期，这就需要对国家乃至世界经济发展的大趋势有所了解。

世界银行1999年度报告指出，进入复杂多变的21世纪，世界银行的工作重点将体现在以下几方面：

（1）提高全世界对贫困挑战的艰巨性的认识；

（2）建立与这些问题及其解决方法有关的知识；

（3）与政府、民间社会、私营部门以及援助机构加强合作，以最大限度地发挥世行的功能，并通过减贫贷款以及伴随需求变化而产生的非贷款服务支持各国政府所做的努力，促进全球经济的快速发展。

众所周知，几乎有关世界银行改革和发展的重大问题，都直接间接地反映在世行各年度的发展报告中，对世界各国政府的决策层、理论界、企业界等都有一定的启示。处于全球性的竞争环境下，任何企业都不能脱离世界大趋势而独立生存，所有参与或准备参与国际经济竞争的企业，都需要了解世行政策和国际经济贸易惯例。了解世界银行的发展报告和改革措施，是把握国内和国际市场大趋势，顺应潮流，事半功倍地发展本国经济的重要途径之一。在21世纪，我们期望世行在世界经济事务中发挥更重要的作用。

# 第六章

# 中国与世界银行集团

**19** 80 年 5 月，中国恢复在世界银行的代表权。新中国取代台湾国民党政权加入世行是历史的必然，是新中国的实力和世界形势变化综合反映的结果。1981 年，世界银行向中国提供第一笔贷款，用于支持大学发展项目。中国加入世行之后，与世行的合作进入了一个崭新的阶段。中国是世界上人口最多的低收入发展中国家，世行集团作为一个多边开发机构与中国的成功合作，对于世行集团本身的业务发展具有特殊的意义。随着中国经济的持续发展壮大，世行对中国的贷款政策逐渐发生变化。自 20 世纪 90 年代以来，虽然中国利用世行资金的规模一直处于世界前列，但软贷款逐渐减少，借款成本增加，这种情况在一定程度上将对我国的外债结构产生影响。因此，必须采取切实可行的对策，以解决未来在使用世行贷款或其他借款中存在的诸多问题。

尽管我国在世行贷款的使用和管理上取得了巨大的成就，但也存在一定的问题。随着我国经济与世界经济的接轨，在许多方面仍将继续努力，总结经验，吸取教训，以适应不断发展变化的世界经济形势的需要。

## 第一节 中国在世界银行的席位

新 中国恢复在世界银行的代表权的时间是 1981 年。中国是世界上人口最多的低收入发展中国家，急需大量的资金和技术援助，以解决贫困人口数目较大、基础设施落后、经济技术落后等一系列问题。恢复中国在世行的代表权，对促进中国贫困事业和经济建设的进步、对世行业务的开展和其宗旨的实现都具有非常重要的意义。

### 一 历史的转折点

新 中国成立后，随着我国综合国力的进一步增强，国际地位迅速提高，中国加入世行的问题被提上议事日程。1980 年 4 月，世界银行行长麦克拉马拉一行 5 人正式访华，与我国有关方面就恢复中国在世界银行席位问题达成备忘录。1971 年第 26 届联合国代表大会以多数票通过决议，恢复我国在联合国的合法席位。此后，我国在联合国各专门机构的席位也逐步得到恢复。我国政府按世界银行的要求向世界银行派出理事和副理事，并出席了世界银行与国际货币基金组织的联合年会。

中国需要世行，世行也需要中国，中国加入世行使世行更具有代表性。中国是世界上人口最多的发展中国家，充满活力的中国是世行开展业务、实现其推动发展中国家经济中长期发展的宗旨的理想场所。恢复中国在世界银行的席位，是人类正义事业取得的重大成果，有助于中国与世界各国相互了解、经济交往与合作，有益于中国的经济发展及其贫困人口的生活水平的提高，有利于中国经济体制改革和产业结构的调整。中国的现代化建设需要世行优惠的贷款资金以及宝贵的技术支持。

中国政府十分重视与世行的合作，每年都派代表团参加世行的秋季和春季会议，积极参加世行的执行董事会，参与世行政策的制定与对外贷款业务。中国政府领导人经常与世行高层官员接触，对中国与世行的合作关系给予了高度评价，为推动世行在中国的项目顺利实施创造了良好的条件。中国项目工作人员在日益深化复杂的项目管理中成绩突出，对进一步加强与世行的项目协作关系奠定了坚实的基础。世行不仅向中国提供了大量的项目贷款和技术援助，还积极协助中国有关方面开展各种经济调研活动，为中国的改革开放出谋划策，提出了不少有价值的建议。

中国加入世行20多年以来，中国与世界银行集团之间的关系已发展成为成熟的、最大的合作伙伴关系。目前，世界银行集团的援助战略在以下三个领域向中国提供援助：

（1）改善经营环境，帮助推动中国市场经济转轨的进程，主要通过一系列的知识转让活动，协助中国融入世界，强化金融部门，改善投资环境，加强宏观经济管理，提供基础设施服务。

（2）解决贫困地区和弱势群体的需求，通过农村发展、交通运输和社会领域的投资贷款项目，以及包括远程教育在内的分析和政策咨询活动。并通过分析调研与能力建设活动，协助政府明确和消除制约公平增长和服务提供政策和机构障碍。

（3）应对资源稀缺和环境挑战。促进环境可持续发展进程，通过水资源管理、小流域治理、污水处理、清洁能源开发等领域的投资贷款项目、全球环境基金和蒙特利尔协定书支持的全球环境项目，示范新的技术和管理方法，开展政策研究。

（4）深化金融中介作用。扩大金融服务的可及性（尤其针对中小企业），发展资本市场，应对系统性风险，维护金融稳定。

（5）改善公共部门和市场制度。提升企业竞争力，改革公共部门，理顺政府间财政关系。

随着中国的财力不断增强和对外资需求的减少，世界银行的

援助计划更多地把重点放在支持相对贫困和机构比较薄弱的中西部地区的发展，以基础设施建设和节水项目为主，对于比较发达的东部沿海地区则着眼于支持具有创新性的尝试和改革举措，以城市发展和环保项目为主。

根据这些目标，世界银行主要通过下列方式实施援助计划：投资贷款、技术援助贷款及赠款，分析调研报告、政策咨询、研讨会、培训等非金融服务，根据目标决定采用其中一种或多种形式相组合。

除贷款外，在中国与世界银行的合作关系中，知识共享与知识转让具有至关重要的意义。世界银行不仅帮助中国获取全球发展的知识经验，并且分析研究和向其他国家介绍中国的经济增长与减贫经验。世行开展内容广泛的分析和政策咨询工作，根据全球经验评估中国面临的具体挑战，促进国家和全球层面的政策讨论，为未来的发展投资和其他活动奠定基础。世行提供分析调研支持，协助中国维持有效的宏观经济管理，减少金融部门的系统性风险，改善私营部门的发展环境。在投资环境、财政转移制

**表6-1　IBRD 贷款构成（项目数量和金额划分）**

单位：%

| 部　门 | 1990~1994 财年 | | 1995~1999 财年 | | 2000~2005 财年 | | 百万美元 |
|---|---|---|---|---|---|---|---|
| | 数量 | 金额 | 数量 | 金额 | 数量 | 金额 | |
| 农村发展 | 31 | 35 | 29 | 28 | 18 | 13 | 838 |
| 社发/技援 | 19 | 9 | 25 | 10 | 7 | 3 | 204 |
| 能　源 | 12 | 18 | 11 | 20 | 9 | 10 | 657 |
| 城市环境 | 16 | 11 | 13 | 12 | 37 | 40 | 2559 |
| 交　通 | 16 | 20 | 19 | 27 | 29 | 34 | 2151 |
| 　其中:城市交通 | 3 | 2 | 3 | 3 | 7 | 6 | 400 |
| 工　业 | 6 | 7 | 3 | 3 | 0 | 0 | — |

资料来源：世界银行信息库。

度、社会服务提供、社会保障制度、城市化以及其他领域，世行协助对制约中国西部和东北部地区经济增长和服务提供的根本因素进行评估。世行也在为进一步提高自然资源的使用效率和可持续性提供分析和政策咨询服务。

## 二　世行贷款对中国的影响

**世**行在引进理念、创新和知识方面发挥的作用仍然是其最有价值的贡献。尽管资金援助对地方政府而言很重要，但世行集团的比较优势在于它是国际知识的领导者和良好做法的传播者。创新通常来自中国政府与世界银行的长期合作伙伴关系，这种关系是以相互信任、共同承诺和务实合作为基础的。鉴于的渐进式改革方式，世行持续不断参与重点领域尤其重要；世界银行的"双轨制"方式是一个重要的成功因素，即通过贷款建立信任，同时通过部门研究开展政策对话。正如《国别援助评价》报告所指出的，世行通过研究工作说服，通过试点项目进行示范，这两者的结合使其能够在中国"超水平发挥"（参见《中国国别战略伙伴 2006～2010》）。

总体说来，世行的优惠贷款资金对中国的经济建设产生了积极的影响，推动了中国减困事业的发展，并取得了积极的成果。中国与世界银行的合作具有重大的现实意义，具体来说，主要表现在以下方面：

### （一）改善投资结构，加快发展速度

新中国成立后，经济建设取得了巨大成就。但由于各种原因，中国经济仍然比较落后。资金短缺问题不仅是中国经济发展的严重障碍，也是所有发展中国家面临的重大问题。世界银行优惠贷款援助减少了中国的绝对贫困人口数量，缓解了中国经济发展与外汇短缺的矛盾，增强了中国企业在国际市场上的竞争能力，加速了中国基础产业和瓶颈产业的发展。

更重要的是，世界银行贷款与其他来源的国外资金相比，其利率低、期限长、条件比较优惠。尤其是国际开发协会的软贷款，期限很长，不需支付利息，手续费低廉，是一种更为优惠的资金。这种优惠资金对中国的经济发展和债务构成，将产生积极的影响。中国的外债从 1990 年起开始了偿债高峰，而按现在世界银行的贷款计划，中国对世界银行债务的还债高峰时间相对滞后。因此，世界银行的优惠贷款改善了中国的外债结构，减轻了中国短期的还债压力，有利于中国的经济建设，有利于促进中国经济的长期健康稳定发展。

中国从 1993 年至 1999 年一直是世界银行投资项目贷款的最大借款国。世界银行除提供大量的资金援助外，经济调研和人才培训等非金融服务也是世行与中国合作计划极为重要的组成部分。世界银行集团目前的对华援助战略重点，主要体现在帮助实现中国发展议程上的主要目标。这些目标主要是：其一，加强政府有关部门的管理和责任，加强宏观经济管理、财政货币政策和相关领域的体制改革，推动中国经济改革向社会主义市场经济转轨，建立法律制度，健全机构，制定监管体系。其二，加强金融体制改革，加速国有企业改革和私营部门发展，提高对人力资源的投资等。其三，促进农村发展，提高农民收入和生活水平，提高农业劳动生产力水平和效率；加强对水资源的开发和管理，加强对自然资源的管理和对环境的保护等。其四，促进城市的良性健康发展，改善城市环境条件，改进城市发展规划管理，推进住房、劳动力市场改革，建立和加强社会保障体系和社会安全网络等。

从中国与世界银行的合作实践看，中国与世行的合作可称为"双边"合作的典范。世界银行中国业务部局长、驻中国代表处首席代表曾指出，中国在亚洲金融危机中仍然能够维持经济的全面增长，并在世行贷款项目方面保持最佳纪录，这是令人鼓舞的，也为世行协助中国应付未来的挑战提供了良好的基础。世行管理专家认为，中国之所以成为世行最大的业务合作伙伴，主要基于以下因素：

（1）中国奉行的政治经济政策和整个国民经济的持续发展水平；

（2）世行贷款项目的执行能力和项目执行后的发展能力；

（3）世行的政策和业务能力；

（4）中国与世行的重要成员国之间的双边和多边关系；

（5）国际社会对发展道路的争论和国际理论的变化，等等。

自1981年世行向中国提供第一笔贷款以来，截止到2008年6月30日，世界银行对中国的贷款总承诺额累计超过437亿美元，支持了296个项目，其中执行中的项目有69个，贷款规模在世行位居前列。项目目前仍然在实施中。世界银行支持的项目几乎遍及中国各省、市、自治区和国民经济的各个部门，基础建设项目（交通、能源、工业、城市发展等）占贷款总额的一半以上，其余为农业、教育、卫生、环保、供水等项目。所有项目都直接或间接地发挥着扶贫作用。鉴于中国在过去20年的发展成就，中国于1999年7月从（向世界上最贫困的发展中国家提供无息贷款的）国际开发协会毕业，现在仅从国际复兴开发银行贷款。

根据统计资料，截止到2008年6月30日，按部门划分的世界银行对中国的贷款项目情况如表6-2。

**（二）引进先进设备，提高技术水平**

一般说来，世行要求贷款项目必须使用国际先进的技术设备，以满足项目建设的需要。众所周知，世界各国无不在努力加大技术引进的力度，企图在日益激烈的竞争中取得优势。技术水平的高低，是衡量一国综合实力的重要标志，也是衡量一国进步与现代化程度的重要标准。从世界各国引进技术的情况看，日本最为成功。日本1955～1970年的15年间就吸收了世界各国花费半个世纪的时间所开发的先进技术，而支付的外汇还不足60亿美

表 6-2 截至 2008 年 6 月 30 日，按部门划分的
世界银行对中国的贷款项目情况一览表

单位：百万美元

|  | 硬贷款 | 软贷款 | 总　额 |
|---|---|---|---|
| 农业部分 | 5244.57 | 5288.60 | 10533.17 |
| 工业部分 | 2773.40 | 239.30 | 3012.70 |
| 能源部分 | 7110.23 | 37.00 | 7147.23 |
| 交通部分 | 12323.00 | 629.60 | 12952.60 |
| 教育部分 | 285.30 | 1442.10 | 1727.40 |
| 卫生部分 | 186.00 | 786.60 | 972.60 |
| 社会保障 | 50.00 |  | 50.00 |
| 城建和环境部分 | 5538.60 | 1128.80 | 6667.40 |
| 技术援助部分 | 230.40 | 394.70 | 625.10 |
| 其他（略） |  |  |  |

资料来源：《世界银行集团中国业务概览》，2008。

元。据专家测算，发明创造这些先进技术专利估计大约需要 1800 亿～2000 亿美元。在 20 世纪 50 年代，日本与美国的技术差距为 20～30 年，到 60 年代初，缩小到 10～15 年，到了 70 年代，基本上赶上了美国的技术水平。日本的经验非常值得发展中国家借鉴。事实证明，借款国采用先进的管理经验，引进先进的技术设备，可以节省大量的研究费用和研制时间，提高项目运作效率，加快经济发展的进程。

多年来，世行除向中国提供贷款援助外，还大量向中国提供技术援助，技术援助的范围十分广泛。例如，世行力图改进中国的会计计算技术及制度的计划，是世行技术援助中国的一个重要项目。世界银行 1999 年度批准向中国提供 2740 万美元贷款和 570 万美元信贷支持会计改革与发展项目，帮助中国实现会计制度的现代化。世界银行对中国会计制度现代化计划的援助最早开始于 1992 年的财务会计技术援助项目，会计改革与发展项目包括两方面的内容：首先，支持中国对注册会计师、财务管理人员和专业人员的专业培训进修，了解和掌握市场经济中普遍接受的新的会计、审计和经营管理原则和方法。世界银行援助的重点是提供培训设备和资料、课程设计，资助培养建立国内高水平的师资队伍，为教学人员出国进修提供机会。其次，世界银行继续支持政府以国际通行的会计准则为基础制定和发布会计准则，主要通过中国会计准则委员会实施。

目前，中国整体生产技术相对比较落后，需要大力引进先进技术，努力实现技术创新，尽快在短期内提高国内技术的整体水平。在世行投资项目上大量引进国外技术和设备，不但可以节省资金，保证引进设备的质量，而且可以加强和提高我国技术基础和技术开发能力，培养和带动一大批技术人员，缩短同发达国家之间的差距。此外，引进竞争性招标机制和工程师监理制度，不仅可以降低工程或设备造价，节约投资，而且可以收到提高工程质量和服务质量的效果。此外，世行项目的调研、技术援助和贷款，可以引进吸收一些先进的管理方法和智力，培养一大批管理人员，改进工作机制和工作作风，提高项目运作效率。

**（三）吸收国际经验，提高管理水平**

世界银行在经济管理方面具有非常丰富的经验，世行对中国经济建设中的一些重大问题——如经济发展模式、宏观经济管理、通货膨胀、经济周期等，提出了许多客观、适用、有效的建议。加强与世界银行的合作，对提高中国项目的管理水平、贷款资金的使用效率有重要的作用。如在 1994 年 "中国北京国际高级经济论坛会议"上，世行副行长欧内斯特·斯特恩在热情赞扬过去 15 年中国经济传奇般的成就之后指出，宏观经济问题——尤其是经济过热问题应引起严重关注。欧内斯特·斯特恩先生认为，当前关键性挑战是把政府已经采用的行政措施同更多以市场倾向的手段和改革结合起来，以增强经济发展的长期稳定性。他还建议，加强财政和货币的纪律，迅速增强中央银行的权威和独

立性；确保银行在分配信贷和管理业务方面依据商业规律办事；改革税制要正确处理中央政府与各省之间的财政关系等。这些有效而合理的建议，对中国的改革开放以及中国政府制定与之相适应的政策方针将产生积极的影响。

自改革开放以来，我国在经济管理上逐渐适应了国际惯例的要求，管理水平有了很大提高，但仍需继续借助世行先进的管理经验和高效率的运作方法，以在短期内缩短中国企业与世界跨国公司之间的管理差别，提高国内企业的国际竞争能力。

总之，世行在中国的重要贡献包括以下几个方面[①]：

● 更好地理解增长与公平问题；

● 提高政府对贫困和高质量的贫困分析的关注，尤其是2001 年 12 月中国加入 WTO 后带来的影响；

● 金融部门改革，包括利率改革、城市信用社改革以及银行引入私人战略投资者；

● 金融中介作用更加深化，国际金融公司成为发行人民币债券的首家外国机构；

● 更加重视私营部门，为私营部门发展提供有利的环境；

● 各级政府更加重视把资源稀缺和环境挑战问题及应付方式；

● 政府发展规划工作得到改善，包括通过支持"十一五"规划而编制的分析研究工作；

● 更加关注机构和监管问题；

● 政府项目管理更加公开、透明，包括采购、审计、环评和移民安置；

● 起草《农村土地承包法》；

● 将世界银行集团定位为知识银行，加大拓展力度，更加强调理念、创新和学习。

---

① 资料来源：《中国国别伙伴战略 2006～2010》。

## 第二节　中国利用世行贷款的格局与对策

随着中国经济的持续稳定发展和世行对中国贷款政策的变化，中国在利用世行贷款方面将产生新的变化。中国的中西部将成为新的投资重点，沿海地区将不再是世行投资的主要目标；经济调研、基础设施、环境保护等方面的投资将更加受到关注；技术投资将成为新的、长期的热点；私人资金在未来的投资热潮中将占有最重要的一席之地。中国在利用世行的贷款资金以及吸引外资方面将呈现全方位、高质量的特点，对外来资金利用的效率和规模将更受世人瞩目。

### 一　中国与世行合作的成就与特点

中国已经成为世界银行最重要的合作伙伴之一，贷款规模一直位居世界前列。从各部门看，世行贷款项目涉及农业、林业、水利、扶贫、工业、能源、交通、教育、卫生、城建和环境保护等国民经济的各个重要领域。从地区上看，世行贷款项目已分布于中国的 29 个省、自治区、直辖市，中国与世行的合作取得了丰硕的成果。

总体来看，中国使用世行贷款具有以下特点：

（一）合作时间短，但速度较快

与其他国家相比，中国利用世行贷款时间虽不算长，但贷款业务发展规模和速度令人瞩目。据统计，1981 财年中国只有一个项目，贷款规模 2 亿美元；1994 财年则发展到 14 个项目，贷款额 30.70 亿美元。此后，世行每年与中国的合作项目一直保持较高的水平，年贷款额维持在 30 亿美元左右，情况比较稳定。近年来，尽管中国与世行的双边合作关系遇到了各种各样的困难，但在中国政府和世界银行的共同努力下，中国利用世行贷款

仍然保持较大规模。截止到 2008 年 6 月 30 日，世行对中国的贷款情况统计如表 6－3。

表 6－3 截止到 2008 年 6 月 30 日，按年度划分的
世行对中国的贷款情况一览表

单位：百万美元

| 年　度 | 硬贷款 | 软贷款 | 总　额 |
|---|---|---|---|
| 1981 | 100.00 | 100.00 | 200.00 |
| 1982 | — | 60.00 | 60.00 |
| 1983 | 463.10 | 150.40 | 613.50 |
| 1984 | 616.00 | 423.50 | 1039.50 |
| 1985 | 659.60 | 442.30 | 1101.90 |
| 1986 | 687.00 | 450.00 | 1137.00 |
| 1987 | 867.40 | 556.20 | 1423.60 |
| 1988 | 1053.70 | 639.90 | 1693.60 |
| 1989 | 833.40 | 515.00 | 1348.40 |
| 1990 | — | 590.00 | 590.00 |
| 1991 | 601.50 | 977.80 | 1579.30 |
| 1992 | 1577.70 | 948.60 | 2526.30 |
| 1993 | 2155.00 | 1017.00 | 3172.00 |
| 1994 | 2145.00 | 925.00 | 3070.00 |
| 1995 | 2369.50 | 630.00 | 2999.50 |
| 1996 | 2100.00 | 480.00 | 2580.00 |
| 1997 | 2490.00 | 325.00 | 2815.00 |
| 1998 | 2323.00 | 293.40 | 2616.40 |
| 1999 | 1674.40 | 422.61 | 2097.01 |
| 2000 | 1672.50 | — | 1672.50 |
| 2001 | 787.00 | — | 787.00 |
| 2002 | 562.90 | — | 562.90 |
| 2003 | 1145.00 | — | 1145.00 |
| 2004 | 1218.00 | — | 1218.00 |
| 2005 | 1030.00 | — | 1030.00 |
| 2006 | 1454.33 | — | 1454.33 |
| 2007 | 1641.00 | — | 1641.00 |
| 2008 | 1513.40 | — | 1513.40 |
| 总　计 | 33740.43 | 9946.71 | 43687.14 |

数据来源：《世界银行集团中国业务概览》，2008。

据有关资料显示，在 2004～2005 财年期间，世行对中国的贷款额预计将在 30 亿美元左右，用于 20 多个项目。

**（二）项目管理日趋复杂，贷款结构有重大变化**

据专家测算，1981～1998 财年中国利用世行贷款总承诺额和国内配套资金之和所形成的总投资额达到 2800 亿元人民币左右，投资建成了一大批重点建设项目，世行贷款项目及其管理模式具有明显的示范效果。从世行与我国的合作实践看，随着世行贷款附加条件、贷款项目和贷款额的增加，项目准备和管理的难度也在增加，有关的政策、法律和涉及的地区与部门越来越多，而且项目的内容和建设方案设计日趋复杂，需要中国相应提高应对能力，加强有关项目人员的培训和提高管理水平。

在贷款部门结构中，基础设施项目所占比重不断扩大。从世行历年对中国的贷款情况看，农业和社会发展项目在 20 世纪 90 年代所占比重相对有所下降。尽管各部门贷款规模仍保持一定水平，但发展不平衡。世行贷款政策决定了世行贷款的方向，我国在申请世行贷款项目时，如何正确掌握了解世行政策的变化趋势，制定与世行政策策略相一致的应对措施，对提高项目申请的成功率是很重要的。

世行贷款统计资料可以显示历年部门贷款的结构。截止到 1999 年 6 月 30 日，世界银行对中国的农业贷款约 93 亿美元，工业贷款约 28 亿美元，能源贷款约 60 亿美元，交通方面贷款约 78 亿美元，环境保护方面贷款约 15 亿美元。尽管贷款总体数量农业仍居首位，但自 20 世纪 90 年代以来，农业贷款占世行贷款总额的比例呈下降趋势。

**（三）贷款区域布局发生变化，逐步从东部沿海向内地转移**

根据《世界银行集团中国业务概览》资料统计显示，截止到 2008 年 6 月 30 日，世行贷款在贷款数量和项目个数上均主要

集中在个别地区，发展很不平衡。其中，接受世行贷款较多的省（区市）是（百万美元）：

浙江为 2589.24；

四川为 2485.50；

河南为 2476.55；

上海为 2264.11；

江苏为 2175.78；

湖北为 2132.07。

几个获得贷款额最少的省（区市）分别是（百万美元）：

吉林为 355.34；

贵州为 337.73；

海南为 147.89；

宁夏为 112.98；

青海为 14.83。

改革开放之初，中国实行有条件的地区优先富裕从而实现共同富裕的政策，并确立一些沿海城市为特殊经济开发区，实施优先发展沿海经济的战略。经过几十年的发展，这些地区的经济发展水平远远超出了内地。地域经济的巨大差异将影响中国经济的整体发展水平和各民族的进步事业。因此，中国政府决定从"八五计划"开始，强调加强中西部地区的发展，引进外资特别是世界银行的贷款，优先考虑向中西部地区倾斜已经成为必然趋势。

根据中国的宏观战略、扶贫宗旨和世行的政策导向，世行贷款的地区布局也将做进一步调整，逐步向中西部地区转移。

二　世行对华贷款战略的变化

世行对华援助的基本宗旨是：支持经济改革，特别是提高农业劳动生产率，加强金融行业，发展出口生产，提高市场地位和促进国民经济一体化。随着中国经济的进一步发展，世界银行对中国贷款结构发生了一定的变化，出现了一些新的情况。自 20 世纪 90 年代以来，世行对华战略出现新的趋势。

**（一）调整对中国的贷款结构**

随着中国改革开放的不断深化，国民经济将会保持持续稳定的发展，人均收入不断增加。根据世行有关部门的测算，1999 年中国人均收入已超出获得世行软贷款的最低条件。因此，世界银行在 2000 年后不再向中国提供软贷款。

（1）加快直接融资步伐。通过与外国投资者直接进行项目合作、协作进行项目设计及帮助筹资来促进外国在华投资。采用项目融资方式将体现在：其一，帮助企业拓宽融资渠道；其二，使企业熟悉国际机构的规范及其对透明度的要求；其三，帮助建立法律制度及合同框架范本。

（2）支持国有企业改革。适应中国政府有关国有企业改革的重点战略，对国有企业重组、商业化及所有权结构改制提供支持。关注非国有企业，帮助中国企业（包括乡镇企业）发起的项目进行融资，支持非国有企业和私营企业的发展。

（3）鼓励多元经济参与基础设施行业。鼓励基础设施行业向私营部门开放的策略，建议中国政府制定有关法律、法规框架，并投资于私营基础设施试点项目。

（4）促进金融行业改革。世行将积极帮助中国金融行业实现现代化及多元化，进一步促进建立私营、商业化的金融机构。

（5）注重中西部投资，以适应中国政府加大对中西部投资的要求。

中国目前是国际金融公司投资规模第二大的国家。从 1985 年批准第一个项目起，至 2008 年 6 月 30 日止，国际金融公司在

中国共投资了 157 个项目，并为这些项目提供了 39.84 亿美元的资金。其中 30 亿为自有资金，7.6 亿美元来自银团中的其他银行，2.24 亿美元为 IFC 提供的担保。

表 6 - 4　IFC 投资构成（按项目数量和金额划分）

单位：百万美元

| 部　门 | 1991~1995 财年 | | 1996~2000 财年 | | 2001~2005 财年 | |
|---|---|---|---|---|---|---|
| | 数量 | 金额 | 数量 | 金额 | 数量 | 金额 |
| 制造业和服务业 | 4 | 80 | 7 | 115 | 15 | 491 |
| 农业综合业和林业 | 1 | 10 | 4 | 19 | 6 | 126 |
| 金融服务 | | | 2 | 11 | 18 | 485 |
| 基　金 | 3 | 38 | | | 5 | 65 |
| 化　工 | 1 | 25 | 4 | 55 | 3 | 40 |
| 基础设施 | | | 5 | 36 | 9 | 211 |
| 教育卫生 | | | | | 3 | 28 |
| 信息技术 | | | | | 4 | 24 |
| 总　计 | 9 | 153 | 22 | 236 | 63 | 1470 |

资料来源：世界银行信息库。

国际金融公司在中国的投资重点是：

1. 通过有限追索权项目融资的方式，帮助项目融通资金；

2. 鼓励包括中小企业在内的中国本土私营部门的发展；

3. 投资金融业，发展具有竞争力的金融机构，使其能达到国际通行的公司治理机制和运营的标准；

4. 支持中国西部和内陆省份的发展；

5. 促进基础设施、社会服务和环境产业的私营投资。

**（二）贷款方向与中国政府的产业政策相一致**

中国的沿海地区经济已经比较发达，但内陆地区和边远少数民族地区比较落后，在中国国内融资渠道不断拓宽和发展重点进一步向中西部地区转移的情况下，世界银行的地区性贷款格局新政策与中国政府的经济发展政策基本保持一致，贷款重点转向比较贫困和经济比较脆弱的内陆省区，单个项目的贷款规模根据这些省区的实际需要相应做了压缩。这样，世行对中国的贷款方向将形成由沿海向内陆、由发达地区向贫困地区转移的格局。

**（三）部门政策将有较大的变化**

世界银行的贷款政策一贯以减少贫穷、保护环境、加强基础建设、提高教育水平、加大农业和工业的扶持力度为其主要的贷款方向。随着国际形势和实际情况的变化，世行贷款扶持的重点主要体现在环境保护、扶贫、基础建设方面，对中国的贷款同样也遵循其政策要求。从最近几年的情况看，教育贷款规模基本上维持现状，工业贷款有减少的趋势，技术援助则进一步增强。

据统计，中国目前还有 8000 万人口未解决温饱问题，这些贫困人口主要分布在西南、西北等边远少数民族地区。由于这些贫困人口绝大多数集中在农村、山区和边远地区，因此，选择农业、林业和农村发展项目，将是世行减困贷款项目的重点。世界银行承诺，将继续履行义务，支持中国实施最新制定的旨在2000 年消灭赤贫的庞大计划。

例如，世界银行对宁夏泾源县 1997～1998 年度实施秦巴扶贫项目的情况进行全面检查和评估后，对该项目的实施情况给予了充分的肯定。在听取了泾源县秦巴项目办的全面汇报后，对泾源县实施秦巴项目的 5 个乡、41 个行政村的土地与农业开发、农村基础设施建设、机构建设与项目管理三大类 11 个子项目进行了评估检查，对分项目的坡改梯、粮食作物种植、针叶林营造、畜牧养殖、支持服务、推广培训等十余个子项目进行了实地察看，并到贫困户家中了解秦巴项目受益情况。世界银行检查团认为，泾源县秦巴项目总体质量高，整体项目进展结果令人满意，该项目真正成了贫困户的扶贫项目。世行表示，今后将进一

步加大对中国中西部地区的贷款投入，以改善这些贫困地区的生活水平和居住条件。

又如，世界银行执行董事会 1999 年 6 月 24 日在华盛顿批准向中国西部扶贫项目提供 1.6 亿美元贷款，用于帮助当地 170 万贫困人口脱贫。与此同时，世行执董会就贷款额占 4000 万美元的青海子项目达成协议，先由独立的监察小组对该子项目进行检查，再由执董会根据检查结果做出决定。该结果得到中国政府和代表世行 182 个成员国的执董会中大多数执董的支持。西部扶贫项目的对象是内蒙古自治区（5000 万美元，受益人数 67.4 万）、甘肃省（7000 万美元，受益人数 93 万）和青海省（4000 万美元，受益人包括 57750 个自愿移民、迁出区 11 万人和迁入区 4000 人）。该项目为偏远农村的贫困人口提供大量卫生、教育、就业和农业生产方面的服务，这些贫困人口目前的年收入仅相当于 25~60 美元。该项目将为 3 个省区的居民增加收入以及部分极贫地区的人口从依赖食品补贴和政府救济转为粮食供应得到保障提供机会。该项目是世行在中国其他 31 个以扶贫为目的的项目的继续。世行为这些项目总共提供了 16.8 亿美元贷款（项目投资总额为 13 亿美元），使 630 万人受益。

环境保护是全球性的一个重大问题，世界银行当然将环保问题列入其重点工作内容之一。中国在经济快速发展的过程中，与所有其他国家一样，出现严重的环境问题。中国北方不少地方空气质量恶化，污染严重，只有 1/3 的废水得到处理，过度使用杀虫剂和化肥，使大量农田肥力退化。根据世行官员预测，中国环境问题规模之大，可能会严重影响中国的经济发展进程。世行将继续支持中国政府开展环境保护，这方面的贷款是世行对中国贷款计划中增长最快的部分。

例如，经过 5 年的前期准备工作，世界银行贷款桂林漓江环境综合治理工程于 1999 年 11 月启动。该项目总投资为 6.60 亿

元人民币，其中世行贷款4023万美元。桂林漓江环境综合整治项目包括琴潭区污水处理工程、北区污水处理厂扩建工程、"三湖"治理工程、城市生活垃圾系统工程、漓江护岸工程、漓江植树和水土保持项目工程、兴安水土保持项目、五里峡水渠修复、城市小区环境改善项目、技术援助及培训等11个方面的子项目。目前，琴潭区污水处理工程和兴安水土保持项目已经动工建设。

为帮助中国发展基础设施建设，世行将协助建立基础设施投资基金；发展与世行项目相联系的债券融资，帮助政府部门更多地依靠国内私人储蓄，而不是更多地依靠财政收入作为发展基础设施的资金来源；世行计划与大中型城市合作开展综合性的城市发展项目，改革和开发住房市场，扩大供水和污水处理设施建设，合理规划城市交通。据悉，世行目前向我国基础设施项目提供的贷款已达15亿美元以上。1999年11月，世界银行官员在北京宣布，世行将通过贷款项目和其他方式加强对中国改革的支持。

由于中国基础设施比较落后，造成公共财政紧张和大量无效益的消耗。此外，中国人口以每年1500万的速度增长，日益都市化和经济的迅速增长，现存的基础设施严重不足——如电力不足，港口、铁路拥挤，交通缓慢等。毫无疑问，作为中国基础产业的能源、交通部门，在今后仍然将是利用世行贷款的重点领域之一。此外，为支持我国尽快实现社会主义市场经济的机制，世行对影响我国经济发展的关键部门的突出问题，比如财税部门的改革、金融部门改革、国有企业转换机制、住房制度改革、社会保障制度的建立等方面将给予更多的支持。

值得注意的是：世界银行驻中国代表处2003财年启动小额赠款计划。世界银行小额赠款计划旨在加强以减少贫困为目的的赋权活动，小额赠款计划把重点放在促进公民社会参与，加强边

缘人群和弱势人群在发展进程中的权利（例如知情权、发言权、自主权），从而增强发展进程的包容性和公平性。小额赠款计划的资助对象为围绕边缘和弱势人群赋权开展相关活动的中国民间组织。

赠款金额一般在 3000～7000 美元之间，最高限额为 15000 美元。小额赠款计划通常仅占资助项目或活动预算的 50% 以下，因此鼓励申请单位利用世行赠款带动其他资金来源。

自 1999 财年世界银行将小额赠款计划的管理权下放以来，世界银行驻中国代表处在过去 4 年里通过该计划每年为 5～6 个中国的民间组织提供了资助。

### （四）　加大经济调研的力度

经济调研薄弱一直是发展中国家的一个重大问题，世行在帮助发展中国家培训人才、提高经济调研的质量等方面将进一步加大力度。中国改革的总目标是建立社会主义市场经济，中国初步建立起具有中国特色的社会主义市场经济可能需要较长的时间，新旧体制接轨方面有许多矛盾和问题，十分需要世行提出符合中国实际情况的意见和建议，世界银行也需要加强中国经济发展的调查研究。随着中国经济改革的不断深化，经济的不断发展，世行对中国经济管理、经济政策的制定、市场经济法律体系的建设、关键经济部门机构的建设和完善、人员的教育和培训等方面的支持将是可能和现实的，也是十分必要和急需的。

自中国恢复在世界银行的合法席位以后，世界银行先后于 1981 年和 1984 年分别对中国进行了两次大规模的综合经济考察，并从 1985 年开始与中国合作进行了多个经济调研计划数十个课题的研究与开发，到 2003 年 6 月 30 日止，完成的课题约 200 多项。从 2000 年至 2003 年 6 月 30 日，世界银行在中国的经济和部门研究报告如表 6-5。

表 6 – 5　世界银行在中国的经济和部门研究报告

| 报　告　名　称 | 出版时间 |
|---|---|
| 农民用水者协会在中国：世界银行项目支持的参与式管理模式及其发展 | 2003 |
| 有关民营部分参与中国基础设施的问题和建议：公路、水和电力行业 | 2003 |
| 在国有企业集团中行使所有权：中国可以从国际经验中学到什么？ | 2003 |
| 改善中国的投资环境 | 2003 |
| 供暖计量与收费：技术方案、政策与规章——中国的示范项目与国际经验 | 2003 |
| 中国天然气行业下游领域监管框架国际研讨会提要 | 2003 |
| 中国的公司治理和企业改革：建立现代市场制度 | 2002 |
| 中国国别社会性别报告 | 2002 |
| 中国：省级支出考察报告 | 2002 |
| 实施天然林保护工程和退耕还林工程政策：经验与政策建议 | 2002 |
| 中国：天然气长距离运输和城市配气的经济监管 | 2002 |
| 改善和推进中国的电力改革 | 2002 |
| 关于国家电力监管委员会建设规划的建议 | 2002 |
| 上海国际城市环境和可持续发展会议论文集 | 2001 |
| 中国国有企业的破产研究：改革破产制度的必要性和途径 | 2001 |
| 中国与知识经济：把握 21 世纪 | 2001 |
| 中国：空气、土地和水——新千年的环境优先领域 | 2001 |
| 中国：战胜农村贫困 | 2001 |
| 中国北方地区水行业的战略研究 | 2001 |
| 中国：石油天然气行业现代化结构改革和监管 | 2001 |
| 中国城市化战略研讨会论文集：机会、问题和政策选择 | 2000 |
| 中国：加强公共支出管理——提高资金使用效益 | 2000 |
| 文化遗产保护与城市发展：机遇与挑战国际研讨会论文集 | 2000 |
| 中国新兴的私营企业：新世纪的前景 | 2000 |

资料来源：《世界银行集团中国业务概览》，2003。

表 6 – 6　世行与中国 2006～2008 财年合作研究项目规划

| 促进中国融入世界经济 | 贫困、不平等与社会排斥 | 资源稀缺与环境 | 金融部门 | 公共部门和市场秩序 |
|---|---|---|---|---|
| • 国家经济备忘录(应对资源短缺)<br>• 贸易与贫困<br>• FDI 的战略性利用 | • 贫困评估<br>• 参与式扶贫<br>• 农村卫生体系改革<br>• 农村社会保障改革<br>• 劳动力市场发展<br>• 农村信息通信技术<br>• 区域协调发展<br>• 大都市区管理 | • 水资源匮乏<br>• 循环经济<br>• 绿色国民核算<br>• 气候变化<br>• 土地政策改革 | • 金融服务的可及性<br>• 商业化农村金融<br>• 基础设施融资<br>• 金融稳定<br>• 政策性银行<br>• 土地政策改革 | • 投资环境调查<br>• 私营部门的挑战与机遇<br>• 城市服务调查<br>• 农村公共财政<br>• 事业单位改革<br>• 中国发展市场 |

## （五）世界银行对华的国别伙伴战略链条

中国实现使全体人民受益的经济可持续高速增长

↑

经济增长模式从鼓励出口导向型工业和投资转向鼓励服务业、就业、生产率和消费增长

| ↑ | ↑ | ↑ | ↑ |
|---|---|---|---|
| 提高市场效率(取消工业补贴、鼓励发展服务业) | 提升企业竞争力(消除竞争障碍、建立创新鼓励机制) | 农业劳动力转移 | 增加国内消费、拉动需求增长 |

| ↑ | ↑ | ↑ | ↑ | ↑ | ↑ |
|---|---|---|---|---|---|
| 能源、水和土地价格反映实际总成本 | 资金配置给回报最高的经济活动 | 通过外贸和外国直接投资转让支付技术 | 改善创新激励机制 | 加强城市社会和基础设施服务 | 发展养老金和医疗保险体系，降低对储蓄的依赖 |
| | 支柱4 | 支柱1 | | | |
| 加强并执行环境和能源利用标准 | | 扩大使用信息通讯技术 | 降低国内贸易的地方壁垒 | 改革户籍制度 | 政府支出大力转向教育和卫生 |
| 支柱3 | | 支柱2 | 支柱5 | 支柱2 | 支柱2 |

资料来源：《中国国别伙伴战略 2006～2010》。

　　世行的《国别伙伴战略》的援助内容是由五大主题支柱构成，反映了对 2003～2010 年《国别援助战略》支柱的调整，并包含了正在进行的项目。支柱 1 将主要通过分析研究项目及国际金融公司和多边投资担保机构的业务，包括技术援助活动予以支持；支柱 2 和支柱 3 将通过分析研究项目、国际复兴开发银行贷款以及国际金融公司和多边投资担保机构的业务予以支持；支柱 4 将主要通过研究项目和国际金融公司的业务提供支持；支柱 5 将土国分析研究项目及国际金融公司和多边投资担保机构的业务予以支持。

　　在《国别伙伴战略》的预期效果中，世行中国业务部门将以下 10 个方面列为重中之重：

- 加强中国对全球和区域经济机构的参与；
- 以更好的方式改善农村公共服务；
- 扩大农村医疗保险制度，保证筹资的公平性；
- 减少城市社会政策的歧视性内容；
- 改善大都市区的管理，特别是对服务提供的管理；
- 改善土地和水资源管理，包括改进水价；
- 到 2010 年将能源密度降低 20%；
- 扩大向中小企业提供可持续的商业化正规银行贷款；
- 简化繁琐或阻碍竞争的商业规则；
- 制定新的政府间财政转移支付法，增加均等化效果。

**（六）世界银行在华业务的远景目标**

　　世行认为，到 2015 年，中国可以按计划实现多项千年发展目标（MDGS）。但不同地区之间存在着巨大的发展差距。

　　目标一：消除极端贫困和饥饿；

　　目标二：普及小学教育；

　　目标三：推动社会性别平等和赋予的妇女权利；

　　目标四：降低儿童死亡率；

目标五：改善孕妇健康；

目标六：与艾滋病、疟疾和其他疾病作斗争；

目标七：确保环境的可持续性；

目标八：建立全球发展合作伙伴关系。

世界银行的目标是成为一个以客户为导向的知识银行，利用投资和其他业务，进行改革试点，支持机构发展，在私营部门推行最佳实践。世行国别伙伴战略重点关注世行参与的几个领域，在这些领域中，世行在利用其国际专业技术知识的同时，世行将最大限度地在国内外创造和传播中国发展过程中的知识经验。

● 每年与中国政府进行贷款和分析研究项目规划，讨论、评估《国别伙伴战略》的实施进度，调整世行集团参与的领域；

● 在一些地区、省份或城市进行综合改革方案试点；

● 扩大与中国国内主要伙伴的知识合作关系；

● 在贷款和分析研究活动中，更多地强调监测和评价，从而确定成功的做法，并在国内外传播相关知识；

● 将世界银行有限的资源与中国自身的预算资金及双边赠款结合使用，在全国范围内最大限度的扩大影响。[①]

三　中国应采取的对应策略

根据世界银行对华贷款战略的调整，我国应相应地做好各方面的工作，加强与世界银行的联系，有效利用世行的贷款资金，树立中国与世行合作的良好形象，为我国尽量争取世行较多的优惠贷款，加速我国中西部地区的发展速度。近年来，中国在引资工作中的基本思想是坚持全方位、多层次、宽领域的对外开放方针，充分利用国内外的资源和市场优势，促进国民经济持续快速健康发展。多年的经验表明，在利用世行贷款资

———————————

① 　资料来源：《中国国别伙伴战略 2006～2010》。

金方面应特别关注降低成本和改善贷款结构，使世行贷款更好地为我国的现代化服务，提高资金使用效率，实现在高水平上的良性循环。

### （一）提高引资意识

中国是世行的成员国，如果不充分利用世行的优惠贷款，就等于自动放弃了我国应有的权益。此外，世行贷款利率相对国际商业市场的贷款利率较低，充分利用世行贷款，对于提高项目的效率、降低成本将产生重要的影响。世行作为国际性开发银行，其目的是为了帮助成员国发展经济。世行的贷款资金对我国的经济发展步伐起到了积极的作用，我们必须树立优先考虑使用世行贷款的意识。

近年来，西方各国对外资本的输出总额呈递减趋势。国际货币基金组织特别成立了转轨贷款基金，以支持穷国发展经济和促进经济制度向"世界标准"转轨。由于西方发达国家在世行交纳的股本较多，对世行的贷款政策有较大的影响。世行章程虽然规定，对成员国提供贷款只考虑经济因素，不考虑政治因素，但事实上发达国家的对外政策对世行的贷款政策影响较大，世行的政策往往体现了西方工业国的意志和利益。尽管世行的某些政策与我国改革方向基本一致，但具体实施步骤和进程上仍存在一定的差距。

中国利用外资必须要适应国际、国内经济和政治形势发展的需要，做好各方面的工作，力争在利用外资方面有新的突破。根据世行新的贷款战略的变化，中国利用世行贷款方面应注意作进一步调整，以应对世行的贷款政策的变化。

（1）要通过利用外资扩大内需，增加有效供给，加大对基础设施、高新技术产业的投资，有效地推动经济的增长。目前我国每年获得世行硬贷款的规模位居世界首位，应充分发挥世行贷款资金的效率，加强世行贷款资金的管理。

（2）鼓励外资参加我国现有企业的设备改造，有效地促进国内经济结构的提高及产业的升级；加大改革开放力度和国家对金融业的调控能力，促进我国迅速提高国际竞争力。

我们认为，在今后若干年内，我国在利用世行贷款和其他外资方面必须保持现有的优势，以进一步提高我国的经济活力。我国不仅要保持一定的贷款规模，而且更应注重贷款使用的质量。要充分借鉴一些发展中国家的经验、教训，重视优化引资的投向，提高世行贷款的运作能力和水平，以服务于我国国民经济发展与改革开放的大局。要正确处理利用外资与维护国家经济安全的关系，坚持从国情出发，把握主动权，渐进地开放，因地制宜；利用外资的规模、范围、领域要与国情相适应，与改革开放的发展需要相适应，与承担风险的能力相适应。

**（二）加强多方合作**

加强与世界银行的关系，保持我国利用世行优惠贷款的水平是十分重要的。与此同时，密切与各国银行业、风险投资团体和民间投资者的合作也是十分必要的，对我国在国际市场上融资将产生良好的推动作用。

（1）加强与世行项目工作人员的合作。我国要加强与世界银行的合作，就必须处理好与世界银行官员和有关项目工作人员的关系。在通常情况下，每个世行贷款项目都有一名专门的银行项目官员负责，并且在各个不同的阶段进行项目评估和检查的人员具有连续性，中途一般不更换人员。因此，处理好与负责该项目的官员个人的关系，坦诚相见，共同合作，以确保项目的顺利进行的重要性是显而易见的。此外，由于国际和国内金融市场的变化，积极开拓其他融资渠道，为我国筹措经济建设资金，在世行对中国贷款不断硬化的情况下，也具有重大的现实意义。

（2）加强国内管理组织之间的合作。国家对世行贷款项目的管理，由国家发改委立项，财政部和中国人民银行分别负责转贷。项目的具体执行，国务院机电设备进口审查办公室负责对进口设备的审查，国际招标公司专管采购业务。这样的分工，客观上体现和发挥着制约机制，但要成功地实施世行贷款项目，则需要国内管理机构彼此协调才可以实现。因此，必须加强国内管理机构之间的协作关系。

### （三）提高管理水平

对世行贷款的管理水平的高低，决定着世行贷款使用的效率和效能，不仅直接影响我国利用外资的声誉，而且对我国与世行的关系、获得世行贷款的可能性、在国际市场上融资潜力等诸多方面都会产生巨大的影响。提高项目的管理水平应注意以下几个方面：

（1）加强世行项目前期的准备工作，特别应注意成本效益。前期准备工作的质量与效益前景直接影响到项目能否获得贷款的问题。准备时间过长或过短均是值得商榷的。无论怎样，项目的准备工作应符合世行项目工作的基本政策和原则要求。

（2）建立一套完整合理、科学的贷款管理制度。世行贷款管理的制度化、程序化、科学化、法制化，是保证世行贷款项目顺利实施的基础。学习世行行之有效的管理制度和措施方法，体现权、责、利相统一的原则，是保证世行贷款项目顺利实施的重要条件。

（3）建立一个多方有效分工合作的项目管理系统。在世行项目管理中，完善的管理监督机制，设立工程师监理制度，在业主、承包商和施工单位之间建立起一种稳固而又明确的合同管理关系，明确业主、承包商和咨询单位的法律责任和权利，使监理工程师成为管理中独立的因素，运用法律手段解决在世行贷款项目执行中遇到的问题，这对于规范世行贷款项目的运作和确保世行贷款项目的执行和质量要求是必不可少的。

（4）建立一支高水平的管理队伍。世行贷款项目的管理工作的专业性、政策性都很强，需要配备素质较高的人员，才能胜任这方面的工作。项目管理办公室人员在整体结构和综合素质上必须具备下述几方面的能力：第一，与项目有关的专业和技术知识；第二，熟练掌握国家有关规定和政策；第三，熟悉世行贷款的政策和程序；第四，具有较强的资金和财务管理能力；第五，有一定的外语水平，懂得项目管理的一般方法和国际惯例；第六，具有较强的组织、管理和协调能力等。

**（四） 防范贷款风险**

由于世行贷款项目的建设周期较长，项目在执行过程中必然遇到诸如政策、汇率、债务、市场等各种风险。世行的政策倾向，国内宏观经济政策的调整，国内国际市场的变化等，都会对世行项目执行带来影响，因此，必须加强项目的风险预测和防范意识。根据一些发展中国家利用外资的经验和我国利用外资的实践，为有效地防范贷款风险，需要注意几点：

（1）发挥宏观调控职能。世行贷款风险通常都是由于国际惯例、银行制度、特殊规定造成的。因此，国家采取一定的防范措施，可以在一定程度上缓解这一问题。如对于外汇风险，国家可以从宏观上调控外汇构成，使外汇的收支趋于一致从而起到防范的效果。

（2）提高贷款使用效率。这是防范贷款风险最有效最可靠的措施和保证。项目单位如果提高了贷款使用效率，在最短的建设期内使项目建成并投运发挥效益，既可以避免支付承诺费，还可以为利用机动还款条款提供条件。成功项目的内部报酬率通常都大大高于贷款的利率。

（3）注重调查研究分析。进入 21 世纪，国际金融市场瞬息万变，国际利率水平和国际汇率水平随时都在波动。各地区、各国家之间频繁的、形式复杂多样的、变化无常的利率战、汇率战和国际垄断资本大规模的投资投机行为，对动荡不稳定的国际金融市场起到了推波助澜的作用。这无疑给我国预测和防范汇率和利率风险增加了难度。

为了防范项目风险，需要密切注视国际金融市场的形势，注意调查研究，分析探索并掌握其变化的规律性，从而使本国在剧烈变动的市场中立于不败之地。科研和学术机构的成果应面向市场和基层项目单位，为项目建设和经营决策提供充分、可靠的依据，在引进国外资金的过程中充分发挥应有的效益。

世行认为，影响世界银行集团发展援助效益的主要风险是：

- 改革进程可能停滞不前；
- 金融部门的薄弱环节；
- 不可持续的债务水平。从长期看，财政风险依然存在；
- 外部冲击；
- 社会不满可能引起经济减速；
- 如 SARS 等跨国突发事件。

## 第三节　特别话题：有关世行贷款的国内规定

世界银行贷款遵循严格的规范化、程序化的管理制度，与此相适应，中国国内也有一套基本运作程序。因此，项目单位如果要申请世行贷款，不仅要遵循世行在项目周期的各个环节规定的程序，而且要符合国内的一套投资立项的有关规定和审批程序。

### 一　世行贷款的国内管理机构

世界银行贷款是我国利用国际金融组织贷款的最重要组成部分，管理工作由我国政府的多个机构负责，涉及

280

的部门主要有财政部、国家发展和改革委员会、行业主管部门、外交部、国家外汇管理局、国务院机电设备进口审查办、海关总署、国家审计署等。按照国务院利用国外贷款工作要实行"统一政策、分工负责、加强协调"的原则，财政部作为管理世界银行贷款的"对外窗口"单位，同国家发展和改革委员会、行业主管部门、外交部、国家外汇管理局、国务院机电设备进口审查办、海关总署、国家审计署等一起，对我国利用世界银行贷款的计划、准备、执行等进行管理和监督。

**（一）国家发展和改革委员会**

主要负责：

（1）将世界银行贷款项目列入国家基建计划和国家利用外资计划。

（2）按照基建程序，审批项目建设书。

（3）会同财政部编制利用世界银行贷款规划，联合上报国务院。

（4）按照基建程序，会同财政部和有关行业主管部门审核项目可行性研究报告和评估报告，并报国务院批准。

（5）为部分项目安排配套投资。

（6）参加国家评标委员会。

（7）参与项目完工验收和后评价。

**（二）财政部**

财政部是国务院批准的世行贷款的对外窗口和对内归口管理部门，统一负责全国世行贷款业务的协调与管理工作；地方财政部门是地方利用世行贷款业务的归口管理部门和地方人民政府的债权债务代表，全面负责当地利用世行贷款业务的协调与管理工作。财政部负责世行贷款业务的司局是世行业务司。财政部是我国利用世界银行贷款的对外窗口单位，主要负责：

（1）和国家发展和改革委员会联合制定贷款规划，并一起与世界银行商谈该规划，然后报国务院批准。

（2）参与世界银行对项目的准备和评估。

（3）同项目地方或主管部门联合向国务院上报谈判请示，经国务院批准后组团赴美国与世界银行进行贷款谈判。谈判请示需国家发展和改革委员会会签，同时抄送有关部门。谈判结束后，如谈判结果同谈判请示无大的差异，则代表中国政府确认谈判后达成的贷款和开发信贷协定。

（4）项目贷款获世界银行执行董事会批准后，授权我国驻美大使或公使签署项目贷款协定或开发信贷协定。协定签署后，上报国务院批准。核准请示要抄送有关地方、部门（包括外交部），然后将贷款有关文件送外交部办理核准手续和法律证明手续，以便随后向世界银行提交贷款生效所需的法律文件。

（5）在贷款生效以前，与项目的地方政府和主管部门或项目受益人签署贷款转贷协议。管理或授权管理世界银行贷款的专用账户，办理或授权办理提款。

（6）检查、监督项目执行，负责项目执行过程中有关贷款法律文件的修改。

（7）办理对世界银行的还本付息付费。

（8）参加国家评标委员会。

（9）审查项目完工报告，组织项目后评价。

（10）向世界银行提供我国外债报告。

（11）办理经世界银行安排的多边或双边援助的审批及其执行。

（12）制定有关使用世界银行贷款的规章制度及管理办法。

**（三）外交部**

外交部主要负责世行项目的以下两项工作：

（1）驻美大使或项目受益人同世行签署贷款或开发信贷协定和项目协定；

（2）根据国务院批准的文件，向世行出具国务院对贷款或开发信贷协定的核准书及法律证明书。

**（四）行业主管部门**

行业主管部门负责世界银行贷款业务的司局是外事、财务、计划等部门。主要负责：

（1）按照基建程序，对项目建议书、可行性研究报告提出审查意见，报国家发展和改革委员会，抄送财政部；

（2）对项目进行行业管理，提供协调、指导、监督和服务；

（3）为部分项目提供内配资金；

（4）执行部分项目并组织编写完工报告。

**（五）国务院机电设备进口审查办**

国务院机电设备进口审查办主要负责世行项目的以下四项工作：

（1）审批项目进口物资、设备和材料清单；

（2）审批招标采购文件；

（3）主持国家评标委员会；

（4）办理具体的进口批准手续。

**（六）国家审计署**

国家审计署主要负责世行项目的以下两项工作：

（1）根据委托，办理或委托地方审计机构对项目开展审计工作，向世行提供审计报告和审计意见书；

（2）参加项目完工验收和后评价。

**（七）海关总署**

海关总署主要负责世行项目的以下两项工作：

（1）会同财政部、国家税务总局制定世行贷款项目进口货物关税征管办法；

（2）办理关税征管和减免手续。

**（八）国家外汇管理局**

国家外汇管理局主要负责世行项目的以下两项工作：

（1）根据国务院批准的项目用汇和还贷方案，办理有关外汇手续；

（2）外债统计和监测。

## 二 世行项目申请的程序和规定

世行贷款项目管理有一套严格的程序，从申请立项到验收评估，必须符合世行及我国国内对项目管理的基本要求。我国对世行贷款项目管理主要包括项目计划管理、项目前期准备管理、资金及财务管理、工程管理、招标采购管理、技术援助和培训管理、债务管理、项目完成与运营管理等，项目周期各阶段都有相应的具体程序性的管理要求。

### （一）我国向世界银行申请贷款的一般程序

（1）由国家发展和改革委员会根据国家长远规划以及各部门、各地区的申请，综合平衡后确定今后3~5年内适于利用世界银行贷款的项目，报国务院批准。

（2）由财政部将国务院批准的项目作为被选项目提供给世界银行考虑。

（3）世界银行经考虑后提出意见，认为某些项目可以接受并优先考虑，有些项目无力接受，并提出年度备选项目，双方协商后最终确定项目清单。

（4）对初步确定的项目，国内单位可着手进行可行性研究，提出预评估报告，世界银行派出考察团进行审查，提出评估报告。

（5）在准备和评估阶段，财政部作为转贷单位，还要与项目单位洽商转贷条件，如利率、期限、币种等。

（6）双方对项目的评估结果都感到满意后，即进入谈判阶段，由世界银行草拟贷款协定，发出邀请，中方由财政部、项目单位和国家发展和改革委员会组成代表团前往谈判，由于各种条

件在评估报告中已有详细说明，短期内谈判即可完成并拟就贷款协定文本。

（7）双方对贷款协定作最后审定，中方报国务院批准，世界银行报执行董事会批准，然后双方派授权代表签字，贷款协定一经签字，对双方都具法律效力。

（8）贷款协定签字，并完成了协定中明确的生效前应做的工作后（大约 2～3 个月），协定即告生效，可按协定的规定开始提款。

**（二）我国对世行贷款项目的有关规定和要求**

（1）立项申请。所谓申请立项，也就是一个部门或地区为进行某一项目建设，向国家主管部门提出建议并报请批准的过程。由于世行贷款项目一般均为国家大中型建设项目，申请时必须经国家宏观经济管理部门的批准。世行贷款项目立项，必须符合国家对投资规模、投资方向、产业布局及外债规模的基本政策。申请立项应注意几个问题：

a. 突出战略和优先重点。地方或中央行业主管部门，应当根据其地区或部门经济发展的战略和优先重点，充分考虑本地区或本部门的实际情况，加强调查研究，向国家发改委与财政部提出本地区或本部门利用世行贷款的计划与申请，并随同贷款申请提交项目初始文件，包括简明项目建议书。国家发改委和财政部以各地方和各部门报送的贷款申请和项目初始文件为原始依据，按照国家利用外资的总的方针政策，制定出全国利用世行贷款的三年滚动计划，经与世行磋商后报国务院批准。

b. 严格遵循贷款程序。地方或部门在接到国家发改委与财政部关于其项目已列入贷款计划的通知后，方可正式开始进行与利用贷款有关的后续准备工作，并按照国内基本建设或技术改造程序的要求，准备详细的项目建议书，报国家发改委审批，抄送财政部，以便该项目正式立项。

应当注意的是，地方项目的贷款申请与项目初始文件以及详细的项目建议书，必须经地方计划与财政部门联合提出并上报国家发改委与财政部，不得直接越级上报。同样，中央主管部门提出的贷款申请和项目初始文件以及详细的项目建议书，必须根据项目实际需要事先征求所涉及地方计划与财政部门的意见，以地方管理部门的意见为基本依据，充分发挥地方政府的主观能动性。

c. 注重调查分析研究。各地区、各部门可根据国家经济发展的政策，在调查研究、勘查建设地点、初步分析投资效果的基础上，编制项目建议书，项目建议书应包括以下内容：第一，建设项目提出的依据，即说明项目建设的必要性，利用世行贷款的理由；第二，对产品方案、拟建项目规模及建设地点的初步设想；第三，对资源状况、建设条件、引进设备或工艺水平以及未来市场走势的初步分析；第四，有关投资估算和资金筹措的设想，说明利用世行贷款的可能性和除世行贷款以外的其他资金渠道，对偿还贷款的能力进行初步测算并明确还贷方案；第五，对项目经济和社会效益的初步估计等。

d. 明确管理职能。对于世行项目贷款，地方人民政府应成立由政府主管财政工作的领导任组长，由专家组成的综合性贷款工作领导小组，具体负责本地区或本部门的贷款申请、管理等工作，各机构的主要职能要求如下：第一，地方财政厅（局）中负责世行贷款业务工作的职能部门作为世行贷款领导小组办公室（简称"项目办"）负责当地所有世行贷款项目的管理、指导、协调及监督，同时负责项目的有关财务管理工作。项目办一般设立在地方项目行业主管部门，综合性项目的项目办设在综合性管理部门，项目办在业务上接受贷款办的监督和指导，做到互相配合，协调一致。第二，对于中央行业部门项目或需要中央行业部门组织或协调实施的多省联合项目，中央行业部门根据项目的客

观实际需要，在本部门内建立或确定一个项目执行办公室或类似执行机构，统一负责本单位内部的协调管理以及必需的项目的组织、实施及技术协调与指导工作。第三，对于每个具体贷款项目，可根据项目性质和需要单独设立一个项目执行办公室，负责具体组织、协调该项目的准备以及以后的项目具体执行工作。

（2）项目的前期准备。世行项目的前期准备必须符合国内有关程序，在项目前期准备阶段必须完成国内有关各项审批工作，包括项目可行性研究报告、项目利用外资方案、项目环境评价报告及移民安置计划等重要审批环节。项目单位应在世行的帮助下，制定出与项目实施有关的各项行动计划。一般说来，相关项目的前期管理分工情况如下：

a. 财政部门参与项目前期准备各个阶段的工作，对于项目设计和实施方案中的非技术性问题，尤其是经济、财务、计划等方面的问题，负责把关并提出意见。

b. 地方项目的前期准备工作，应在地方贷款领导小组的统一领导和安排以及贷款办的监督与协调下，由项目办或其他具体执行机构协调各有关项目部门（单位）具体组织实施，由地方领导机构负责把关。

c. 多省联合项目或其他涉及由地方承担债务或提供配套资金的项目，其前期准备工作可根据需要由中央行业部门项目办协调各有关地方的贷款办及地方项目办（项目单位）组织开展；纯中央项目的前期准备工作由中央行业部门的项目办协调其本部门有关司局和项目单位组织进行。

d. 在项目前期准备阶段，地方或中央项目管理部门和项目单位确定其要使用的世行贷款的种类（单一货币贷款或货币总库制贷款）及相应的贷款条件，并通过财政部向世界银行提出。

e. 项目单位应自行筹措资金用于前期准备费用的开支，对于较大型的或复杂的工程项目，或者需要进行前期调研的地方项目，可以按有关规定和要求向财政部申请使用技术合作信贷资金或者通过世行申请双边赠款资金支付项目前期准备费用。项目单位须在项目前期准备阶段充分落实项目所需的配套资金，提出具体的资金来源和安排计划，并应提供有效的资金承诺文件。地方财政部门对当地世行贷款项目配套资金的落实负有监督检查责任。未有充分或必需的配套资金，世行一般不考虑在该项目进行投资。

此外，财政部与地方政府或中央项目部门（或单位）应基本确定贷款的转贷方式和转贷条件，地方政府或中央项目部门相应确定其再转贷方式和条件，再转贷方式和条件报经财政部审核，项目单位在准备项目时，其经济与财务的初步分析按照财政部同意的转贷和再转贷条件进行。

（三）协定的谈判、签署与生效

财政部负责具体组织、安排和协调与世界银行的贷款（信贷）协定及项目协定的谈判、签署与生效工作。协定谈判、签署及生效所需的有关文件，由财政部汇总并提交给世界银行。有关的地方财政部门、项目单位以及主管部门应按要求参与进行谈判的各项准备工作，并按要求准备和提供完成协定谈判、签署和生效所需的有关文件。

（四）贷款使用和项目执行

中国政府与世行正式签署贷款或信贷协定（包括相应的项目协定）后，财政部需与地方政府或中央项目单位根据协定谈判前双方所同意的转贷条件签订转贷协议。地方财政部门应全权负责地方项目的转贷工作。贷款不适宜直接转贷给地方政府的项目，财政部在贷款协定签署后需与项目单位签署转贷协议。世行项目贷款在使用过程中应注意以下相关问题：

（1）有关担保与反担保问题。项目所在地区的地方财政部门，必须为该项目提供贷款偿还担保（由财政部直接转贷的中

央部门项目和中间金融机构项目不在此列），并向财政部出具担保函。项目单位应向当地财政部门提供反担保。

（2）有关项目采购问题。项目单位应按财政部和世行的各项有关规定制定世行贷款项目的采购清单和采购计划，选择采购招标代理机构，准备、组织和实施项目的土建工程、货物和设备以及咨询服务的招标采购活动。按规定，地方财政部门应当参与地方项目及多省联合项目的招标采购活动，并对相关的采购活动进行监督与检查。

（3）有关工作人员的培训与管理问题。无论贷款项目实施前或实施后，项目单位应加强贷款项目中技术援助与培训部分的执行与管理工作，包括人员培训、出国考察以及聘请咨询单位（人员）的管理，并对培训与技术援助活动实行严格的监督机制，切实加强培训与技术援助活动的有效性。此外，地方财政部门应加强对本地区项目下出国培训考察以及相关技术援助活动的管理与监督工作。

（4）有关项目执行进度问题。项目单位必须按要求及时向世行和财政部提供项目进度报告、审计报告以及其他有关财务报告。（地方项目及打捆项目需同时提供给地方财政部门，并由地方财政部门负责对地方项目执行的整体进度情况进行监督与检查，随时了解、跟踪和反映项目执行过程中所存在的各种问题以及项目单位的有关要求，为项目顺利进行提供管理服务。）在项目执行过程中，费用开支问题显得十分突出。各级世行贷款项目管理机构（项目办）的正常经费应由同级财政预算或其他来源予以安排解决，财政预算安排不足的，可提取项目管理费。项目管理费应按国家有关规定纳入财政预算外资金进行特别管理。不论何种经费来源，项目管理机构的经费开支都由同级财政部门统一管理，不得擅自开支或挪作他用。

此外，各项目单位在项目实施阶段，必须在执行本行业财务制度和会计核算制度的同时，按照财政部的有关规定，就利用世行贷款的项目进行独立的财务管理和会计核算；已完成项目实施、办理整个项目竣工决算手续的项目单位执行所属行业的财务会计制度。地方财政部门（贷款办）应负责本地区利用世行贷款项目的财务管理与监督工作，具体包括：第一，根据财政部的授权负责贷款专用账户的管理以及贷款的支付与提款报账（经财政部同意和授权，地方财政部门也可委托项目单位或省辖市一级财政部门负责专用账户的管理和提款报账工作，但应对其进行监督与检查）。第二，负责贷款的还本付息付费。第三，监督项目配套资金的落实与使用。第四，对项目单位的财务工作进行指导与监督。

**（五）项目的完成和运营**

世行贷款项目完工后，项目单位应及时办理竣工决算并及时对项目的实施过程进行全面的评价和总结，编写项目竣工报告。一般来说，应注意做好以下几方面的工作：

（1）准备项目完成工作报告。项目单位应对项目实施过程做出总结报告，积极配合、协助世行项目官员准备其项目执行完成报告，并及时按财政部的规定与要求对世行提出的项目完成报告提出合理意见和建议。

（2）提出营运计划。项目建设完成后，项目单位必须制定出项目未来的运营计划，并根据该运营计划，会同世行监测项目的实际运行情况。地方财政部门必须参与当地项目运营计划的制定工作，并对运营计划的实施情况进行监督检查，并应对项目的效益情况进行了解、跟踪和预测分析。项目运营计划应报送国家财政部。

（3）提出有关项目发展建议。利用世行贷款建成的项目，在有利于项目效益的发挥和投资回收的情况下，可以进行经营权转让或所有权结构的调整，包括与外商合资、合作、股票海外上

市等，但经营权转让或所有权结构的调整必须符合国家的有关法规、政策并得到国家有关审批部门的批准。对于在建项目或世行贷款债务尚未偿还完毕的已完工项目，在进行上述经营权转让或所有权调整前，必须征得财政部和世行的同意，并与财政部就有关剩余债务的偿还安排达成协议。

**（六）贷款的偿还和债务管理**

地方财政部门和项目单位或中央项目执行部门和项目单位，应严格遵守与财政部签署的转贷协议，就本地方或本部门（单位）的贷款项目提前做好贷款还本付息付费的资金需求预测和准备，保证到期按时足额偿还贷款本金、利息和承诺费。在贷款的偿还和债务管理方面应注意的问题有：

（1）各地方政府和中央项目执行部门（或项目单位）应按财政部的有关规定与要求设立世行贷款还贷准备金，确保世行贷款按时足额地偿还。地方政府的还贷准备金由地方财政部门设立并进行专户管理。

（2）财政部应根据各部门、各地区的具体情况，审查各地区、各部门和项目单位的债信，实行债信等级评审和监督制度，并参照国际通用的标准，设立相应的债务控制警戒线，以防止债务偿还出现困难，影响我国的借款声誉。

（3）树立风险意识，重视世行贷款的风险管理。各级债务人为降低风险需使用金融衍生工具的，必须报财政部及有关部门批准并应遵守国家的有关规定，同时要建立相应的内部监督和控制系统，禁止以风险管理为名进行投机、投资活动，以免给项目单位、国家造成损失。

企业了解世行贷款项目及其商机有以下信息渠道：

一般地，世行提供一份供订阅的综合性资料，叫做《国际商机服务》（简称 IBOS），内容包括定期邮寄的采购信息以及所有与采购、招标、项目准备和联合融资有关的世行出版物。此外，联合国出版的《发展商业报》（双周刊）提供通过世行贷款所产生的商机的有关信息，该刊物还刊登地区性多边发展银行、联合国开发计划署以及其他发展机构的类似信息。

通过这些出版物提供的主要信息来源有：《每月业务概览》（简称 MOS），介绍所有世行准备中的项目（从项目识别到执董会批准贷款），每月将近有 1200 个处于项目周期不同阶段的项目，并说明是否需要咨询服务。《技术数据介绍》（简称 TDS），每个经执董会批准的贷款项目一份，提供项目执行机构和（或）参与项目准备的咨询公司的名称和地址，说明采购货物、土建工程和服务时将采用的采购方式以及联合融资的金额和来源。

《采购总公告》（简称 GPN），适用于包含国际竞争性招标采购的项目，由借款人安排刊登，刊登时间通常是在项目评估阶段，是最早刊登的采购公告。采购总公告说明在项目实施时预计会做何种类别的采购。企业须通知借款人他们有兴趣为公告所列项目供货或承包。

《具体采购通告》（简称 SPN），对具体货物或工程投标的邀请，是采购总公告的后续。具体采购通告描述要采购的物品，提供购买招标文件的详细信息，说明提交投标书的最后期限及其他要求。具体采购通告刊登在全国性的报纸上，很多具体招标通告也刊登在《国际商机服务》（IBOS）和《发展商业报》上。

《大额合同的授予合同通告》，公布成功的投标人和合同金额。中国也在《中国日报》和《中国招标》等有关刊物以及省报上刊登招标信息。

三　中国与世界银行集团的协作关系前景

在 21 世纪，国内外金融形势将更加复杂多变，不定因素增多，需要采取积极的应对措施。虽然世界银行 1998 年将我国列入中等收入国家中的低收入国家，并据此决定

减少直至取消对中国的"信贷",但我国利用外资的水平仍然出现良好势头。如 1998 年,外商投资 456 亿美元,比同期增长 0.67%;国际货币基金组织、国外优惠贷款的签约额 79 亿美元,使用额 59.5 亿美元,比同期也有一定的增长。专家认为,在 21 世纪,中国在国际市场上的融资规模将稳中有升。

**(一)　世行的贷款政策变化,不会从根本上影响外资流入中国**

受国际社会经济结构调整与改革浪潮的影响,世行在向借款国提供贷款机会的同时,将进一步要求借款国在经济管理体制、所有制与价格等方面做出改革的承诺,以适应世界经济发展和管理的需要。世界银行在过去的几年内制定了一系列的部门贷款政策,并将这些政策作为向其成员国提供贷款的先决条件。这些贷款政策虽然可能将对中国与世行集团未来的合作产生影响,但这种影响力是非常有限的。纵观世界政治、经济和金融形势,影响我国利用世行贷款的不利因素大致有以下几方面:

(1) 中国不可能再获得世界银行的软贷款(信贷)。随着世行贷款利率的提高,增加了我国利用世行贷款的直接成本。随着世行贷款条件的硬化,原贷款国家和地区的商业银行的贷款条件也相应提高,因此,期限短、高利率、高成本融资状况在短期内不会有太大的变化。

(2) 西方主要发达国家在世行的投票权较多,难免影响世行的贷款政策,我国利用世行贷款将面临许多不确定因素。

(3) 从我国的外资来源的地区渠道看,亚洲资金来源较多。由于亚洲银行附和世行政策——世行提高贷款利率,亚行的贷款利率也随之提高,因此,在贷款规模和成本控制方面的确存在一定的不利因素。

众所周知,世界银行、亚洲开发银行、政府双边优惠贷款等国外优惠性贷款,其利率较低、期限长,对改善我国的贷款结构产生较大的影响。由于世行将重点关注特别落后的发展中国家，增加对最贫困国家的资助，加大对低收入国家的投资力度——非洲、拉丁美洲、东亚和太平洋地区的贫困国家一直是世界银行最主要的贷款对象。因此，对中国的贷款条件不可能进一步优惠。从 20 世纪 80 年代至 90 年代，世界银行对中国软贷款的数量和份额上均有所减少。据统计，1992 财年、1994 财年和 1995 财年，软贷款所占比重分别为 37.5%、30.1% 和 21%。1995 年后，硬贷款数量虽然仍保持一定的规模，但软贷款数目却大幅度减少。从历年的软贷款情况看，1982 年最少，仅 6000 万美元。根据 1998 ~ 1999 年世界银行发展报告，中国被划为中等收入国家一类。因此，从 2000 年开始，我国不再具备获取世行软贷款的条件。

虽然国际复兴开发银行和国际开发协会对中国的贷款规模有可能减少，但中国与国际金融公司的关系逐渐深化，贷款规模大幅度增加。1992 年 10 月，国际金融公司驻华代表处正式成立。此后，国际金融公司执行副总裁及其他高级官员相继访华并积极开展对华业务，双方的合作进入了一个全新的阶段。可以预测，国际金融公司 21 世纪在中国的业务将有较大的发展。

**（二）世界银行的成员国构成及力量的变化对中国有利**

随着 20 世纪 90 年代初以来前苏联、东欧社会主义国家的纷纷解体与加入世行，世行成员国的人数在不断增加。在世行集团的会员国中，以美国为首的西方发达国家将长期居于支配地位。我国在与世行集团合作过程中，与发达国家进行对话、交流和合作，将有利于协调我国与发达国家之间的关系，为我国的现代化事业创造有利的政治、经济环境。随着日本、西欧、中国以及其他一些国家经济实力的增强，这些国家在世行决策中的发言权不断扩大，在世行未来决策权日益分散的情况下，我国与世行集团的合作前景也越来越广阔。

目前，世行不仅向广大的发展中国家提供资金和技术援助，

还参与协调国际经济关系，帮助国际社会建立新的经济秩序。未来的国际经济将更加一体化，国际经济竞争会日趋激烈。在国际政治、外交局势日益复杂多变的未来，世行在开展国际业务中会更加容易受到诸多非经济因素的干扰和制约，其扮演的角色也会呈现一定程度的多样化。无论世行担当什么角色，对中国与世行的良好合作关系不会产生太大的负面效应。

**（三）中国融资信誉将进一步增强**

我国与世行集团在近20年里的合作富有成效，世行认为，中国在利用外来贷款方面的成绩突出，对项目的管理水平高于世界平均水平。中国虽然贷款规模一直保持较高的水平，连续多年成为世行最大的借款国，但中国的外债偿还能力较强，信誉卓越。由于越来越多的国家认识到利用世行贷款的经济性和重要性，在争取世行贷款方面的竞争将更加激烈，中国将面临一定的贷款成本压力。从我国过去利用外资的渠道看，外商直接投资总额的75%来自亚洲金融危机影响较重的国家和地区，随着这些国家和地区对外投资的能力下降或上升，我国从这些国家和地区获得资金的水平也会呈现一定的波动。在经济全球化的条件下，欧美国家对中国的投资有大规模增加的趋势，由于国际资本更多地流向稳定、获利能力较高的局部地区和发达国家。因此，如何深化我国的投资环境、增强中国经济的活力、提高对外资的吸引力是我国面临的一个重要问题。

随着经济全球化水平的提高，国际资本十分活跃，金融交易量、衍生物交易量每天数万亿美元，利用外资存在空前有利的机遇。我国改革开放以来，国民经济持续稳定健康的发展态势，经济实力明显增强，中国巨大的市场既是吸引外资的特殊有利条件，也是外资进行大规模投资的理想场所。中国外债规模适度、结构合理，偿债指标均在安全线以内，随着中国综合国力的提高和市场经济的进一步完善，市场准则将完全与国际接轨，为外资

大规模进入中国创造了条件。

**（四）中国的经济环境和经济实力的变化，投资前景美好**

目前的中国正在由社会主义的计划经济体制向市场经济体制过渡。随着这种过渡期的结束和市场经济的形成，我国与世行集团扩大合作的基础将更加坚实，合作范围将进一步扩大。

随着我国改革开放的不断深入，20 世纪末，我国的人均国民生产总值已位居世界第七，这是一个了不起的巨大进步！根据专家测算，到 2030 年左右，中国经济将位居世界前列。此外，中国作为联合国安理会常任理事国和最大的发展中国家，随着经济的持续高速增长，中国的国际地位将会进一步提高，在世行集团中的发言权也会相应增大。中国今后除与世行集团保持良好的合作关系外，将加强与其他国际金融组织、地区性金融组织的合作，在金融领域的合作范围将更加广泛，融资前景是值得乐观的。

中国于 1988 年 4 月 28 日和 1988 年 4 月 30 日分别签署和核准了《多边投资担保机构公约》，是机构的创始国之一，认购股份达 3.138%。在第二类成员国中居第一位，在所有成员国中也仅次于美国、日本、联邦德国、英国和法国而居第五位（英国、法国并列第四位）。利用外资是中国的一项长期国策，在未来，中国市场将进一步开放，我们相信，中国政府和多边投资担保机构会有更好的合作，将极大地增强投资者对中国未来发展的信心。可以预言，在 21 世纪，中国政治稳定，人民安居乐业，良好的投资环境将促使中国对外融资进入良性循环阶段。

## 第四节　我国利用世行贷款存在的问题探析

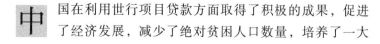

中国在利用世行项目贷款方面取得了积极的成果，促进了经济发展，减少了绝对贫困人口数量，培养了一大

批技术、管理人才。尽管如此，中国在与世行的合作过程中也难免存在诸多问题，需要我们认真对待。如在有些情况下，未能通过将成功项目纳入政府规划而加以推广（主要原因是在一些项目的选择方面创新不够，缺少一个权利和政策责任统一的政府对口部门，或是没有对项目的影响进行缜密的监测和评价）；在有些情况下，世行中国业务部门未能根据借款国的优先重点安排相应的资源，结果导致一些机会丧失，在世行一直积极关注的关键问题上未能全面参与（如市政融资、城市交通模式和跨部门的环境问题等）；国家开发协会软贷款停止后所面临的困难，即较贫困的地区不得不偿还用以支持扶贫和社会发展项目的国际复兴开发银行的硬贷款；此外，分析研究、贷款和信托基金项目疏于整合以及难以通过项目中的技术援助内容传播知识。

一 贷款前期准备工作问题

世行贷款的前期准备工作非常重要，它直接决定着项目执行过程的结果。前期工作主要包括：编写项目建议书、可行性研究、项目的鉴定、项目的预评估、项目评估、项目批准等工作。世行贷款项目的前期准备工作之间一般需要2年左右，有的项目的前期准备工作长达3～4年。根据我国世行贷款项目的前期工作情况，主要存在以下问题：

（1）前期工作或费时过多，或准备欠充分。前期工作准备时间过长，大幅度增加了前期费用和成本控制的难度，降低了前期工作的可靠性。一些项目准备时间过短，造成仓促上马，工作草率，可信度更低，返工现象比较严重。从多年的实践情况看，前期准备工作过长或过短的问题一直是项目工作中的一个特别突出的问题。

（2）有关世行贷款项目的国内管理机构过多，导致立项审批手续繁多，项目工作协调比较困难。国内繁杂的立项审批管理程序，不仅有可能造成重复劳动，增加前期准备工作的费用和时间，延误项目的进程，而且国内繁杂的管理程序与世行的严谨、高效的风格存在较大的反差，影响世行与中国的良好合作关系。中央主管部门与地方政府管理部门、地方政府管理部门与项目单位之间，由于管理主体过多，在项目的执行过程中，可能经常发生一些问题。

（3）前期工作不太重视环境问题。改革开放以来，我国的经济建设取得了举世瞩目的巨大成就，但我国的环境污染情况十分严重，在经济发展过程中付出了沉重的代价，这个问题已经引起各方面的高度重视。过去我国许多项目只考虑经济核算问题，忽视对环境的保护和投入，这不符合世行的项目贷款政策。环境保护是全球性的问题，世行对环境问题十分重视，世行的贷款政策已经明确规定，对容易造成环境问题的项目不予支持。因此，我国在项目立项时，必须充分考虑对环境的影响。

世行贷款项目是银行与借款国政府双方共同的投资行为，它们各自都有自己的投资方向和政策要求，只有当世界银行和贷款国之间的政策基本上达成一致时，双方才能开展成功的合作。项目申请的成功率的大小与项目的前期工作的好坏有直接的关系。一般来说，前期准备工作应满足下列要求：

（1）资料全面翔实，数据准确；

（2）工作体现低成本高效益，方法系统科学；

（3）管理协调统一，政策方针符合世行对项目的基本要求；

（4）充分考虑环境保护问题。

二　项目的管理与执行问题

项目管理工作是世行贷款项目的一个重要问题。组织一支高水平的管理队伍，使项目管理机构在执行过程中实现有效分工和合作，是项目成败的关键，一套科学、合理、完整的管理制度是项目成功的基本保障。自世行成立以来至今，已经形成了一套具有自身特色的、富有成效的管理办法和制度，值得我国管理部门借鉴。

我国世行贷款项目的管理体制及方法与世行要求有一定的差异，主要表现在项目管理程序、方式、宏观管理体制等方面，特别在管理方式上与国际惯例存在较大的差距。项目业主、承包商、施工监理之间应完全独立，并建立明确的而稳固的合同管理关系，应用法律规范项目，而不应用"人治"的方法。中国利用世行贷款的时间相对不长，对世行贷款的程序及合同涉及的法律问题比较陌生，所以在工作中难免存在许多问题，主要反映在：

（1）银行贷款的汇率风险、利率风险全部由地方或项目单位承担，地方压力很大。由于缺乏合理的汇率风险分担机制，直接造成了项目偿债发生困难。

（2）投标制度不完善，国内企业中标之后发生违约的情况较多。究其原因，主要有：企业的原材料没有得到保证而无法按合同期限交货；不具备承包世界银行项目条件的企业，在主管部门的干预或授意下，低价把合同争到手，但无法执行合同；企业中标后讨价还价，拒签合同或分包过多，工程质量下降……这样，导致投标标的上升，损害了标书作为法律文件的严肃性，导致世行对我国采购工作的进一步干预。

（3）企业经营机制不健全。中国企业法人的责任、义务和权利在有关企业法律法规中虽做了明确的规定，但行政部门不干预、真正独立的企业经济实体的诞生还可能有一个过程。一些项目单位，在聘请项目咨询单位或咨询人员时，违反基本原则，用人情、关系代替质量；一些项目单位设备招标中，私下寻找代理公司，自行组织招标，造成招标无效；一些项目单位，违反合同规则，抢工期、赶进度的做法给国家利益带来损害；一些项目单位隐瞒事实真相，提供的数据不准确，等等。

针对上述情况，必须加强世行贷款项目管理过程中的制度和法律建设，严格管理，将世行项目的执行制度化、规范化、法律化。因此，必须强调：

（1）加强基本建设立法，完善法律体系。

（2）明确中央、地方和项目单位的分工和责任，严格按照国际惯例办事。

（3）建立现代企业制度，严格执行《企业法》和《公司法》，使企业真正成为独立核算、自负盈亏、依法自主经营的现代企业制度下的经济实体，将企业的管理纳入市场经济、法制经济的轨道。

（4）重视世行贷款项目的组织体系的建设，加强项目工作人员的专业知识、法律知识的培训工作；改进招标采购工作，制定统一的招标采购规则，加强管理，杜绝"黑箱"操作；严格执法，严惩在世行贷款项目中违反经济法规、以权谋私、挪用贪污资金等行为，确保世行贷款项目的正常实施。

三　费用控制与配套资金问题

从实践看，世行贷款项目在执行过程中的费用控制、费用超支、配套资金缺乏是一个突出的问题，必须采取积极的费用调控手段，严格执行有关贷款政策和制度，在项目实施的每个环节，进行系统的指导、监督和控制，以确保项目的顺利实施。

（一）投资费用问题

主要表现在：（1）投资规模预算失真。不少项目单位在确定费用标准时依旧采用已经过时的定额方法和标准，并且在预算中多采用静态方法，对通货膨胀缺乏分析，对市场价格缺乏了解，投资预算的可靠性和准确性较差。

（2）缺乏强有力的监控措施，造成投资费用的失控和浪费。各地的项目办公室事实上被赋予了行政职能，经济法律关系意识比较淡薄，责、权、利关系不一致。某些项目虽然实行监理制度，一般项目单位就是监理机构，甚至业主、监理、施工三位一体，同属于一个部门领导，监理的职能和作用实际上并不存在。有些项目的支付和施工不是按计划均衡执行，而是依靠发动群众搞人海战术，违背科学施工，造成费用的失控和浪费。

（3）投资主体行为受短期行为的影响，费用控制意识不强。在项目前期准备阶段，围绕世行贷款涉及国家、业主、咨询机构等多方面的利益关系，不同的利益主体都为各自的利益目标而奔走。从而淡化了从长远角度、全局利益出发，自觉控制投资费用的观念。

基于上述种种原因，项目超支现象普遍。一些项目超支幅度还相当大，大约在 30% ~ 50% 之间。由于项目费用超支，导致过程造价上升，投资效益下降，影响外汇效益的发挥，加重了国家和企业的外债负担，更严重的是影响国家的国际融资信誉。为控制项目费用问题，我们认为，应注意以下几方面：

（1）建立严密、系统、科学的费用估算制度。费用概算的误差不应超过上下 10%，确保投资规模的可靠性与准确性。对预算的费用应根据实际情况进行修正、核实，杜绝官僚主义，禁止草率从事。

（2）完善世行贷款项目的资金管理体制。重点安排好国内配套资金，应把预算外资金和预算内资金、中央投资、地方投资、项目单位自筹资金统筹安排，不留缺口，改变项目多头管理体制，实行费用控制责任人制度。

（3）严格监控物资采购程序。项目执行阶段费用支出是费用控制的关键，必须严格坚持设备物资的采购程序和施工监理制度，将费用支出降低到最低的范围之内。

**（二）配套资金问题**

主要表现在：由于世行的贷款项目并不提供全部资金，只支付项目所需的外汇资金或项目总投资的 35%～50%，因此，国内必须解决配套资金的问题。我国解决配套资金的渠道很多，国家、银行、地方、企业都可以出资。随着国家经济体制改革的进一步深化，国内靠国家财政预算解决配套资金几乎不可能，在项目执行过程中，配套资金一直是困扰项目单位的突出问题之一。

主要表现在："钓鱼项目"过多，经验教训不少。一些项目单位进行项目概算时，先把预算做得很小，等项目争到手，再追加投资。一些地方和部门在争取项目时，满口承诺，等项目被批准后，千方百计向上级要配套资金，等等。这些不正常现象，往往导致项目不能顺利进行。

我们认为，在落实配套资金方面应主要做好以下工作：

（1）实行具体的配套资金落实责任人制度。由于世行贷款项目涉及的管理机构较多，必须明确具体的责任对象，以有效防止人人争管、又人人不管的现象。

（2）实行专家评估制度。根据项目管理的历史经验，组织专家管理小组分析确认项目资金的需求大小，防止预算失真。

（3）加强项目的可行性分析。对不具备实施条件的项目进行严格的监控，防止弄虚作假的现象发生。

四　项目工程采购招标问题

世行贷款项目工程和物资招标工作是项目管理工作的重要内容。该两项工作的成败，决定着项目质量的好坏。中国对外有招标权的公司不多，世行每年对中国贷款的数额大约 30 亿美元左右，业务量较大，为数不多的几家代理公司很难在质量和时间上完全满足项目单位的要求。概言之，我国在世

行项目的招标和采购方面主要有两个问题：其一是招标工作不规范；其二是投标力量不足。

### （一）项目工程招标问题

国内企业在世行贷款项目招标中中标率极低，据统计，机械设备的中标率约为30%，土建工程的中标率约为80%，国内企业在世行项目采购中的全体平均中标率约为40%。因此，如何进一步深化企业改革，转变国内大中型企业经营机制，完善市场经济体系，加快我国咨询行业的发展，提高国内企业中标率是一项重要课题。

导致国内企业在项目招标工作中的失败的原因是多方面的。尽管我国对国内企业参与世行项目的招标竞争有鼓励和优惠政策，但由于我国多年以来的经济环境问题，这些政策没有得到充分的发挥。很多企业不习惯国际市场的一些基本做法，计划体制致使很多企业不知道如何去参与国际竞争。由于国内咨询业尚在起步阶段，国外咨询企业又不熟悉、不适应中国企业的运作模式，国内企业的设备规格、标准等重要的文件与世行的要求相去甚远，在招标竞争中失败也就不足为怪了。

### （二）物资采购招标问题

世行贷款项目物资采购以竞争性招标为主要方式。在众多影响招标采购顺利实施的因素中，以下的问题具有代表性：

（1）招标文件中技术规格不清晰、不完整；招标和评标尺度存在一定的缺陷；当投标机构违规和发生利益冲突时，招标、评标形式化。

（2）中间金融机构的招标采购失控。《世行贷款采购指南》中特别规定，通过中间金融机构向企业转贷，可采用世行可以接受的商业惯例。但进行或准备办理世行贷款转贷的有关银行中，尚没有制定出世行认可的、完全适合自己业务性质的招标采购程序。因此，在招标过程中同样会出现这样或那样的问题——或不符合世行《采购指南》中的招标规定，或不符合国际招标惯例，或不符合客观实际需要。

招标工作是利用世行贷款项目管理中困难较多、问题最集中的环节，必须加强管理，具体来说应主要做好以下工作：

（1）在编制招标文件时，要力求严谨、科学合理。明确投标保证金和履约保证金的规定，技术指标要明确、通用、严密，对投标商的要求明确合理，严格按照国际通行的规则办理。

（2）坚持公开、公平竞争的原则。严禁从本部门、本地区利益出发，对招标工作进行不适当的行政干预。

（3）评标工作要坚持保密原则。严格按照评标程序进行，杜绝各种不正当的行为。

（4）配备称职的招标工作人员。招标工作人员不仅要具备项目的专业技术，而且要熟悉招标业务，有良好的职业道德，并实行评标人责任制度。

## 五　项目咨询与信息交流问题

在世行贷款项目中，对咨询和信息的交流的忽视可能导致贷款项目不能达到预期的目的，特别是在 21 世纪全球化市场经济时代，信息和知识的巨大力量日益凸显，需要我们对这一问题加以高度重视。

### （一）项目咨询问题

根据实际需要，借款国可以聘请国内或国外咨询公司承担其贷款项目的咨询业务，聘用咨询公司或咨询专家分几种情况：一是国内咨询公司为主的合作。既可以是国内公司之间进行合作，也可以由国内、国外咨询公司组成联营体，共同为项目单位服务。二是聘请外国咨询专家。国内公司出于对某种专门技术知识的需要，聘请国外咨询专家，以满足世行项目管理和技术要求。三是国内咨询公司单独承担服务。有资格和实力的国内咨询公司

可单独列入名单，参加竞争。世界银行一般认可借款国聘请某些国内有实力的咨询公司单独承担咨询服务工作。

中国是世行最大的借款国，国内咨询业严重落后，不符合我国社会主义市场经济体制的要求。从实际情况看，国内咨询公司实力不足。由于我国长期以来不重视咨询企业，咨询企业规模较小、咨询人员资历不够、咨询水平不高，严重制约着中国咨询业的发展。此外，国家政策法规尚需要进一步完善。没有国家政策的大力扶持，国内咨询业要有一个较大的发展空间是难以想象的。咨询企业在世行项目建设中是一个独立的环节，其职责是科学、公正、合理地维护业主的和承包商的利益，尽管国内咨询公司通过各种渠道加强与国外咨询业的合作，在借鉴国外咨询经验的基础上，取得了较大的进步，但离世界银行对项目咨询的要求还有一定距离。我们认为，中国咨询业应注意以下几个问题：

（1）充分认识到咨询业在经济建设中的作用。

（2）提高咨询企业的素质和水平。咨询人员专业技术、外语水平必须达到世界级水平，并熟悉世界经济、国际工程项目、国际经济贸易、财务管理和法律知识，了解国际工程咨询的规则、惯例、程序和方法。

（3）按照世行的规则和国际惯例及现代企业模式建立咨询公司，对其实行企业化管理，确保其能独立公正地行使咨询职能。

（4）国内咨询公司应努力适应国际市场发展，积极参与世行项目的咨询服务。完善咨询业务体系，形成咨询网络，可以考虑与国外咨询公司加强合作，以提高自身的水平。

**（二）信息交流问题**

信息的重要性不言而喻，21世纪是以信息与科技为开路先锋的时代。在世行贷款项目中，实现信息的快捷、有效交流，是提高项目工作效率、减少不必要的损失、保证项目顺利实施的重要条件。由于世行项目的每个分项目分属于不同的地方和部门，如果它们相互之间缺少横向的交流与沟通，就会出现执行程序混乱、同类问题在不同项目上重复出现、项目重要内容不能协商一致而导致失误等问题。由于我国项目管理涉及的机构和部门较多，这一问题尤为严重。因此，建立相应的协调机构，并建立一套行之有效的信息交流机制，大力推广先进的经验，定期或不定期地举办各种交流活动，对世行项目的执行和管理是大有裨益的，也是至关重要的。

# 附　录

# 名词解释与重要文件资料

## 一　名词解释

**1. 浮动利率（Variable Interest Rate）**　　在 20 世纪 80 年代初期，世界资本市场的利率剧烈上升，当时世界银行在国际金融市场上的借入资金利率也较高，不能不影响世行的借款成本。如果按固定利率签订贷款协定，势必加重银行和借款人的利息负担风险。为此，从 1982 年 7 月 1 日开始，改固定利率为浮动利率，加上目前的借款成本，加权平均，再加上 0.5% 来确定，每半年调整一次。凡是这个付息期的利息，均按照此浮动利率计算。1982 年下半年为 11.43%，以后随着国际金融市场资本利率的下降，银行借款成本也随之下降，1987 年 1 ~ 6 月一期为 7.92%。世界银行的计息日期一年按 365 天（闰年按 366 天），每月按实有天数计算。每半年结算一次。

**2. 手续费（Service Charges）**　　国际开发协会的信贷，对已提取未偿还部分的信贷，按 0.75% 的年利率计取手续费。协会的手续费每年按 360 天计算，每月按 30 天计算。每半年结算一次。

**3. 承诺费（Commitment Charges）**　　世界银行和国际开发协会的贷款（信贷），对已经承诺尚未提取的贷款本金，按年利率 0.75%（贷款）和 0.5%（信贷）收取承诺费。银行每年按 365 天计算，协会按 360 天计算。每半年结算一次。

**4. 先征费和启用费（Front-end Fee）** 20 世纪 80 年代初期，国际金融市场资本利率上升剧烈，世界银行已承诺的贷款都是固定利率，当时借入资本成本高涨，为了弥补世界银行的损失，从 1982 年起采取了收取先征费的决定。即每一笔贷款生效时借款人就要按贷款额的 1.5% 交付一次性的先征费，如不交纳也可转入贷款本金计算。此项先征费，随着世界银行借入资金成本的下降，逐步降低。1985 年开始的贷款项目免收先征费。

**5. 特别提款权（Special Drawing Rights-SDR）** 特别提款权从 1970 年开始，国际货币基金组织分配给会员国的在原有普通提款权以外的一种使用资金权利。开始时是一种黄金保值记账单位，每一单位含 0.888671 克纯金，不是一种现实的货币，不能作为贸易和非贸易的支付手段。特别提款权与各种货币的比价，每日由国际货币基金组织公布。协会的信贷，以特别提款权为计算单位。借款国提款时，不论提取何种货币，均按当日牌价折合特别提款权记账。还本付费亦同样处理。

**6. 宽限期** 世界银行对贷款（信贷）的还本期限，规定一个宽限期，即最初 5 年（贷款）或 10 年（贷款）是不需还本的，名曰宽限期。一个贷款项目的建设期长的约七八年，短的三五年，提取贷款大约也有 3～5 年的期间。宽限期的规定，避免了在贷款总额还未用完前即须还本的弊病，同时也是对借款国的一个照顾，可以使借款国在项目完成获得一定收益时，开始还本。

**7. 特别承诺费（Special Commitment Charges）** 在向世界银行提款时，以前凡使用第五种提款程序者，必须支付特别承诺费。提款程序五——不可撤销的偿还保证书，用于在向供应商签订供货合同时，由借款人申请世界银行无条件的承诺在交货时保证付款，这种保证是无条件的，即在任何情况下世界银行承担

货到付款的责任。因此，世界银行为此收取申请书总额 0.5% 的特别承诺费。（1985 年 9 月 1 日世界银行规定免收特别承诺费）。

**8. 特别承诺（Special Commitment）** 即世界银行向供货商指定的议付行发出书面的特别承诺，同意在议付行根据合同、信用证、供货人的发票、发运证明等文件或单据证明供货商确已发货、并已向供货商支付货款，或议付行通知世界银行供货商确已发货，应向供货商支付货款时，世界银行应立即将款项偿还（或支付）给议付行。这种付款不受世界银行与借款人所签订的贷款协定是否被终止、撤销，或货款总额是否被部分或全部注销的影响。

**9. 政府能力** 政府以最小的社会代价，有效地采取并促进集体性行动，有效地提供集体物品的能力。这种能力的概念不仅包括国家官员的行政管理或技术能力，更包括深层次的政府机构和官员行为的约束和激励机制，即机构性机制，机构性能力，以灵活性、规则和制约机制来促使政治家和公务员按照集体的利益行事。

**10. 劳动力** 劳动力包括已经就业的或正在寻求就业的全体劳动适龄人口（15~64 岁）。包括失业者，但不包括就业无望者以及其他既无工作，也不寻找工作（如家庭妇女、学生、退休者、残疾人及其他）的人。

**11. 人力资本** 体现于单个人或一支劳动大军的技能和能力，可部分地通过改善健康和营养，提高教育和培训获得。

**12. 委托—代理** 经济行为人（委托方）雇佣他人（代理方）为其承担各种任务时，委托方面临的问题是，如何使代理方的工作既实现其自身的目标又实现委托方的目标。处理委托—代理问题可运用的四种方法是认同法、权威法、同级压力法和报偿法。

**13. 积极的劳动力政策与消极的劳动力政策** 积极的劳动力政策旨在帮助失业者重新工作或为在职人员提供发展机会，包括开展求职帮助、培训以及创造就职岗位的创业活动。这些政策区别于通过提供现金或其他福利以期资助失业者提高生活水平的消极劳动力政策。

**14. 失业**　根据成因划分的失业类型有：摩擦性失业——产生于市场的正常运转中，由劳动者寻找适当的工作、雇主寻找适当的工人过程引起，是一种零星的个别的失业现象，期限较短。周期性失业——因总需求的波动而产生，通常成为普遍的、严重的失业现象，但往往是短期的，当增长恢复，大多数失业者就会重新就业。结构性失业——与经济停滞、劳动力市场运转不畅或政策失误有关，一般持续时间较长。要消除这种类型的失业，不仅要恢复总需求，而且要解决就业岗位与劳动者之间在技能或地理区域上不匹配的问题，要取消僵化的工资和就业的做法，或者提高劳动者的技能。

**15. 基础设施**　永久性的成套的工程构筑、设备、设施和它们所提供的为所有企业生产和居民生活都共同需要的服务。本书所指的基础设施，主要是经济基础设施，包括：（1）公共设施：电力、电信、自来水、卫生设备和排污，固体废弃物的收集和处理，管道煤气；（2）公共工程：公路、大坝和排灌渠道等水利设施；（3）其他交通部门：铁路、市内交通，港口和航道，机场。此外，基础设施还有文教、医疗保健等。

**16. 管理合同**　由主管机构做出日常经营决定，私人承包商对所有的经营范围承担责任并行使维修职责的一种安排。其补偿一部分根据所提供的服务（作为合同的报偿），一部分根据所取得的业绩（作为利益分红）来取得。

**17. 服务合同**　对私人部门在一个固定时期内履行特定的经营活动或维修职责并获得一定补偿的一种安排。

**18. 项目融资（BOT）**　BOT 是英文 Build-Operate-Transfer 的缩写，即建设—经营—转让，是目前所有新项目常采用的一种特许经营方式。一般是私人团体或国际财团统一提供资金，进行

基础设施的建设和经营，并在一定时期内负责设施的维修，然后将这些设施转让给政府部门或其他公共机构。其变形形式包括BOOT（建设—拥有—经营—转让）和BOO（建设—拥有—经营）。在后一种情况中，合同赋予建设和经营基础设施的权利，但这些设施不再转让给公共部门。

**19. 可持续发展**　持续性，指一种持续不断和永不衰竭的能力。可持续发展，即可以长期延续的发展。按联合国环境规划署（UNEP）1989年给出的定义，指满足当前需要而又不削弱子孙后代满足其需要之能力的发展。可持续发展是一种新的发展思想和发展战略，它的目标是保证社会具有长时期持续性发展的能力，其要点是：（1）发展的内涵既包括经济发展，也包括社会的发展和保持、建设良好的生态环境；（2）自然资源的永续利用是保障社会经济可持续发展的物质基础；（3）自然生态环境是人类生存和社会经济发展的物质基础；（4）控制人口增长与消除贫困，是与保护生态环境密切相关的重大问题。所以，可持续发展涉及人类社会的各个方面，走可持续发展道路意味着社会的全方位变革。

**20. 贫困**　缺少达到最低生活水准的能力。

**21. 贫困线**　衡量贫困人口的标准尺度，通常设定为满足最低生存消费所需花费的支出或得到的收入。贫困线因民族文化不同而有差异，并随社会的发展而上升。为进行国际比较，通常以每人每天生活消费或收入不足1美元（1985年购买力平价不变价格）作为国际贫困线。

**22. 贫困人口调查指数**　处于贫困线以下人口占总人口的比重，一般也称作贫困率、贫困人口比重、贫困人口发生率，是衡量贫困程度的重要指标。

**23. 贫困差距**　衡量贫困程度的又一重要指标，即穷人实际收入不足贫困线水准的差距与贫困线水准之比（％），可以用来估测穷人在贫困线以下的程度，及随之估测让每一个穷人达到贫困线以上从而消灭贫困所需要的转让。这种转让总额占一国国民总消费量的百分比，又可以定义为一国的总贫困差距。

**24. 审慎的财政政策**　把公共赤字保持在与控制通货膨胀、促进私人投资和保持对外借款信誉等其他宏观经济目标一致的水平上。

**25. 税收与使用费**　政府收入的两种主要形式。税收是与具体支出项目无联系的强迫征收的费用，使用费是受益人为交换政府机构提供的货物或服务而支付的费用。通常，税收是中央政府收入最主要的来源，使用费是国有企业的收入来源，地方政府两者兼收。

**26. 税收的经济成本与管理成本**　为取得一定的政府税收而发生的两种成本。经济成本指纳税人因纳税而降低生产和储蓄积极性、降低效率、影响资源优化配置的损失；管理成本指政府因征税而发生的业务开支。两种成本往往呈不一致的趋势。需要通过税制改革同时降低这两种成本。

**27. 税负的横向公平与纵向公平**　税制改革要达到的目标之一。横向公平指由不同来源获得相同收入的纳税人承担相同的税负，以提高税收制度的信誉和纳税人的纳税意愿；纵向公平指税负与纳税人的能力相称，富人多纳税，穷人少纳税或不纳税，以减少收入或财产占有的不公平。

**28. 资本流入管理**　指组织国家的外部债务和资产的技术和体制方面的管理，它的目标是与所选者的资本过剩国家供应相协调，实现风险与收益尽可能好的结合，其内容主要包括对资本流入水平的管理、对资本流入构成的管理、对国际储备的管理、对需求信息的管理等几个方面。

**29. 灵活偿还期贷款**　贷款具有变动的偿还期，以代替变动的利率。采用这种方式，当利率上升时，通过延长贷款的偿还

期，使当期的债务偿付摊提额不变甚至下降。如果利率大幅度上升，会出现负的摊提款，贷款人将实际上对借款人提供新的资金。灵活偿还期贷款使借款人和贷款人双方得益。借款人能肯定他们的债务还本付息额，贷款人能安排他们的资产而较少担心贷款的重新调整或可能的注销。对发展中国家来说，如果能把债务本息的偿付与出口收入联系起来，就存在双重吸引力，因为它能减少由于反复无常的商品价格而造成的不确定性。

**30. 累进偿负贷款**　债务本息的偿付开始时是低的，然后逐步增加。在贷款的初期几年，摊提款甚至可能是负的。这种手段特别适用于为项目筹资，因为项目的收益和债务清偿能力随着项目的建成而上升。通过使债务还本付息部分与一个项目预计的外汇收益配合起来，债务管理人员就可能避免将外汇储备用于偿还债务。

**31. 分享股权贷款**　贷款者愿意接受低于市场的利率，而以分享项目股权作为回报。对借款者来说，项目牵涉到的风险与贷款者分享了。但是，由于项目的收益取决于产品定价，贷款协定中不得不包括一些定价公司，这就使贷款人得以对项目管理施加一些影响（虽然这也会提高他们的管理费用）。贷款人可能还要规定一些补偿程序或保险，以防止政治风险。

**32. 国际金融体系**　国际金融体系这个术语通常包括：为保证全世界盈余的资金流入有赤字的国家或实体需要的机构方面的安排，管理国际汇率制度的规则，以及创造和分配流动资金的机制。国际金融体系在全球范围内的运转同国家金融体系在国内的运转是一样的。它提供了一套支付机制和借用及处理盈余的资金的设施。它制造各种不同的金融资产和债务，目的在于满足贷款者、投资者和借款者对有价证券的偏好。由于它不受国家政策（例如控制资本流动）的妨碍，因此有助于将资金分配到世界各地作最有效的使用。它也为国与国之间的资本流动提供方便，这对各国政府在受到冲击后进行调整时可作的选择有很大的影响。国际金融体系在履行它的各种职能时的效率，可以影响世界经济的储蓄量和投资的规模。所以，这个体系的作用对发展中国家的经济活动有重要的影响。

# 二　重要文件资料

## 财政部关于《世界银行贷款项目管理暂行规定》

〔1997〕财世字第 43 号

### 一　总则

**第一条**　为进一步理顺世界银行贷款（下称"世行贷款"）项目管理中各部门之间的关系，建立"借用还"与"责权利"相统一的管理体制，切实加强世行贷款项目的管理，规范项目管理行为，提高管理工作效率，特制定本规定。

**第二条**　本规定适用于所有世行贷款项目。

**第三条**　本规定所指的世行贷款包括国际复兴开发银行贷款和国际开发协会信贷以及与世行贷款相关的联合融资贷款。

本规定所指的世行贷款项目系指利用和准备利用世行贷款实施的项目。

**第四条**　世行贷款项目管理工作的总原则是"统一领导，归口管理，分工合作，各司其职"。

财政部是国务院批准的世行贷款的对外窗口和对内归口管理部门，统一负责全国世行贷款业务的协调与管理工作；地方财政部门是地方利用世行贷款业务的归口管理部门和地方人民政府的债权债务代表，全面负责当地利用世行贷款业务的协调与管理工作。

**第五条**　世行贷款是我国政府的主权外债，贷款资金的借入

与使用以国家和地方各级财政信誉为基础，贷款项目的管理应以贷款资金的债权债务关系为主线，做到债务责任清晰明确，权、责、利相结合，借、用、还相统一。

世行贷款项目管理主要包括项目计划管理、项目前期准备管理、资金及财务管理、工程管理、招标采购管理、技术援助和培训管理、债务管理、项目完成与运营管理等。

第六条 除单独说明者外，本规定中所指的"项目单位"包括中央项目执行部门（或中央项目办）、地方项目执行机构（地方项目办或项目行业主管单位）、财政部直接转贷的中间金融机构以及其他独立执行项目的企业或单位；

"地方"系指省、自治区、直辖市和计划单列市；"地方政府"、"地方财政部门"和"地方项目单位"（或"地方项目办"）均指省、自治区、直辖市及计划单列市一级人民政府、财政厅（局）和项目单位（或项目办）。

## 二 项目的提出与审定

第七条 地方或中央行业主管部门，应当根据其地区或部门经济发展的战略和优先重点，向国家计委与财政部提出本地区或本部门利用世行贷款的计划与申请，并随同贷款申请提交项目初始文件，包括简明项目建议书。

第八条 国家计委和财政部以各地方和各部门报送的贷款申请和项目初始文件为原始依据，按照国家利用外资的总的方针政策，制订出全国利用世行贷款的三年滚动计划，经与世行磋商后报国务院批准。

第九条 地方或部门在接到国家计委与财政部关于其项目已列入贷款计划的通知后，方可正式开始进行与利用贷款有关的后续准备工作，并按照国内基本建设或技术改造程序的要求，准备详细的项目建议书，报国家计委（或国家经贸委）审批，抄送财政部，以便该项目正式立项。

**第十条**　地方项目的贷款申请与项目初始文件以及详细的项目建议书，必须经地方计划与财政部门联合提出并上报国家计委与财政部；中央主管部门提出的贷款申请和项目初始文件以及详细的项目建议书，必须根据项目实际需要事先征求所涉及地方计划与财政部门的意见。

### 三　项目的组织机构

**第十一条**　地方人民政府应成立由政府主管财政工作的领导任组长的综合性世行贷款工作领导小组（下称"贷款领导小组"）。

地方财政厅（局）中负责世行贷款业务工作的职能部门应作为世行贷款领导小组办公室（下称"贷款办"，一个机构，两块牌子），负责当地所有世行贷款项目的管理、指导、协调及监督，同时负责项目的有关财务管理工作。

**第十二条**　对于每个贷款项目，可根据项目性质和需要单独设立一个项目执行办公室（下称"项目办"），负责具体组织、协调该项目的准备以及以后的项目具体执行工作。项目办一般应设立在地方项目行业主管部门。综合性项目的项目办应设在综合性管理部门。项目办在业务上接受贷款办的监督和指导。

**第十三条**　对于中央行业部门项目或需要中央行业部门组织或协调实施的多省联合项目，中央行业部门应根据项目的实际需要，在本部门内建立或确定一个项目执行办公室或类似执行机构，统一负责本单位内部的协调管理以及必需的项目的组织、实施及技术协调与指导工作。

中央项目办在组织或协调实施多省联合项目时，要加强与地方贷款办以及地方项目办的工作协调与沟通；涉及项目准备与执行的重要事项，中央项目办必须事先征求地方的意见，未经地方贷款办同意，中央项目办不应对外承诺或着手实施。

## 四 项目的前期准备

**第十四条** 世行项目的前期准备必须符合国内有关程序，在项目前期准备阶段必须完成国内有关各项审批工作，包括项目可行性研究报告、项目利用外资方案、项目环境评价报告及移民安置计划等重要审批环节；项目单位应在世行的帮助下，制订出与项目实施有关的各项行动计划。

财政部门必须参与项目前期准备各个阶段的工作，对于项目设计和实施方案中的非技术性问题，尤其是经济、财务、计划等方面的问题，应负责把关并提出意见。

**第十五条** 地方项目的项目前期准备工作，应在地方贷款领导小组的统一领导和安排以及贷款办的监督与协调下，由项目办或其他具体执行机构协调各有关项目部门（单位）具体组织实施；多省联合项目或其他涉及由地方承担债务或提供配套资金的项目，其前期准备工作可根据需要由中央行业部门项目办协调各有关地方的贷款办及地方项目办（项目单位）组织开展；

纯中央项目的前期准备工作由中央行业部门的项目办协调其本部门有关司局和项目单位组织进行。

**第十六条** 项目单位应自行筹措资金用于前期准备费用的开支。对于较大型的或复杂的工程项目，或者需要进行前期调研的地方项目，可以按有关规定和要求向财政部申请使用技术合作信贷资金或者通过世行申请双边赠款资金支付项目前期准备费用。

**第十七条** 项目单位须在项目前期准备阶段充分落实项目所需的配套资金，提出具体的资金来源和安排计划，并应提供有效的资金承诺文件。

地方财政部门对当地世行贷款项目配套资金的落实负有监督检查责任。

**第十八条** 在项目前期准备阶段，地方或中央项目管理部门和项目单位应确定其要使用的世行贷款的种类（单一货币贷款或货币总库制贷款）及相应的贷款条件（单一货币贷款的利率形式与货币种类），并通过财政部向世行提出。

**第十九条** 在项目前期准备阶段，财政部应与地方政府或中央项目部门（或单位）基本确定贷款的转贷方式和转贷条件。

地方政府或中央项目部门应相应确定其再转贷方式和条件。再转贷方式和条件应报经财政部审核。

项目单位在准备项目时，其经济与财务的预测应按照财政部同意的转贷和再转贷条件进行。

### 五　协定的谈判、签署与生效

**第二十条** 财政部负责具体组织、安排和协调与世界银行的贷款（信贷）协定及项目协定的谈判、签署与生效工作。

协定谈判、签署及生效所需的有关文件，由财政部汇总准备并提交给世行。

有关的地方财政部门、项目单位以及主管部门应按要求参与和进行谈判的各项准备工作，并按要求准备和提供完成协定谈判、签署和生效所需的有关文件。

### 六　贷款使用和项目执行

**第二十一条** 中国政府与世行正式签署贷款或信贷协定（包括相应的项目协定）后，财政部需与地方政府或中央项目单位根据协定谈判前双方所同意的转贷条件签订转贷协议。

地方财政部门应全权负责地方项目的转贷工作，办理转贷协议的签署。

**第二十二条** 贷款不适宜直接转贷给地方政府的项目，财政部在贷款协定签署后需与项目单位签署转贷协议。

项目所在地区的地方财政部门，需为该项目提供贷款偿还担

保（由财政部直接转贷的中央部门项目和中间金融机构项目不在此列），并向财政部出具担保函。

项目单位应向当地财政部门提供反担保。

**第二十三条**　多省联合项目及其他还款责任主要在地方的项目，转贷协议的签署按第二十一条执行。

**第二十四条**　各项目单位在项目实施阶段，必须在执行本行业财务制度和会计核算制度的同时，按照财政部《世界银行贷款项目财务报告暂行制度》（财世字〔1997〕6号），就利用世行贷款的项目，进行独立的财务管理和会计核算。

已完成项目实施、办理整个项目竣工决算手续的项目单位执行所属行业的财务会计制度。

**第二十五条**　地方财政部门（贷款办）应负责本地区利用世行贷款项目的财务管理与监督工作，具体包括：

（一）根据财政部的授权负责贷款专用账户的管理以及贷款的支付与提款报账（经财政部同意和授权，地方财政部门也可委托项目单位或省辖市一级财政部门负责专用账户的管理和提款报账工作，但应对其进行监督与检查）；

（二）负责贷款的还本付息付费；

（三）监督项目配套资金的落实与使用；

（四）对项目单位的财务工作进行指导与监督；

（五）其他与项目实施有关的财务监督和管理工作。

**第二十六条**　项目单位应按财政部和世行的各项有关规定制订世行贷款项目的采购清单和采购计划，选择采购招标代理机构，准备、组织和实施项目的土建工程、货物和设备以及咨询服务的招标采购活动。

地方财政部门应参与地方项目及多省联合项目的招标采购活动，并对相关的采购活动进行监督与检查。

**第二十七条**　项目单位应加强贷款项目中技术援助与培训部

分的执行与管理工作，包括人员培训、出国考察以及聘请咨询的管理。应对培训与技术援助活动实行严格的监督机制，切实加强培训与技术援助活动的有效性。

地方财政部门应加强对本地区项目下出国培训考察以及相关技术援助活动的管理与监督工作。

**第二十八条** 项目单位对项目执行进度负有直接的责任。项目单位必须按要求及时向世行和财政部提供项目进度报告、审计报告以及其他有关财务报告（地方项目及打捆项目需同时提供给地方财政部门）。

地方财政部门应负责对地方项目执行的整体进度情况进行监督与检查，并应随时了解、跟踪和反映项目执行过程中所存在的各种问题以及项目单位的有关要求。

**第二十九条** 各级世行贷款项目管理机构（项目办）的正常经费应由同级财政预算或其他来源予以安排解决，财政预算安排不足的，可提取项目管理费。

项目管理费应按国家有关规定纳入财政预算外资金进行管理。不论何种经费来源，项目管理机构的经费开支都应由同级财政部门统一管理。

项目管理费的提取标准和开支范围由财政部另行规定。

## 七 项目的完成和运营

**第三十条** 贷款项目完工后，项目单位应及时办理竣工决算并及时对项目的实施过程进行全面的评价和总结，编写项目竣工报告。

项目单位还应结合自身对项目的总结，积极配合世行在项目完工阶段对项目所作的完工总结工作，协助世行项目官员准备其项目执行完成报告，并及时按财政部的规定与要求对世行的完成报告提出合理意见和建议。

地方财政部门应密切参与地方项目的评价与总结。

**第三十一条** 项目建设完成后，项目单位应制订出项目未来的运营计划，并根据该运营计划，监测项目的实际运行情况。

地方财政部门应参与当地项目运营计划的制订工作。

项目运营计划应送财政部。

**第三十二条** 财政部门应对运营计划的实施情况进行监督检查，并应随时对项目的效益情况进行了解、跟踪和预测分析。

**第三十三条** 利用世行贷款建成的项目，在有利于项目效益的发挥和投资回收的情况下，原则上可以进行经营权转让或所有权结构的调整，包括与外商合资、合作、股票海外上市等，但经营权转让或所有权结构的调整必须符合国家的有关法规、政策并得到国家有关审批部门的批准。

对于在建项目或世行贷款债务尚未偿还完毕的已完工项目，在进行上述经营权转让或所有权调整前，必须征得财政部和世行的同意，并与财政部就有关剩余债务的偿还安排达成协议。

## 八 贷款的偿还和债务管理

**第三十四条** 地方财政部门和项目单位或中央项目执行部门和项目单位，应严格遵守与财政部签署的转贷协议，就本地方或本部门（单位）的贷款项目提前做好贷款还本付息付费的资金需求预测和准备，保证到期按时足额的偿还贷款本金、利息和承诺费。

**第三十五条** 各地方政府和中央项目执行部门（或项目单位）应按财政部的有关规定与要求设立世行贷款还贷准备金，确保世行贷款按时足额的偿还。

地方政府的还贷准备金由地方财政部门设立并进行专户管理。

**第三十六条** 财政部应根据各部门、各地区的具体情况，审查各地区、各部门和项目单位的债信，实行债信等级评审和监督制度，并参照国际通用的标准，设立相应的债务控制警戒线，以防止债务偿还出现困难。

**第三十七条** 各地方和各部门应树立风险意识，重视世行贷款的风险管理。

各级债务人为降低风险需使用金融衍生工具的，必须报财政部及有关部门批准并应遵守国家的有关规定，同时要建立相应的内部监督和控制系统，禁止以风险管理为名进行投机。

## 九 附 则

**第三十八条** 财政部可根据本规定制定实施细则。各地方政府或财政部门和各有关项目部门可根据本规定及实施细则，制定具体的执行措施和办法。

**第三十九条** 现行与世行贷款管理有关的各项规定和办法在本规定及其实施细则发布后仍继续有效，但其中若与本规定及其实施细则有冲突之处，应以本规定为准。

**第四十条** 本规定自发布之日起生效。

**第四十一条** 本规定由财政部负责解释。

# 财政部关于《世界银行贷款项目国内竞争性招标采购指南》

（财政部 1990 年 8 月 17 日颁布）

## 前 言

1.1 本指南旨在确定使用世界银行贷款[①]的项目通过国内

---

① "世界银行贷款"包括国际复兴开发银行贷款和国际开发协会信贷，本指南提及的"世界银行"，指国际复兴开发银行和国际开发协会。

竞争性招标采购货物、工程和服务的原则和程序。执行世界银行贷款项目的各有关机构，均须遵循本文所规定的程序。

1.2　世界银行和中国政府及其机构之间的法律关系由贷款（信贷）协定和项目协定确定。本指南适用于在上述协定的范围内通过国内竞争性招标方式进行的货物、工程和服务的采购。

## 目　的

2.1　本指南的原则是充分竞争，程序公开，机会均等，公平一律地对待所有投标人，并根据事先公布的标准将合同授予最低评标价的投标人。

2.2　中国各有关机构，包括项目执行单位和受项目执行单位委托具体办理采购的机构与提供货物、工程及服务的供应人之间的各项权利、义务，由招标文件和上述机构、单位与供应人签订的合同确定。

2.3　国内竞争性招标采购的招标文件应充分反映本指南的规定。对指南的任何实质性的变动应事先经财政部批准，并得到世界银行的认可。

2.4　项目执行单位应使通过国内竞争性招标采购的货物、工程和服务：（1）在质量上令人满意，能与项目其他部分配套；（2）能按时交货或完工；（3）价格具有竞争性。

## 合　格　条　件

3.1　凡具有法人资格，有生产或供应能力和适当经验的国内厂家、供应人或承包人，均有资格参加投标。

3.2　在中国注册的外国独资公司或个人和中外合资、合作企业可以参加投标。

3.3　世界银行成员国及瑞士的供应人和承包人可按本指南

的规定参加投标。但其提供的货物、工程和服务均必须来源于上述国家。

3.4 项目执行单位可以自行招标或委托一家采购机构进行招标。项目执行单位与采购机构之间的合同应清楚地规定各自的责任和义务，包括协调程序，与采购有关的各种活动的时间安排及其他合同条款，被委托的机构应有足够的资格、能力和经验。

## 国内和地区优惠

4.1 给国内和地区投标人的评标优惠在国内竞争性招标中不适用。

## 通告和广告

5.1 在竞争性招标中及时通告投标的机会至关重要。为了使国内和有兴趣的国外投标人及时得到信息，项目执行单位或受托的采购机构对于某一具体合同的投标机会应及时刊登广告。邀请参加资格预审或是参加投标的广告应至少刊登在一家全国发行的报纸上。估价不超过人民币 500 万元的中、小型土建工程，广告也可以刊登在地方性报纸上。通告和广告的语言用中文。通告和广告内容包括项目简况、资金来源、招标文件的数量和名称、准备采购的货物、工程或服务的说明、获得资格预审文件或招标文件的地点及日期、送交资格预审或投标的截止日期、时间和地点、投标有效期、采购机构的名称和地址。

## 投标人的资格预审

6.1 对于大型复杂的工程、专门设备和服务，应对投标人进行资格预审，以确保投标邀请只发送给那些具有足够能力和经验履行合同的投标人。对投标人的资格预审，应该完全以其能否按要求履行该合同为基础，考虑的因素包括：（1）是否有政府

部门颁发的生产许可证（适用于国内投标人）；（2）经验和过去履行类似合同的情况；（3）人员、设备、工厂和生产方面的能力；（4）建议的施工方法；（5）现在承担的任务；（6）财务状况。资格预审的邀请应按上述5.1段的规定刊登广告。对于那些以书面形式表示有兴趣申请资格预审的所有公司，均应发出通知，明确说明合同范围和资格合格的条件。一俟资格预审完毕，并且其结果经有关省、自治区、直辖市人民政府或国务院主管部委批准、世界银行认可（如果要求的话），招标文件将发送给合格的投标人。

6.2　资格预审文件由项目执行单位负责编制。也可以请中方或外方机构（公司）或咨询人帮助编制文件。参与编制及评审资格预审的机构（公司）或咨询人不得参加投标。文件应清楚地说明对投标人经验、能力、规模、财务状况及任何其他方面的最低要求。评审的标准及方法应在文件中说明。项目执行单位应在发送资格预审文件之前得到世界银行的同意（如果要求的话）。

## 招 标 文 件

7.1　招标文件应提供所有必需的资料，以使投标人能编制提供货物、工程及服务的投标。招标文件的细节及复杂程度将根据拟招标的分标和合同的大小及特点而定，一般应包括：（1）投标人须知；（2）投标使用的各种格式如各种保证金的格式；（3）合同格式；（4）通用和专用合同条款；（5）技术规格（规范）；（6）货物清单或工程量清单；（7）图纸；（8）附件。资格预审文件和招标文件的收费只能根据文件编制和出版的实际成本而定。此费用以人民币支付，允许外国投标人支付外币。

7.2　招标文件可以由项目执行单位自行编制，也可与一家选定的采购机构合作、或由本国或外国咨询公司协助或指定设计院来编制。参与招标文件编制的机构不得参加投标。招标文件在省、自治区、直辖市人民政府或国务院主管部委批准及世界银行同意前（如果需要的话），不能公开发行。

### 招标文件的澄清

7.3　招标文件的条文应有利于鼓励竞争，并且清楚准确地说明工程的范围和地点，提供的货物及其技术规格，交货或安装的地点，交货或完工的时间表，维修保修的要求，技术服务和培训的要求（如果需要的话）及付款、运输、保险、仲裁的条件和条款，如有必要，招标文件中还应规定所采用的考核验收的方法与标准。

7.4　招标文件应明确规定在评标时要考虑的除价格以外的其他能够量化的因素，以及评价这些因素的方法。

7.5　对原招标文件的任何补充、澄清、勘误或内容改变，都必须在投标截止期前送给所有招标文件购买者，并留给足够的时间，使其能采取适当的行动。

### 技术规格（规范）

7.6　技术规格（规范）应明确定义。不能用某一制造厂家的技术规格（规范）作为招标文件的技术规格（规范）。技术规格（规范）的规定必须能最大限度地引起竞争。技术规格（规范）应包括明确规定的特性、标准编号、运行参数。应避免使用产品的商标、目录号或类似的分类号。如果确需引用某一制造厂家的某一商标或目录号才能完整清楚地表示该产品的技术规格（规范）时，应在这一提名后加上"实质上等同的产品也可"这样的词句。如果兼容性的要求是有利的，技术规格（规范）应清楚地说明与已有的设施或设备兼容的要求。技术规格（规范）方面应允许接受在实质上特性相似，在性能与质量上至少与规定

要求相等的货物。

7.7　如果对设备、材料或工艺确定了特定的标准和规则，在招标文件的适当段落中应说明，哪些与其他标准相符的设备、材料或工艺也可以接受，只要这些标准与规则能保证产品质量和运用等同或优于招标文件中规定的标准与规则的要求。

## 土建工程合同中的投入

7.8　承包人应负责提供执行土建工程合同所需的全部投入。如果项目执行单位认为合适，它可以提供某些投入，如劳力和一些建筑材料。这些投入应在招标文件中写明，并把每项价格按统一格式逐项列在招标文件的附录中。但为了保持竞争性，在招标文件中应进一步声明，投标人不是必须按照附录中所列的价格使用由项目执行单位提供的投入，他们可以另行选择，或独立做出自己的安排。

## 投标有效期和投标保证金

7.9　投标有效期应使项目执行单位有足够的时间完成比较与评标工作，获得授予合同的内部批准及获得世界银行的认可（如果需要的话），在规定期限内完成授予合同的工作。

7.10　投标人应用人民币向项目执行单位或指定的采购机构提交投标保证金。保证金可以是现金、支票或银行保函、汇票，或由投标人开户银行出具的信用证。提交投标保证金的最后期限应是投标截止时间。项目执行单位应拒绝接受投标截止日期和时间以后提交保证金的投标。投标保证金的数额和形式在招标文件中具体确定，但金额不宜定得过高，以免影响投标人的投标积极性。投标保证金的有效期应持续到投标有效期或延长期结束后30天。不能得到合同授予的投标人一经决定，就应退还其已交的投标保证金。

## 货币的规定

7.11　招标文件中应明确写明投标人报价的货币和支付合同价款的货币。报价和支付的货币不应由于投标人是中外合资、合作企业，外国公司或个人的独资企业而有所不同。报价和支付的货物通常应为人民币，对于投标人要求支付外币的情况必须与中国的货币管理政策和规定相符，并得到世界银行的认可。

## 支　　付

7.12　支付条件应与将要采购的货物、工程和有关服务所适用的商务和金融惯例相一致。支付的详细方法和条件在招标文件中应明确规定。对于货物、工程和服务合同可根据项目的情况，在合同签订后支付适当的预付款。预付款的金额应以进点动员费和有关开支的估算数为依据。如果有其他预付款，其金额和预付时间，包括预付款银行保函，也应在招标文件中明确规定。

## 价 格 调 整

7.13　除非合同条款另有规定，招标文件应规定投标价格固定不变。但对于那些施工时间在 12～18 个月以上的土木工程合同应该规定价格调整条款。货物和设备合同通常不需要价格调整条款。在物价剧烈变动期或高通货膨胀阶段，含有货物受价格剧烈波动影响的合同可以有价格调整条款。

7.14　价格调整规定的说明和方法应简单明了。合同价可以采用事先规定的公式进行调整，也可以证据为依据调整，但是证据应由中央或省、自治区、直辖市政府有关机构出具。所采用的合同价格调整方法，计算公式和基础数据应在招标文件内明确规定。同一规定对于所有投标人都适用。

### 履约保证金

7.15 招标文件应要求提供履约保证金，其金额应足以补偿项目执行单位在供货人或承包人违约时所受的损失。履约保证金形式可以是银行保函、信用证或履约担保，由中外银行、中外保险公司、中外证券公司出具。履约保证金的金额应在招标文件内加以规定，其有效期应至少持续到预计的工程完工交接日期或交货或接受货物日期或保证期（缺陷责任期）后30天。

### 运输与保险

7.16 对供货的投标应以指定的地点或仓库交货为基础进行报价。投标价应包括成本、保险费和运费（所有运输费用）。允许投标人安排任何合格机构进行运输和保险。确定最低评价应以在指定地点或仓库交货的价格为基础，包括保险费和运费、关税、进口税等。

7.17 保险赔偿支付的货币应与合同所列货币相同，以保证损失或损坏的货物能够及时置换。

7.18 招标文件应明确投标人将提供的保险的险别和条件。对于土建工程，需要承包人提供一切险的保险单，包括但不限于第三方险、劳工险等（如果适用的话）。合同条款还应要求承包人开始进点实施合同之前向项目执行单位提供各种保险单副本。

### 违约损失赔偿

7.19 招标文件中应有适当金额的违约损失赔偿条款，用于补偿因工程完工和货物交付的拖延，或因工程及货物不符合运行要求，而对项目执行单位造成的额外支出或收入损失，或对项目执行单位其他利益的影响。违约损失赔偿的比率和总金额应在招标文件中明确规定。根据货物和工程的重要性以及货物交货和工程完工的关键性要求，每个合同规定的违约损失赔偿金额可以不同，但应保持在合理的限度内。

## 不 可 抗 力

7.20　招标文件中的合同条款应规定合同缔约双方的一方若因合同条款中规定的不可抗力事件，而未能履行其合同义务时，不应视为违约行为。招标文件中应明确规定属于不可抗力的事件。如果出现不可抗力事件，合同完成时间应按不可抗力作用的时间作相应的延长。

## 争端的解决

7.21　合同条款中应规定在解释合同条款时使用中华人民共和国的法律。争端可以在中国法院或按照中国仲裁程序解决。但是，在争端付诸于法律解决之前，合同各方应将争端提交到有关省、自治区、直辖市人民政府或国务院主管部委解决，如果在660天之内尚不能解决，合同各方可以提请仲裁或向法院起诉。

## 语　　言

7.22　招标文件应使用中文。招标文件（商务部分）的标准文本英译本经世行审查和认可后，将由财政部颁发，国内各有关机构应依照执行。对标准文本做任何实质性的修改都应事先由财政部审查和批准，并得到世界银行的认可。

## 投标书的修改和撤回

7.23　招标文件应规定招标人在投标之后，可以更改或者撤回其投标，条件是项目执行单位或招标机构应在规定的截止日之前接到投标人要求更改或撤回的书面通知。投标人更改或撤回投

标的通知应按投标规定书写、标记和发送。撤回投标的通知也可用电传、传真、电报发送，但随后须寄出签字的确认件，邮戳日期不得晚于投标截止日期。投标截止日之后不允许改变投标。

7.24　投标人不能在投标截止日期与投标有效期终止期之间撤回投标。如果投标人在此期间撤回投标，项目执行单位或指定的采购机构将没收投标人的保证金。

## 开　　标

8.1　从招标到递交投标书应给予足够的时间。从招标日算起给予的时间一般应不少于 30 天，对于大型工程或复杂设备的招标可给予更长的时间。在招标通告中应规定投标的截止日期、时间和地点。

### 开 标 程 序

8.2　开标时间为递交投标的截止时间或紧接于截止时间之后。开标应按招标通告中规定的时间、地点公开进行，允许所有的投标人或其代表参加。投标人名称，每一投标的总报价和是否提供投标保证金，应在启封后高声朗读，予以记录。这些记录将由有关的机构保存。在截止日期之后收到的投标将不予考虑，并原封不动地退回投标人。

### 投标的澄清

8.3　出于评标需要，项目执行单位可以要求任何投标人澄清其投标书，但在开标后，不得要求或允许任何投标人对其投标书的实质内容或价格进行修改。

### 程序的保密

8.4　公开开标后到宣布授予合同之前，有关审标、澄清、评标及合同授予建议等情况，均不得向投标人或其他与该程序无正式关系的人员泄露。

## 审　　标

8.5　项目执行单位应根据所采购的设备或工程的特点建立评标小组。小组成员应包括技术、经济、财务及法律等部门的专家。评标小组的人员名单及其职务应记录在案。

8.6　项目执行单位应审查投标书并确定其：（1）是否符合招标文件中所规定的合格条件的要求；（2）是否已经由为本合同供货、承包工程、服务的受权当事人正确签字；（3）是否在实质上响应了招标文件；（4）是否在计算上存在实质性的错误；（5）其他部分是否一般无差错。未能在实质上响应的投标，将不予进一步考虑。

## 评　　标

8.7　评标的目的是为了在评标价格基础上对各标进行比较，以确定合同的中标者。合同应授予最低评标价的投标，但不一定是报价最低的投标。

8.8　招标文件中应规定在评标时除价格因素以外尚需考虑的其他有关因素，以及应用这些因素来确定最低评标价的方法。需要考虑的因素包括运输条件、支付时间、完工或交货日期、经营费用、技术服务、设备的效率与兼容性、服务和备件的供应。除价格外，用以确定最低评标价的其他因素应根据可能折算成货币数量来表示，用来量化这些因素的方法应明确地写在招标文件中。

8.9　评标时不考虑适用于合同执行期间的价格调整条款。

8.10　在工程合同中承包人应负担所有关税、税金及政府征收的其他费用。投标人应在编制投标书时，将上述因素考虑在内。对投标的评价和比较应在此基础上进行。

## 资 格 后 审

8.11　如果对投标人未经资格预审，项目执行单位应确定被评为最低评标价的投标人是否有必要的生产许可证（适用于国内投标人），是否有足够的能力、规模、经验和资源有效地履行合同，采取的施工方法是否可靠。要求达到的标准应在招标文件中列明。如果最低评标价的投标人没有达到规定的标准，其投标将被拒绝。在这种情况下，项目执行机构应挑选下一个评标价最低的投标人。

8.12　项目执行单位应准备一份详细的评标报告，说明其建议授予合同的具体理由。在授予合同之前，该报告应报送有关项目主管单位审查批准，同时抄送财政部审核。但对于金额小于500万元的土建合同，评标报告不必抄送财政部。如果项目执行单位将评标报告挂号寄出后三星期或派人送到财政部二星期后，财政部没有提出意见，则视为财政部无异议。在完成内部审批程序后，评标报告将送世界银行认可（如果需要的话）。

8.13　项目执行单位不得要求投标人降低其投标报价，改变供货、工程和服务的范围，或在评标过程中，假借澄清的名义降低标价，也不允许项目执行单位或指定的采购机构同投标人谈判合同价格。如果由于某种正当理由出现原投标价与合同价明显不一致时，项目执行单位应在评标报告中详细说明。

## 合同的授予

9.1　项目执行机构应在投标有效期内，将合同授予被确定和批准的评标价最低的，并且其能力、经验和财力均合格的投标人。不应要求投标人承担招标文件中没有规定的工程或供货责任，或要求修改投标内容作为合同授予的条件。

### 投标有效期延长

10.1 如确有特殊原因，投标有效期需要延长，必须在投标有效期到期之前，书面要求所有的投标人延期。在要求延长投标有效期时，不得要求或允许投标人改变报价或其他投标条件。投标人有权拒绝延长投标有效期的要求，所交的投标保证金不应被没收，但对于同意延长投标有效期的投标人，则应相应延长其投标保证金的有效期。

### 重新招标和拒绝所有投标

11.1 由于缺乏有效的竞争或其他正当理由，项目执行机构可以重新招标，但应取得有关项目主管单位和世界银行的同意（如果需要的话），而且不应过分延期。不允许单纯为了获得更低的价格，以同样的规格条件废除已有的投标而另行招标。当所有的投标的主要项目均未达到招标文件要求时，允许拒绝所有投标，拒绝所有投标须经有关省、自治区、直辖市人民政府或国务院主管部委批准及世界银行认可。一旦拒绝所有投标，项目执行单位应研究废标的原因，考虑是否对技术规格（规范）或项目本身或二者进行修改，然后再重新招标。

## 财政部关于《世界银行贷款项目采购管理暂行规定》

（财世司字［1996］167 号）

为了更有效地利用世界银行（以下称世行）贷款（包括世行提供的赠款和通过世行获得的多边和双边赠款，以及与世行贷款混合使用的联合融资贷款）采购设备、一般商品和土建工程，保证依据国家和世行有关规定公正合理招标评标，保证采购工作

的经济性、效率性和透明度，防止采购过程中浪费、欺诈和腐败现象的发生，特制定本规定：

**第一条**　采购管理办法

各地方、各部门在实施世行贷款项目采购和合同管理的过程中，均须按本规定办理。需制定地方或部门的办法或规定，须经财政部审核批准后方可颁布执行。

**第二条**　采购计划

项目的总采购清单须经国家计委批准，地方项目和中央部委打捆项目的年度采购计划/清单和每批采购的计划/清单须送经地方省级财政部门审核并做出书面确认后方可执行。财政部门应在收到该计划/清单后十个工作日内提出意见或进行确认（如在规定期限内没有反应视为同意）。

**第三条**　招标代理的选定

项目单位须根据财政部、中国人民银行、国家计委颁发的《世界银行和亚洲开发银行贷款项目国际招标代理机构委托指南》中规定的程序和方法选定招标代理机构（以下称招标代理）。项目业主单位应按规定向所有有资格承担国际招标业务的公司发出委托邀请书，委托邀请书须按财政部编制的"咨询邀请函样本"（以下称邀请函）编制。

各招标代理应按"邀请函"的要求提出详细的招标和采购咨询服务方案，并按采购合同总金额的一定百分比，或按人月费率和拟投入人月为基础提出收费报价。方案中应包括关键工作人员的简历，中选并签订委托协议后未经项目业主单位同意不得更换。在世行编制出"采购代理标准合同格式"后，招标代理和项目单位应使用该格式签订招标代理委托协议书。

中央项目（包括铁路、邮电、电力、银行和技援项目等）、中央部委打捆项目和中间金融机构项目的招标代理评审报告由项目单位报送财政部审核并备案，地方项目的招标代理评审报告须送请相应地方省级财政部门出具书面意见，然后由项目业主单位将评审报告和书面意见报送财政部审核并备案。项目单位和招标代理机构在得到财政部门的书面同意后，方可签订"委托协议书"。协议双方的权利和义务应在"委托协议书"中明确规定。招标代理和项目单位在招标和合同执行期间的人工安排应作为招标文件的附件告知投标人。

国内竞争性招标的招标代理机构（如使用的话），应按同样程序和办法选定。

**第四条　国际竞争性招标**

（一）招标文件的编制

1. 国际和国内竞争性招标使用的招标文件商务部分，必须采用财政部最新修订并统一印制的《世界银行贷款项目招标采购文件范本》（以下称范本），任何招标代理或项目单位不得修改、翻印或打印范本标准条款，或使用盗版印制的范本。招标代理和项目单位只可根据项目的具体情况编制"投标人须知"的前附表（招标资料表）、合同（特殊）条款的资料表/投标附录，以及允许编制的土建工程合同专用条款，并将这些自行编制的部分，连同经国内有关主管部门审定的技术规格和相关附表送世行审批（抄送财政部），范本标准条款可不送世行审查。根据招标货物和土建工程的不同要求，特别认定的如不满足要按废标处理的商务条款和条件，应在自行编制的"投标人须知"前附表（招标资料表）中注明。

2. 招标文件中的技术规格、工程量清单和图纸等部分及对制造商/承包人的业绩/资格要求，由项目单位编制。设备技术规格书中应列明主要技术参数并加注"＊"号，并在相应条款中注明"如不满足将导致废标"。如采购成套设备，应列出设备清单并用"＊"号标出主要设备。

3. 招标文件的投标人须知前附表（招标资料表）中应注明

评标时使用投标书副本，投标人必须确保投标书的正本与副本完全一致，投标人承担由于正副本不一致而导致废标的风险。

4. 土建工程国际竞争性招标，为防止投标人以不实际的低价夺标，保证项目按期按质完工，在招标文件中应规定在评标时对国内投标人或国内分包商的报价按国内行业主管部门制定的定额标准，并根据所投施工方案进行审核澄清。如投标报价低于概算百分之二十（20％）以上，而投标的施工方案又无明显先进之处，无法证明其能够大大降低成本，可考虑废标。

（二）招标文件的审核

1. 采购机电设备的项目单位，应将拟采购设备的招标文件送国家机电产品进出口办公室（以下称国家机电进出口办）进行审核。送审时应附上相应地区或部门机电产品进口办公室转报招标文件的送审函、国家计委对项目可行性研究报告或利用外资方案批复的副本及采购清单。国家机电进出口办将分别会同机械部和电子部等制造业主管部门对招标文件进行审核。对于"配额产品"和"特定产品"，国家机电进出口办在收到合格的招标文件后二十个工作日内（法定节假日顺延）将审核意见书面通知项目单位。对于"自动登记"类机电产品，国家机电进出口办将在十个工作日内将审核意见通知项目单位。项目单位在得到国家机电，进出口办的同意后，即可将审核后的招标文件通过其招标代理报世行，如世行有不同意见，由项目单位与国家机电进出口办会同有关审核单位协商研究回复意见，由项目单位通过招标代理对外提出。世行批准招标文件后，即可刊登招标公告，对经审定的招标文件，项目单位和招标代理不得擅自改动。

2. 项目单位在编制招标文件技术规格部分的同时，应制定构成技术废标的主要参数和允许的偏差范围，以及偏差折价计算方法。若用打分法评标，应制定评分标准。机电设备标的这类参数、方法和标准，应随招标文件一同送审，并报财政部备案；土建工程和一般商品标的这类参数、方法和标准，应送同级财政部门备案。

3. 成套设备和供货安装合同的招标采购，如需对投标人进行资格预审，资格预审文件应按照招标文件送审程序上报。预审结果应报国家评标委员会（以下称国家评委会）成员单位审核。地方项目和中央部委打捆项目中的土建工程和一般商品标，如需对投标人进行资格预审，预审结果应报地方省级财政部门备案。

（三）公告和通告

对于所有估算合同金额为一千万或超过一千万美元的合同，其招标通告或资格预审通告须根据世行《采购指南》的规定，刊登在联合国《发展商业报》和/或国际广泛发行的著名技术杂志、报纸和贸易出版物上。

（四）开标

1. 开标应按范本中的《标准评标报告格式》（以下称《评标报告格式》）附件一"评标指南"中的规定执行。按照招标公告发布的时间、地点开标。投标人的投标方案、备选方案、降价声明或价格折扣都应在开标时一并唱出，否则在评标时不予承认。

2. 开标后应立即将投标书正本与副本核对、校正，然后将正本与唱标录音封存于国家评委会指定的招标代理处。评标时使用副本。负责封存正本投标书的单位应保证该正本的原始性。启封调阅正本投标书时，应有招标代理、项目单位和国家评委会成员单位的代表在场。

3. 招标代理和项目单位应于开标后三个工作日内，将开标记录及折算美元价一览表（加盖单位公章），送世行和国家评委会成员单位备案。

（五）评标

评标须按《评标报告格式》中规定的原则和办法进行。地方财政部门和相应地区和部门机电产品进口办公室应参与地方和中央部委打捆项目的评标工作。根据我国实际情况，对机电设备的评标作如下具体规定：

1. 商务评标要求。

有以下情况之一的投标书，商务评审时按废标处理：

（1）投标人、投标货物不符合《评标报告格式》附件一"评标指南"5（b）段中关于合格性的规定；

（2）投标人未递交或迟交投标保证金或金额不足，保函有效期不足，出证银行不符合招标文件要求的；

（3）代理商投标，投标书中无货源证明，或无招标文件中注明的主要设备的制造厂有效委托书的；

（4）投标书无法人代表签字，或签字人无法人代表有效授权书的；

（5）投标有效期不足的；

（6）投标书不能满足招标文件中注明的"如不满足按废标处理"的商务条款和条件的。

2. 技术评标要求

（1）投标书不满足招标文件技术规格部分主要参数和偏差范围（即加注＊号）的，应废标。

（2）填写技术比较表，应按招标文件要求与投标书中的参数如实填写，不得以符号等代表。对需要并可以接受澄清的技术问题，经澄清后满足要求按有效标接受，但在比较表中应注明。

3. 价格评标要求

（1）按招标文件中的评标因素进行评标，对需要加减价的部分应依据招标文件和投标书的情况加以说明；

（2）投标人必须根据招标文件要求和设备技术状况列出质量保证期内必备件的清单和价格，并将该备件价计入投标总价。若所提供的设备不需必备件，应在投标书中说明，否则，评标时将其他有效标中必备件的最高价计入该标评标总价。

在评标的全过程中，若需要进行澄清，应通过书面方式进行，不得以任何理由以口头方式澄清，否则可导致废标。

4. 业绩认定。

业绩不满足招标文件要求应废标，但以下情况应视为投标业绩合格。

（1）境内的外商独资企业、合资企业、中外合作企业已生产符合招标文件技术要求的同类同等级产品并已投入运行，且技术负责方已在投标书中承担技术总负责责任。其业绩满足招标文件要求。

（2）中外合作生产的产品，技术总负责方业绩满足招标文件要求。

5. 初评中若干问题的处理原则

（1）联营体投标，必须有联合投标的法律文件并明确各方责任。所有投标文件应以主要投标方名义出具。

（2）银行资信证明应提供原件，也可提供银行在开标日前三个月内开具资信证明的复印件。招标代理和项目单位根据实际情况，有权要求提供新的资信证明原件，若不能提供可废标。

（3）国内投标人应按在工商行政管理部门注册的经营范围参与投标，反之应废标。

（4）报价以设备产地为依据，国产设备报出厂价（EXW）。对国产设备给予评标价优惠的办法见《评标报告格式》附件一。

（5）对招标文件中规定采用公式法给予国内优惠的，在比较评标价时，应在国外部分的报价上加价百分之十五（15%）或加上实际应付的关税和其他进口税额，以低者为准。

（6）投标人在一份投标书中，对分包商、分包比例、分包设备及制造厂、价格等只能提供一种方案，并应有分包协议。若

不能满足将有可能导致废标。

（7）投标人复印招标文件的技术规格作为其投标书的一部分可导致废标。

（六）对评标结果的审查

1. 机电设备标的初评结束后，项目单位和招标代理应及时将加盖双方公章并有各位评委签名的评标报告报国家评委会各成员单位。评标报告应按《评标报告格式》编制。各成员单位应在收到符合要求的评标报告后七个工作日内提出审查意见（未提出视作无异议）。国家评委会成员单位如意见不统一，应在其后一周内召开会议。审查决定按"国家评标委员会工作章程"做出。项目单位和招标代理在收到国家评委会"审议初评结果的通知"后，方可由招标代理将评标报告报世行审批，世行如有异议，由项目单位和招标代理商国家评委会作相应的解释、澄清和补充。如要改变授标建议，应征得国家评委会的同意。世行批准后，招标代理即可发出中标通知书。需要进口的机电设备，签订供货合同前，应按"配额产品"、"特定产品"和"登记产品"分别报相应的机电产品进口办公室（凭国家评委会通知、中标证明和世行批准函）办理有关进口手续。

2. 采用两步法招标，每步评标结果都应报国家评委会成员单位审核。

3. 土建工程和一般商品标的评标报告，地方项目应送相应地方省级财政部门备案，中央和中央部委打捆项目应送财政部备案。

**第五条　其他采购程序**

（一）有限国际招标基本遵照国际竞争性招标的原则办理，招标文件送审时，应提供拟邀请投标人的名单，名单中应包括有资格的国内投标人。招标文件经国家机电进出口办审核同意后，可直接向邀请投标人发出投标邀请。

（二）国内竞争性招标按财政部颁布的《国内竞争性招标指

341

南》办理。

（三）国际询价采购和国际直采的机电设备，应在采购之前按进口管理规定将采购设备分成配额、特定、登记三类，报送相应机电产品进口办公室征得同意后，再开始采购。询价采购应向至少三个供货商询价。并应邀请国内有资格的供货商报价。询价和直采的结果应征得相应机电产品进口办公室（地方和中央部委打捆项目还应征得相应地方省级财政部门）同意后再报世行。世行批准后，即可办理进口和支付手续。

（四）国内询价和直采按世行和国内有关规定办理。

**第六条　采购合同的确认**

地方项目和中央部委打捆项目的采购合同，在正式签订前须送请有关地方省级财政部门审核并做出书面确认。财政部门应在七个工作日内做出确认或通知项目单位不同意确认的理由。审核确认的主要内容为：拟签订的合同条款和条件是否与招标文件中的合同条款和条件有重大偏离，是否增加了不必要的非生产性内容，合同价格是否超过原投标报价，原因是什么？等等。打捆项目如个别省不予确认或提出增减供货数量，而不予确认的或提出增减的数量又在原招标数量的正负百分之十五（15%）以内，则可考虑在合同中取消该不予确认的供货内容和数量或根据提议对数量进行增减调整，如多数项目省不予确认，则不得签订合同。合同签订后，项目单位应将合同副本送原确认单位备案，作为合同付款和落实债务的依据。合同执行期间对合同的任何修改，均应事先取得原确认单位的同意。对经审核确认的合同，财政部门应按合同规定按期付款。

**第七条　合同执行**

在合同执行期间，各项目单位和招标代理应严格执行合同，并及时组织办理货物的接运、验收和土建工程的监理和验收工作。对违反合同的事项应根据合同进行索赔和罚款，或提出仲

裁。由财政负责还款的项目，索赔和罚款收入应上缴财政部门，其他项目的该类收入应补充相应的偿债准备金。合同的执行情况应定期通报同级财政部门。对有欺诈和行贿行为或履约表现很差的投标人，财政部门应予以通报，并配合财政部执行相应的处罚措施。

**第八条　纪律**

1. 采购过程中应遵守国家有关法律、法规和本规定，以及世行的《采购指南》。

2. 在选定招标代理、招标、评标和合同谈判过程中，项目单位、招标代理和有关部门及其经办人员，不得以任何方式索取或收受投标人提供的回扣和好处费。

3. 评标期间，任何人不准向投标人泄漏评标情况。

4. 在评标期间，招标代理和项目单位的人员不得到投标人单位参观考察。

5. 经国家审定的设备招标文件，招标代理和项目单位不得擅自更改；设备国际招标未经国家评委会批准，不得擅自将评标报告报送世行；地方项目和中央部委打捆项目未经财政部门确认，不得同投标人签订供货或工程承包合同。

6. 招标代理必须根据财政部的批准件组织实施项目采购合同中的出国任务。

7. 投标人应严格按照招标文件投标，不得以各种不正当的手段（包括欺诈、行贿等）干扰招、评标工作。

8. 需进口的中标产品必须在合同签订之前办理进口手续。

9. 参与招标活动的有关人员及其所在单位不得参与本项目投标。

10. 项目采购的物资、设备只能用于本项目，不得擅自转让、变卖或串换。

**第九条**　处罚

采购工作各方违反国家有关法律、法规，严格违反本规定和世行《采购指南》造成"错误采购"，延误工程进度或导致全部废标，给国家造成经济损失和不良国际影响的，将视情况予以如下处罚：

1. 招标代理责任，将取消其在有关项目中的招标代理资格并禁止其在五个新项目中参加招标代理权的竞争。对于由于招标代理责任造成的错误采购，并给项目单位或中标人带来经济损失的，招标代理应予以赔偿。

2. 项目单位责任，财政部世行司将暂停办理项目的有关手续，并通知世行和管理项目专用账户的部门暂停支付。

3. 投标人责任，按废标处理，并视情节，财政部世行司将在一定时期内禁止其在我国世行项目中投标。

4. 国家机电进出口办将会同有关部门暂停办理项目采购设备的有关手续。

5. 财政部世行司和有关地方省级财政部门将以违纪单位和违纪情况的处理决定向有关上级主管部门，其他项目单位和中央有关部委通报。

**第十条**　解释：本规定涉及进口管理的部分由国家机电产品进出口办负责解释，其余部分由财政部世行司解释。

**第十一条**　生效：本规定自发布之日起生效。

## 财政部关于《世界银行技术援助项目（分项目）管理办法》

财际〔2003〕108 号（2003 年 12 月 25 日）

### 第一章　总则

**第一条**　为了进一步规范对世界银行技术援助项目（分项

目）的管理，提高项目实施质量和资金使用效益，保证项目目标的顺利实现。制定本办法。

**第二条**　本办法所称世界银行技术援助项目（分项目），是指利用世界银行赠款或者技术合作贷款进行的项目（分项目）。

## 第二章　世界银行赠款的管理

**第三条**　相关中央和地方单位应当根据财政部有关规定提出使用赠款的申请。经财政部审核批准后，该单位成为赠款项目（分项目）单位，负责具体实施赠款项目（分项目）。

**第四条**　申请使用赠款的中央和地方单位，应当向财政部提交使用赠款的申请书，并附送以下材料：

（一）项目（分项目）建议书；

（二）《使用赠款承诺函》。

上述材料应当符合财政部与世界银行的有关要求。

**第五条**　相关中央单位的申请，可以以本单位主管机构（司局级）的名义直接向财政部国际司提出；相关地方单位的申请，必须通过省级财政部门向财政部国际司提出。

**第六条**　赠款项目（分项目）单位为中央单位的，经财政部批准，其赠款资金可以由相关单位自行负责管理和使用，并按有关规定开设和管理项目专用账户。自身不具备资金和财务管理能力或情况特殊的，由财政部国际司或国际司委托的单位负责赠款资金的管理（包括专用账户的开设与管理）。

**第七条**　赠款项目（分项目）单位为地方单位的，经财政部批准，由项目所在地省级财政部门负责赠款资金的管理（包括按规定开设项目专用账户）；在项目涉及多个地方而账户不能分拆等特殊情况下，由财政部国际司或国际司委托的单位统一负责专用账户及赠款资金的管理。

**第八条**　各赠款项目（分项目）单位应当按照财政部的相

关规定，在第一次提款报账前及时足额地缴纳赠款资金有偿使用费。

第九条　各赠款项目（分项目）单位应当严格按照《赠款协议》、世界银行和财政部有关规定以及《使用赠款承诺函》的承诺实施赠款项目（分项目），并接受世界银行、相关财政部门和审计部门的采购监督和审计监督。

## 第三章　世界银行技术合作贷款的管理

第十条　需要使用世界银行技术合作贷款的中央和地方单位当根据财政都为每个技术合作项目制定的项目管理规定提出使用贷款的申请，经财政部审核批准后，该单位成为分项目单位，负责具体实施分项目。

第十一条　申请使用贷款的中央和地方单位提交的使用贷款的申请书应当附有符合《贷款协定》（《开发信贷协定》）中列明的项目总体目标要求的分项目建议书。分项目建议书应当按照项目管理规定要求的标准格式编制。

第十二条　拟使用中央统还资金的相关中央单位的申请书，必须以本单位的名义直接向财政部提出；其他相关中央单位的申请，可以以本单位主管机构（司局级）的名义向财政部国际司提出；相关地方单位的申请，必须通过省级财政部门向财政部国际司提出。

第十三条　分项目单位为中央单位且经批准使用中央统还资金的，直接与财政部签署分项目实施协议；分项目单位为中央单位但未能使用中央统还资金的，直接与财政部签署分项目转贷协议；分项目单位为地方单位的，通过省级财政部门与财政部签署分项目转贷协议。

第十四条　技术合作项目的专用账户管理及对世界银行的提款报账统一由财政部国际司或国际司委托的单位负责。相关项目

单位或财政部门应当到财政部办理有关项目的提款报账手续。

**第十五条**　各分项目单位应当在第一次从专用账户中提款报账前，按照财政都的相关规定，及时足额地缴纳贷款管理费。

**第十六条**　各分项目单位应当严格按照《贷款协定》、《项目管理规定》、《分项目实施协议》或《分项目转贷协议》以及世界银行和财政部的其他有关规定实施分项目，并接受世界银行、相关财政部门和审计部门的采购监督和审计监督。

### 第四章　附则

**第十七条**　对于违反本办法的行为，财政部将依据国家相关法律法规和财政部相关规章制度并结合世界银行的相关要求，进行严肃处理。

**第十八条**　本办法由财政部负责解释。

**第十九条**　本办法自 2004 年 1 月 1 日起实施。

## 财政部关于《世界银行贷款的教育、卫生项目财务管理暂行办法》

（财政部 1992 年 5 月 22 日颁布）

### 第一章　总则

**第一条**　为了加强世界银行（以下简称世行）贷款教育、卫生项目（以下简称世行项目）的财务管理，制定本办法。

**第二条**　本办法适用于由财政部负责办理世行贷款提款手续的所有世行项目。

**第三条**　世行项目财务管理的任务是：根据国家的方针和政策，各世行项目的《开发信贷协定》、《贷款协定》和《项目协定》以及批准的项目可行性研究报告和世行的评估报告，编制项目的财务计划；加强财务管理，合理有效地使用世行贷款和国内配套资金；降低成本费用，充分发挥投资效益；及时还本付息付费；实行财务监督，维护财经纪律；进行财务分析，参与决策，提高管理水平。

**第四条** 本办法所称财政部门是指与执行世行项目有关的财政厅、局。各财政部门应配备专人负责项目的财务管理工作。

财政部门负责编制本级的还本付息付费计划；参与审核项目的采购计划；审批项目中的出国考察、培训计划；办理向上级财政部门申请使用世行贷款手续。

**第五条** 本办法所称世行项目办公室（以下简称办公室）是指负责组织、指导、监督、检查项目执行的单位。办公室应根据财务管理的需要，设置财务管理机构，配备财会人员。

办公室负责处理项目会计事项；编制本级财务收支计划和决算；编制采购计划、出国考察和培训计划；向同级财政部门和上级办公室报告项目执行情况，如实提供财务资料；检查下级办公室的各项费用开支；向同级财政部门提出使用世行贷款申请。

各级财政部门、办公室领导应支持财会人员按照会计法规行使职权，并保证财会人员的相对稳定和合法权益。财会人员要忠于职守，坚持原则，照章办事，廉洁奉公，不谋私利。

**第六条** 世行项目资金、财产受国家法律保护。任何部门、单位和个人都不得摊派、抽调和私分。对影响项目执行的行为，财政部门和办公室有权抵制、拒绝和向有关领导部门反映。

**第七条** 项目执行期间，办公室应单独设置、妥善保管项目的会计档案。项目完成后，办公室应将其保管的会计档案移交给办公室的主管部门。会计档案的移交和管理应按财政部、国家档案局 1984 年 6 月 1 日发布的《会计档案管理办法》执行。

## 第二章 贷款管理

**第八条** 世行项目的债权债务由项目的转贷协议确定。

　　**第九条**　世行贷款应按《开发信贷协定》、《贷款协定》以及批准的可行性研究报告及世行评估报告的规定，支付项目中合格的外汇费用和一定比例的国内费用。其他与项目有关的费用均由国内配套资金支付。

　　**第十条**　世行项目中由世行从信贷或贷款账户支付给供货商或承包商的贷款自其支出日起计算利息或手续费；由财政部从专用账户支付给供货商或承包商的贷款自其支出日起计算利息或手续费。承诺费自《开发信贷协定》、《贷款协定》签字后 60 天起开始计算。

　　世行贷款本金按本办法的第十三、十四条的规定计算。

　　**第十一条**　世行贷款为优先偿还贷款。在每年两次的还本付息付费时，财政部将按世行通知的汇率和转贷协议的规定，向项目省、自治区、直辖市收取本金和利息或手续费及承诺费。项目省、自治区、直辖市应按财政部世界银行业务司提供的"还本付息付费通知书"（附表一略），及时将款项交财政部，以便财政部按时向世行还本付息付费。

<h3 style="text-align:center">第三章　贷款资金的提取及结算管理</h3>

　　**第十二条**　世行项目由财政部负责办理向世行的提款申请手续，管理专用账户。省、自治区、直辖市财政部门及国家教委、卫生部办公室向财政部申请提款和结算的程序如下：

　　1. 向财政部申请提款，均应填具"项目用款申请单"（附表二略），并附下列单据各两份。用款申请单应顺序编号，不得重写或漏号。

　　（1）申请货款的支付，应提交合同或订货单、发票、装船证明（如提货单、承运人的承运证明）、信用证（如果申请特别承诺）。

　　（2）申请土建费用的支付，应提交合同、经工程师签字的项目工程结算单。

（3）申请咨询专家费用的支付，应提交合同、专家发票。

2. 项目省、自治区、直辖市要求偿付周转金垫付的费用，除提供上述单据外，还应提交开户行的银行对账单、款已付出的证明。

3. 出国考察及培训费用的支付，应提交出国费用预算表、考察培训大纲及出国任务批件、政审批件。省、自治区、直辖市的出国考察培训费用回国后在各自省、自治区、直辖市报销，节余外汇退省、自治区、直辖市财政厅；国家教委、卫生部办公室的出国考察培训费用回国后在国家教委、卫生部办公室报销，节余外汇留国家教委、卫生部办公室。所有节余外汇均应继续用于该项目。

4. 用款申请单，应按币别或费用类别分别填具。如付款涉及一个以上的供应商或承包商或咨询专家，或一个以上的费用类别，或一个以上的收款人时，应填写一份或更多份的摘要表（附表三略），以列示有关的详细资料。摘要表应用英文填写。

5. 特殊的提款要求，财政部将视具体情况另行确定。

第十三条　财政部收到项目省、自治区、直辖市的用款申请单及附送的单据并进行审核认为合格后，将视情况采取相应的付款方式：（1）专用账户资金偿还省、自治区、直辖市；（2）直接付给供货商或承包商或咨询专家；（3）要求世行直接支付给供货商或承包商或咨询专家；（4）要求世行做出特别承诺。

在采用专用账户资金支付情况下，财政部将按支付的美元或人民币数额填具"项目付款通知单"（附表四略），转用款省、自治区、直辖市入账。财政部收到世行的付款通知单后，再填具另一份付款通知单，将特别提款权或美元金额通知用款省、自治区、直辖市，记入特别提款权或美元账，以反映汇率风险。

在采用世行直接支付及特别承诺支付方式下，财政部将按世

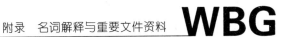

行通知的特别提款权数、美元数及折合人民币数，填具"项目付款通知单"，转用款省、自治区、直辖市，凭以入账。

**第十四条** 涉及一个以上省、自治区、直辖市和国家教委、卫生部办公室的物资采购和咨询专家服务，国家教委、卫生部办公室应负责填具"物资采购分割单"（附表五略），将货款和咨询服务费用进行分割，并随有关单据交财政部。财政部凭此填具"项目付款通知单"，转用款省、自治区、直辖市，凭以入账。

### 第四章 财务计划管理

**第十五条** 世行项目的年度财务计划、决算应与地方财政预算、决算同步编制。

**第十六条** 年度财务计划由办公室编制草案，连同文字说明报有关出资部门，同时抄报上级办公室。

年度财务计划应坚持不留缺口、量入为出、确保重点、兼顾一般的原则。

年度财务计划中的上年结余款项可视同当年收入，用于上年结转支出；尚有结余的可用于当年支出。

**第十七条** 年度财务计划由收入和支出组成。

收入包括：

1. 上年结转；

2. 世界银行贷款；

3. 国内配套资金；

4. 其他收入。

支出包括：

1. 工程建设；

2. 物资采购；

3. 国内外培训、考察；

4. 国内外咨询服务；

5. 管理费；

6. 其他支出。

**第十八条** 办公室应根据批准的财务计划组织项目建设。未经有关出资部门同意，办公室不得在年度财务计划之外增加支出。

**第十九条** 年度财务计划的调整，由办公室提出计划，报有关出资部门批准后执行，并抄报上级办公室。

**第二十条** 每年 6 月 30 日，办公室应编制财务计划执行半年报，连同文字说明于 7 月 31 日前报有关出资部门，并抄报上级办公室。

年度终了，办公室应按本办法的第十五条的规定编制完整的年度财务决算。

**第二十一条** 办公室在编制年度计划时，应同时编制办公室管理费使用计划，报同级财政部门批准后执行。

## 第五章 周转金管理

**第二十二条** 项目周转金是指根据项目需要由财政部在项目省、自治区、直辖市设立的省级人民币周转金。周转金仅支付项目中一定比例的合格国内费用。

**第二十三条** 项目周转金由省级财政部门开立专户储存，必须专款专用。

**第二十四条** 项目周转金的回收由项目转贷协议确定。

## 第六章 采购与物资管理

**第二十五条** 世行项目的采购应按照《开发信贷协定》、《贷款协定》和《项目协定》的规定进行。

**第二十六条** 国际竞争招标采购、国际有限招标采购、国际询价采购、统一办理的国内竞争招标采购以及咨询专家的聘请，

由国家教委、卫生部办公室组织办理；其他采购由省、自治区、直辖市办公室组织办理。

**第二十七条**　国家计委批复可行性研究报告和采购清单后，国家教委、卫生部办公室应将各项目省、自治区、直辖市各自的采购清单和年度采购计划通知各项目省、自治区、直辖市办公室，并抄送各项目省、自治区、直辖市财政厅、局、省、自治区、直辖市办公室应根据国家教委、卫生部办公室下达的采购清单和年度采购计划逐级下达本省、自治区、直辖市内的采购清单和年度采购计划，并同时抄送省、自治区、直辖市财政厅（局）和地区、县财政局。

采购清单和年度采购计划下达后，如需调整，有关办公室应在获得同级财政和计划部门同意后将有关调整计划逐级上报至国家教委、卫生部办公室，由国家教委、卫生部办公室综合平衡后执行。

**第二十八条**　所有招标文件应按照财政部和世行共同编制的范本编写。

**第二十九条**　由国家教委、卫生部办公室负责组织的招标，其资格预审文件、招标文件编写完成后应在送国内有关部门审查的同时送财政部审查。如财政部在收到有关文件后的两周内没有提出异议，则视为同意。

由省、自治区、直辖市办公室负责组织的招标，其资格预审文件、招标文件编写完成后应在送国内有关部门审查的同时送财政厅、局审查。如财政厅、局在收到有关文件后的两周内没有提出异议，则视为同意。

**第三十条**　国家教委、卫生部办公室负责组织的招标，资格预审结果、评标报告，由国家评标委员会审定。

由项目省、自治区、直辖市办公室负责组织的招标，资格预审结果、评标报告应报财政厅、局和计（经）委审定。财政厅、局和计（经）委在收到有关报告后两周内没有提出异议，则视为同意。

**第三十一条**　与招标文件不一致的合同，或有关进口手续不完全的合同，财政部将不予付款。

**第三十二条**　国家教委、卫生部办公室应按以下原则制定项目物资管理办法：

1. 办公室应配备专人负责项目物资的采购和管理；

2. 项目物资应单独建账，入出库均要登记，做到账物相符。

## 第七章　成本管理

**第三十三条**　世行项目执行过程中发生的与项目有关的费用均应计入项目成本，包括：

1. 消耗的各种物资和运杂费、采购保管费、各种手续费等；

2. 工程建设费用；

3. 项目活动费用；

4. 国内外培训、考察费用；

5. 国内外咨询专家费用；

6. 固定资产的租赁费和修理费；

7. 职工工资、津贴、奖金和福利；

8. 财产保险和运输保险费；

9. 契约、合同公证费和鉴证费，诉讼费和律师聘请费；

10. 办公费、差旅费、劳动保护费及其他管理费；

11. 房产税、车船使用税、印花税、土地使用税；

12. 贷款承诺费、项目建设期贷款手续费或利息；

13. 其他按国家有关规定应计入建设成本的费用。

**第三十四条**　合同索赔收入，经确认后应冲减相应的成本。物资使用中发生的盈余应从相应的成本中扣除。

## 第八章　固定资产管理

**第三十五条**　世行项目形成的固定资产应由有关办公室按时移交给使用单位，并由使用单位按现行的固定资产管理办法进行管理。移交应按国家的有关规定办理。

**第三十六条**　使用单位应按照规定用途合理使用办公室移交的固定资产，一律不得挪作他用，也不得变卖。固定资产的任何调动或转让均需得到国家教委、卫生部办公室和财政部的同意。转让所得收入应交财政部门用于还本付息付费。

## 第九章　财务监督与审计

**第三十七条**　各级办公室应建立健全财务内部控制制度。各项财务收支必须手续齐全。

**第三十八条**　各级办公室应按规定期限编制财务、会计决算，报送财政、审计部门及上级办公室。

**第三十九条**　各级财政部门应对本级办公室的财务收支计划和决算认真审核。批准的财务收支计划应认真执行。

**第四十条**　年度终了，各级审计部门应对本级办公室的会计决算进行审计。各级办公室应根据各项目确定的审计程序，及时报送会计决算和审计结论。

**第四十一条**　财政部管理的专用账户使用情况，由财政部编制会计报表，经审计署审计后，连同审计报告于规定期限内送交世行。

## 第十章　附则

**第四十二条**　本办法由财政部制定，并负责修改、补充和解释。

**第四十三条**　有世行项目的省、自治区、直辖市的财政厅、局可根据本省、自治区、直辖市的实际情况，制定实施细则，报请财政部同意后执行。

**第四十四条** 本办法自发布之日起实施。财政部（91）财世字第 97 号文《世界银行贷款"农村供水与环境卫生项目"财务管理办法》同时停止使用。

（附表略）

# 国家开发银行《技术援助贷款管理暂行办法》

（国家开发银行 2003 年 3 月 30 日颁布）

## 第一章　总则

**第一条** 为了加强对技术援助贷款（下称技援贷款）的管理，确保技援贷款达到预期的目的，根据国家开发银行（以下简称开发银行）章程和有关规章制度，参照世界银行、亚洲开发银行的成功做法，制订本办法。

**第二条** 开发银行技援贷款是为贯彻落实中央关于实施西部大开发战略，支持西部地区的经济和社会发展，充分发挥政策性金融的导向作用，帮助受援对象为项目开发的前期费用提供贷款支持，通过技援贷款增强项目开发水平，提高项目开发质量，加快项目前期工作。

**第三条** 开发银行技援贷款适用的地域主要是我国西部地区的有关省、自治区、直辖市。

**第四条** 技援贷款重点支持的开发项目主要是：综合开发规划，基础设施建设项目、环保及资源开发利用项目、重大技术改造项目以及高新技术产业化等项目。

## 第二章　技援贷款的用途

**第五条** 技援贷款是开发银行为项目开发前期工作费用提供

的贷款，该项贷款为零利率。在发放贷款时一次收取贷款发放额0.5%的手续费。

**第六条**　技援贷款主要用于项目发起阶段，包括与项目开发有关的综合开发规划、项目筹划、项目论证、技术和市场等专题研究、编制可行性研究报告等相关费用的支出。

**第七条**　技援贷款资金的用途限定为：选择设计院、咨询公司等中介机构的费用；中介机构咨询人员的服务费和其他相关费用；用款单位为项目开发举办的专题研讨会、论证会等会议费；相关人员的培训费用；使用单位为改善工作手段，用于办公自动化、电子化等小型设备的采购费用（此项支出不得超过10%）。

**第八条**　技援贷款纳入开发银行信贷总规模，其规模在年度信贷计划中安排。申请开发银行技术贷款的单个项目所获得的技援贷款额度一般不超过100万元。

### 第三章　技援贷款的借款人及申请

**第九条**　技援贷款的借款人为省、地（市）政府的计委、经委或具备法人资格的项目发起人。

**第十条**　申请技援贷款的借款人应向所在省、区、市开发银行分行提出申请，未设分行的省、区、市可向管辖该地区业务的分行申请。

**第十一条**　借款人申请技援贷款时应提交申请贷款书面报告，并提供以下文件、材料：

一、申请技援贷款的用途的书面说明；

二、关于开发项目初步设想的书面报告。报告内容应包括项目建设的必要性、可行性、技术先进性及市场前景、项目估算总投资、预期效益和对社会的贡献等；

三、国家有关产业政策、行业发展状况的资料；

四、地（市）计委、经委申请项目开发技援贷款时还需提供省计委、经委的推荐意见。

**第四章　技援贷款项目的受理与审批**

**第十二条**　技援贷款受理主体是项目所在省、区、市的开发银行各分行。各有关分行受理技援贷款的申请报告后，对其内容进行初审，认为基本符合技援贷款条件，即上报总行审批。负责填写《国家开发银行技术援助贷款申报、审批表》，并附借款人的申报材料送总行综合计划局。

**第十三条**　总行综合计划局将《国家开发银行技术援助贷款申报、审批表》以及借款人的申请报告和有关材料送总行有关评审局审核。

**第十四条**　总行有关评审局经审核提出审查意见后，总行综合计划局复审，并将评审局和分行的意见汇总后报送主管行长、行长审批。

**第十五条**　经批准同意使用技援贷款的项目，由总行综合计划局负责通知有关分行，并据此下达技援贷款计划。

**第十六条**　技援贷款审查的主要内容：项目的必要性和可行性；是否符合国家宏观经济政策和国家产业政策；是否符合开发银行的信贷政策；市场前景和社会、经济效益等。有关分行、评审局主要就以上内容进行分析判断，提出初审、审查意见，在《国家开发银行技术援助贷款申报、审批表》的相关栏中填写意见。

**第五章　技援贷款协议的签订及担保**

**第十七条**　经批准使用技援贷款的项目，由所在地分行通知借款人根据《国家开发银行技术援助贷款申报、审批表》（复印件），签订开发银行技援贷款协议。

358

第十八条 技援贷款协议应包括以下内容：项目初步名称、项目开发目标、申请（借款）单位、用款单位（可为中介机构）、借款金额、资金用途、用款计划、完成期限、违约责任、借贷双方商定的其他事宜。

第十九条 技援贷款协议按总承诺额一次签订，贷款分年、分期支付使用。

第二十条 技援贷款的借款期限一般不超过 5 年。

第二十一条 开发银行提供的技援贷款可免于担保。

第二十二条 《国家开发银行技术援助贷款协议》的文本框架由开发银行总行法律事务局负责统一制定。

## 第六章 技援贷款的发放及回收

第二十三条 各有关分行应为借款设立技援贷款专户，资金的请领、调拨、汇划，按照《国家开发银行信贷资金调拨管理暂行办法》（开行发［2000］14 号）执行。

第二十四条 贷款发放与结算原则上采取直接支付的办法，由借款单位根据《国家开发银行技术援助贷款协议》中的用款计划，提出"用款申请单"，经有关分行审单确认后，据以发放贷款并将贷款资金直接支付给用款单位。

第二十五条 技援贷款项目开发成功，经批准开工建设，该笔技援贷款即纳入项目建设总投资中，项目建设的第一笔资金到位后即应一次偿清技援贷款，技援贷款项目结束。用于综合开发规划的技援贷款由当地政府计划、经济管理部门在以后年度自身掌握的经费中一次偿还。

第二十六条 技援贷款项目未开发成功，且借款单位确实无力偿还，则由申请（借款）单位提出报告，说明项目开发失败情况与原因，并经有关分行签署意见，经总行相关部门审核报主管行长、行长审批同意后，该笔贷款用开发银行财务费用冲抵代还，技援贷款项目结束。

第二十七条　对技援贷款的发放、使用、回收情况要单列统计科目统计、考核。

### 第七章　技援贷款的管理与监督

第二十八条　总行综合计划局负责技援贷款的总量控制，编制技援贷款计划，统计分析技援贷款执行情况，提出技援贷款指导意见。

第二十九条　有关分行负责对技援贷款项目组织实施，加强对技援贷款的管理，并对以下情况进行监督：

一、监督借款人选择设计院、咨询机构等中介机构的情况，是否采取国际金融组织通常的做法，实行招投标公开竞争方式，确保符合资质等级。

二、派专人参与技援贷款项目的开发培育工作。

三、监督专户资金的变动情况，保证技援贷款专款专用。

四、按统计要求定期向总行综合计划局报送有关技援贷款项目执行情况。

五、对重要技援贷款项目可不定期进行延伸稽核。

六、贷款项目完成后，应提出执行情况书面报告（包括成功的项目和不成功的项目），连同与项目有关的其他材料一并报送总行。

第三十条　技援贷款的使用如违背双方签订的协议，有关分行有权停止发放贷款，提前回收已发放的贷款，并按同期同档次基本建设贷款利率收取利息，并应及时通报总行。

### 第八章　附则

第三十一条　本办法由国家开发银行综合计划局负责解释。

第三十二条　本办法自 2000 年 3 月 30 日起施行。

# 主要参考文献

1. 周林等:《世界银行业监管》,上海财经大学出版社,1998。

2. 财政部外事司世界银行处编译《世界银行重要资料汇编》(第一集、第二集),中国财政经济出版社,1983。

3. 〔美〕凯瑟林·考菲尔德(Copyright Caufield):《世界银行幻想大师》,马立译,江苏人民出版社,1998。

4. 刘振亚等:《世界银行集团及其运作》,人民出版社,1993。

5. 姚廷纲等:《世界银行项目管理》,中国财政经济出版社,1983。

6. 徐保根:《世界银行贷款财务知识》,中国财政经济出版社,1988。

7. 世界银行:《世界银行年度报告》(1980~1999年度),中国财政经济出版社。

8. 程漱兰等:《世界银行发展报告20年回顾(1978~1997)》,中国经济出版社,1999。

9. 蔡秋生等译《1998/1999年世界银行发展报告》,中国财政经济出版社,1999。

10. 〔美〕沃伦·C. 鲍姆(Warren C. Baum)等:《开发投资——世界银行的经验教训》,王福穰等译,中国财政经济出版社,1987。

11. World Bank：《World Development Report》，New York：Oxford University Press，1980－2003.

12.《世界银行——为发展提供知识和资源》（2003 年资料）。

13.《世界银行集团中国业务概览》（2003 年 7 月资料）。

14.《世界银行 2002 年度报告》，世界银行对外出版办公室，经济科学出版社，2003。

15.《世界银行 2003 年度报告》，世界银行对外出版办公室，经济科学出版社，2004。

16.《世界银行 2008 年度报告》，对外事务出版局，2008。

17.《中国与世界银行》，对外事务出版局，2008。

18.《中国国别伙伴战略 2006～2010》，内部资料。

# 《列国志》已出书书目

## 2003 年度

《法国》，吴国庆编著

《荷兰》，张健雄编著

《印度》，孙士海、葛维钧主编

《突尼斯》，杨鲁萍、林庆春编著

《英国》，王振华编著

《阿拉伯联合酋长国》，黄振编著

《澳大利亚》，沈永兴、张秋生、高国荣编著

《波罗的海三国》，李兴汉编著

《古巴》，徐世澄编著

《乌克兰》，马贵友主编

《国际刑警组织》，卢国学编著

## 2004 年度

《摩尔多瓦》，顾志红编著

《哈萨克斯坦》，赵常庆编著

《科特迪瓦》，张林初、于平安、王瑞华编著

《新加坡》，鲁虎编著

《尼泊尔》，王宏纬主编

《斯里兰卡》，王兰编著

《乌兹别克斯坦》，孙壮志、苏畅、吴宏伟编著

《哥伦比亚》，徐宝华编著

《肯尼亚》，高晋元编著

《智利》，王晓燕编著

《科威特》，王景祺编著

《巴西》，吕银春、周俊南编著

《贝宁》，张宏明编著

《美国》，杨会军编著

《国际货币基金组织》，王德迅、张金杰编著

《世界银行集团》，何曼青、马仁真编著

《阿尔巴尼亚》，马细谱、郑恩波编著

《马尔代夫》，朱在明主编

《老挝》，马树洪、方芸编著

《比利时》，马胜利编著

《不丹》，朱在明、唐明超、宋旭如编著

《刚果民主共和国》，李智彪编著

《巴基斯坦》，杨翠柏、刘成琼编著

《土库曼斯坦》，施玉宇编著

《捷克》，陈广嗣、姜琍编著

## 2005 年度

《泰国》，田禾、周方冶编著

《波兰》，高德平编著

《加拿大》，刘军编著

《刚果》，张象、车效梅编著

《越南》，徐绍丽、利国、张训常编著

《吉尔吉斯斯坦》，刘庚岑、徐小云编著

《文莱》，刘新生、潘正秀编著

《阿塞拜疆》，孙壮志、赵会荣、包毅、靳芳编著

《日本》，孙叔林、韩铁英主编

《几内亚》，吴清和编著

《白俄罗斯》，李允华、农雪梅编著

《俄罗斯》，潘德礼主编

《独联体（1991～2002）》，郑羽主编

《加蓬》，安春英编著

《格鲁吉亚》，苏畅主编

《玻利维亚》，曾昭耀编著

《巴拉圭》，杨建民编著

《乌拉圭》，贺双荣编著

《柬埔寨》，李晨阳、瞿健文、卢光盛、韦德星编著

《委内瑞拉》，焦震衡编著

《卢森堡》，彭姝祎编著

《阿根廷》，宋晓平编著

《伊朗》，张铁伟编著

《缅甸》，贺圣达、李晨阳编著

《亚美尼亚》，施玉宇、高歌、王鸣野编著

《韩国》，董向荣编著

## 2006 年度

《联合国》，李东燕编著

《塞尔维亚和黑山》，章永勇编著

《埃及》，杨灏城、许林根编著

《利比里亚》，李文刚编著

《罗马尼亚》，李秀环编著

《瑞士》，任丁秋、杨解朴等编著

《印度尼西亚》，王受业、梁敏和、刘新生编著

《葡萄牙》，李靖堃编著

《埃塞俄比亚　厄立特里亚》，钟伟云编著

《阿尔及利亚》，赵慧杰编著

《新西兰》，王章辉编著

《保加利亚》，张颖编著

《塔吉克斯坦》，刘启芸编著

《莱索托　斯威士兰》，陈晓红编著

《斯洛文尼亚》，汪丽敏编著

《欧洲联盟》，张健雄编著

《丹麦》，王鹤编著

《索马里 吉布提》，顾章义、付吉军、周海泓编著

《尼日尔》，彭坤元编著

《马里》，张忠祥编著

《斯洛伐克》，姜琍编著

《马拉维》，夏新华、顾荣新编著

《约旦》，唐志超编著

《安哥拉》，刘海方编著

《匈牙利》，李丹琳编著

《秘鲁》，白凤森编著

**2007 年度**

《利比亚》，潘蓓英编著

《博茨瓦纳》，徐人龙编著

《塞内加尔 冈比亚》，张象、贾锡萍、邢富华编著

《瑞典》，梁光严编著

《冰岛》，刘立群编著

《德国》，顾俊礼编著

《阿富汗》，王凤编著

《菲律宾》，马燕冰、黄莺编著

《赤道几内亚 几内亚比绍 圣多美和普林西比 佛得
　　角》，李广一主编

《黎巴嫩》，徐心辉编著

《爱尔兰》，王振华、陈志瑞、李靖堃编著

《伊拉克》，刘月琴编著

《克罗地亚》，左娅编著

《西班牙》，张敏编著

《圭亚那》，吴德明编著

《厄瓜多尔》，张颖、宋晓平编著

《挪威》，田德文编著

《蒙古》，郝时远、杜世伟编著

## 2008 年度

《希腊》，宋晓敏编著

《芬兰》，王平贞、赵俊杰编著

《摩洛哥》，肖克编著

《毛里塔尼亚　西撒哈拉》，李广一主编

《苏里南》，吴德明编著

《苏丹》，刘鸿武、姜恒昆编著

《马耳他》，蔡雅洁编著

《坦桑尼亚》，裴善勤编著

《奥地利》，孙莹炜编著

《叙利亚》，高光福、马学清编著

## 2009 年度

《中非　乍得》，汪勤梅编著

《尼加拉瓜　巴拿马》，汤小棣、张凡编著

《海地　多米尼加》，赵重阳、范蕾编著

《巴林》，韩志斌编著

《卡塔尔》，孙培德、史菊琴编著

《也门》，林庆春、杨鲁萍编著

## 2010 年度

《阿曼》，仝菲、韩志斌编著

《华沙条约组织与经济互助委员会》，李锐、吴伟、
　　金哲编著

图书在版编目（CIP）数据

世界银行集团/何曼青，马仁真编著. —2 版. —北京：
社会科学文献出版社，2011.3
（列国志）
ISBN 978 - 7 - 5097 - 1789 - 9

Ⅰ.①世…　Ⅱ.①何…②马…　Ⅲ.①世界银行 - 简介
Ⅳ.①F831.2

中国版本图书馆 CIP 数据核字（2010）第 224290 号

# 世界银行集团（The World Bank Group）　·列国志·

编 著 者／何曼青　马仁真
审 定 人／吴　仁

出 版 人／谢寿光
总 编 辑／邹东涛
出 版 者／社会科学文献出版社
地　　址／北京市西城区北三环中路甲 29 号院 3 号楼华龙大厦
邮政编码／100029
网　　址／http：//www. ssap. com. cn
网站支持／（010）59367077
责任部门／人文科学图书事业部（010）59367215
电子信箱／bianjibu@ ssap. cn
项目经理／宋月华
责任编辑／范　迎　安书社
责任印制／郭　妍　岳　阳　吴　波

总 经 销／社会科学文献出版社发行部
　　　　　（010）59367081　59367089
经　　销／各地书店
读者服务／读者服务中心（010）59367028
排　　版／北京中文天地文化艺术有限公司
印　　刷／三河市尚艺印装有限公司

开　　本／880mm×1230mm　1/32
印　　张／12　字数／309 千字
版　　次／2011 年 3 月第 2 版　印次／2011 年 3 月第 2 次印刷

书　　号／ISBN 978 - 7 - 5097 - 1789 - 9
定　　价／35.00 元

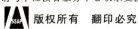

# 《列国志》主要编辑出版发行人

出　版　人　谢寿光

总　编　辑　邹东涛

项目负责人　杨　群

发　行　人　王　菲

编辑主任　宋月华

编　　　辑　（按姓名笔画排序）

　　　　　　　孙以年　朱希淦　宋月华

　　　　　　　宋培军　周志宽　范　迎

　　　　　　　范明礼　袁卫华　黄　丹

　　　　　　　魏小薇

封面设计　孙元明

内文设计　熠　菲

责任印制　郭　妍　岳　阳　吴　波

编　　　务　杨春花

责任部门　人文科学图书事业部

电　　　话　（010）59367215

网　　　址　ssdphzh_cn@sohu.com